国浩法律文库

施工企业项目

风险防范与合规管理指南

孙玉军 著

GUIDE FOR PROJECT RISK PREVENTION AND COMPLIANCE MANAGEMENT OF CONSTRUCTION ENTERPRISES

法律出版社
LAW PRESS · CHINA

“国浩法律文库”总序

作为我国法治工作队伍的重要组成部分，中国律师已经成为协调推进全面建成小康社会、全面深化改革、全面依法治国、全面从严治党这一治国理政基本方略中一支不可替代、举足轻重的重要力量，并且越来越为党和政府以及社会各界所关注和重视。党的十八届三中全会审议通过的《中共中央关于全面深化改革若干重大问题的决定》特别指出，要“完善律师执业权利保障机制和违法违规执业惩戒制度，加强执业道德建设，发挥律师在依法维护公民和法人合法权益方面的重要作用”；党的十八届四中全会审议通过的《中共中央关于全面推进依法治国若干重大问题的决定》更加明确地指出，要“加强律师队伍思想政治建设，把拥护中国共产党领导、拥护社会主义法治作为律师从业的基本要求，增强广大律师走中国特色社会主义法治道路的自觉性和坚定性”。可以说，对律师行业的发展而言，“这是一个最好的时代”！

在律师业的发展过程中，对律师“专业人士”的角色定位已没有异议，而对于专业人士是应以“学者型”为方向还是以“工匠型”为目标之争却始终存在。其实这应是殊途同归的命题。“学者型”要求才高八斗、出口成章、理论扎实、结合实践，因此注重研讨、注重文章；而“工匠型”也要求一丝不苟、中规中矩、一针见血、心得颇多，所以注重琢磨、注重经验。因此，律师队伍中的“学者们”“工匠们”在日理万机的执业实践中，始终没有放弃研究、忘记总结，不时地成文、著作，并使之成为开拓业务、提高水平的重要手段，而鼓励、引导律师著书立说，一直是律师界的良好传统。

国浩律师事务所作为中国最大的法律服务机构之一，一直专注于服务我国投融资及其相关领域的发展与革新，并坚持在应用法律知识服务于经济社会的同时，不断总结经验，撰写理论与实践相结合的专业文章，并编辑成书。“国浩法律文库”系列丛书就是其成果之一。该丛书因其专业、实用、与时俱进等特点，赢得了各界朋友的较高评价、鼓励和支持。

搭建律师思想碰撞之平台、畅通律师信息传播之渠道、建设律师学问总结之道路、营造律师形象展示之舞台、创建律师文化交流之大厦，这正是我们编辑与出版这一文库的出发点与归宿。

我们真诚地希望“国浩法律文库”能让所有的读者朋友愿意读、读得懂、读后有收获。

中华全国律师协会第六、第七届会长
国浩律师事务所原主席
于 宁

中华全国律师协会副会长
国浩律师事务所首席执行合伙人
吕红兵

目　　录

第一章　建筑施工企业现金流风险与应对

一般来说，衡量企业实力有两大指标，分别是产值与现金流。产值代表规模，现金流代表发展质量。对于施工企业，规模是面子，现金流是里子，没有足够的现金流，规模做得再大也终会变成举步维艰的局面。因此，施工企业要平衡规模、利润和现金流的关系，把现金流的维系放在重要管理位置上。

一、影响现金流的原因

（一）建设单位资信原因

建设单位资信能力是影响项目工程回款的最重要因素。当前形势下，几乎所有的项目均存在垫资施工问题，有的项目利润甚至低于质保金数额。一旦建设单位出现现金流问题，会直接影响施工企业的回款，特别是在当前房地产市场不景气，甚至过剩的情况下，很多开发商都面临去化能力差、现金回笼慢的情况，这些单位随时面临破产，或者变成僵尸企业。并且，存在问题的不仅仅是开发企业，很多地方政府也存在这个问题，为了形象大规模开发，导致很多地方政府投资项目停建、缓建，甚至部分地方政府直接告诉施工企业无力支付工程款。因此，建设单位的资信能力、资金实力和现金流，决定了施工企业的项目现金流。

（二）合同条件原因

在当前建设工程领域，建设单位占据着绝对优势地位，建筑市场长期处于“狼多肉少”的局面，建设单位在设置合同条件时越来越苛刻，很多项目因合同条件差导致项目现金流差：

一是中标金额低，项目本身亏损。亏损项目不管过程支付如何，最终的项目现金流一定是负的，有的项目因为亏损的问题常年不结算，造成更大的现金流漏洞。

二是合同约定付款比例低或者大节点付款。付款比例低或者大节点付款导致项目过程中成本支出长时间高于现金流入，由此导致项目长时间负现金流。

三是变更索赔款过程不支付。有的合同中约定因变更增加费用、索赔费用和新增工程量过程不予支付,全部都在项目结算后统一支付。如果施工项目变更多,就造成增加的费用长时间拿不到钱,而工程结算又遥遥无期,那么项目现金流将会极大受影响。

四是结算审核时间过长。当前市场下,进度款比例很低,大部分款项留待结算后支付。结算时间越长,结算款回收时间越长,资金成本越高。有的建设单位直接在合同中约定结算三次审核,单次结算审核期超过 1 年,仅仅一个结算程序时间就长达二三年,甚至有的政府投资项目直接约定工程结算以政府审计为准,政府审计什么时候做呢? 施工企业完全没有掌控力。结算时间过长,导致结算款迟迟无法回收,影响项目和企业的现金流。

(三)工程长期停工

如上文所述,施工企业都是垫资施工,所垫资的部分只有等到项目竣工并且完成竣工结算后方能到达付款时间节点。项目长期停工,导致建设单位对施工企业的付款一直停留在进度款的付款比例上,除非施工企业解除施工合同。施工企业的分供商却不会长时间等待,只要在其期望的时间内没有收回价款,分供商就直接通过各种方式索要款项了。另外,项目工期延长总会造成成本增加,如管理费成本、安全文明施工措施费等,但是这部分费用建设单位并不愿意承担,有的甚至在施工合同中直接约定建设单位不承担责任或者只承担有限责任。因此,项目停工或者工期延长,会极大影响项目现金流。

(四)验工结算不利

对于施工企业来说,由于项目工期长,垫资金额高,解决现金流比较理想的状态就是过程验工高、结算时间短。但是,有的企业不注重过程报量,不仅未将过程报量提高和提前报量,往往还漏报量或者少报量,并且结算也久拖不决,从而极大地影响项目现金流。

(五)成本控制不利

企业和项目现金流差的原因除了现金流入低之外,还有就是成本控制不力,从而导致大量现金流被无用成本吞噬,比如施工现场材料浪费、施工质量差导致返工、人工利用率不高导致窝工、企业管理成本过高等,影响企业和项目现金流。

二、现金流差的危害

（一）被诉案件增多

当施工企业或者项目现金流差或者现金流枯竭时，往往无力支付下游分包商和材料商的款项，从而导致企业诉讼案件增多。诉讼案件增多不仅增加企业成本，还会影响企业的形象和信誉，给企业带来方方面面的困扰。诉讼案件只要进入执行程序，就必须支付欠款。

（二）影响其他项目及企业现金流

一个项目现金流差或者现金流为负，企业往往采取的措施是“拆东墙补西墙”或者通过银行贷款解决项目现金流，若施工企业存在大量的负现金流项目，则意味着企业需要大量的外来资金维持企业的运转，但是与此同时会造成企业负担大量的资金成本，久而久之，就会导致整个企业利润降低，整个企业现金流越来越差。

（三）资产被查封冻结，直到破产

当施工企业现金流枯竭，那么就会面临大量的诉讼案件，由此导致自身的资产和银行账户被查封冻结，企业很快就会走向破产，即使不破产企业也完全丧失生产经营能力。

三、如何应对现金流风险

（一）做好标前评审

施工企业在参与投标前，不能“无的放矢”，不能为了承接项目而“饥不择食”，不能为了完成指标而“慌不择路”，而是要有所为有所不为。要根据企业自身状况编制项目投标的“负面清单”，在具体项目投标前对项目进行标前评审。标前评审主要考虑以下四个方面：

一是建设单位资信。建设单位资信决定了建设单位履约能力，建设单位的资信条件一般与合同条件成反比，故资信条件不好的合同条件一定要好，反之亦然。施工企业对建设单位资信条件的了解，从招标人注册资金、行业地位、土地权归属、项目土地出让金支付情况、建设单位过往履约情况、建设单位涉诉情况、项目融资情况和融资计划等多个方面审核，若发现建设单位资信不良，要降低垫资比例甚至不垫资，也要谨慎提交投标保证金、履约保证金、履约保函等。

二是项目种类。施工项目一般可以分为住宅地产、商业地产、工业项目、基础设施、其他公建、海外项目等。在当前大的市场环境下，住宅地产非常成熟，利润空间有限，商业地产过剩，工业项目根据工业门类和开发主体的不同各有特点，基础设施和公建项目属于优质项目，但是也受制于地方政府的财政状况。因此，施工企业应当根据自身情况合理确定各类项目的占比，尽量降低施工技术含量低、效益附加值低的一般地产项目在总体承建项目中比重，尽量提高基础设施和公建类的市场比重。

三是项目规模。项目达到一定规模，能够降低管理费用成本占比，更容易产生效益；项目过小，投入的营销费用、管理费用、大型机械设备进出场费用以及其他不可预见的费用难以分摊。因此，项目投标需要有规模指标要求。

四是其他合同条件。有的合同条件太苛刻也应果断放弃投标，比如合同中有建设单位欠款不能停工、不能解约的约定，项目停工不能索赔的约定，固定价格不允许调整的约定等。

（二）做好合同评审

在项目中标后合同签订前，施工企业应仔细对合同进行评审，合同评审中涉及现金流需要注意的有以下几个方面：

一是合同付款条件及方式。项目是月度付款还是节点付款、付款比例、付款间隔时间，付款方式是否包含商业承兑汇票、保理、以房抵债以及其他非常规支付方式。

二是结算审核期限及流程。一般来说，若项目结算审核期限超过 6 个月，那么就应视为结算审核时间过长，并且要注意合同中约定的结算流程，有的建设单位会要求约定多次结算审核，这无疑会极大延长结算审核期限。

三是质保金比例。根据《建设工程质量保证金管理办法》的规定，质保金总预留比例不得高于工程价款结算总额的 3%，因此，若合同中约定的质保金过高（如超过 10%），那么施工企业应该尽量优化合同。

四是变更索赔款的支付时间。实践中，变更索赔款一般有三种支付方式，分别是随着进度款一并支付、达到一定金额（如 1000 万元）后支付、随着结算款支付。

（三）做好过程验工

过程验工是中间付款的最重要依据，也是竣工结算的重要参考指标。要做好过程验工，首先要做好施工图预算，提前算量才能及时报量；其次要对建设单位的验工批复认真审查,验工不足的要及时提交异议,要求建设单位重新验工或者补足验工;最后是所有变更工作量、增加工作量、索赔等额外增加合同价款的内容都要在过程验工予以申报,要求施工监理、投资监理和建设单位进行审核,施工企业要按照合同约定的计量周期和计量内容及时、完整地上报验工,不能将验工内容与付款内容画等号,不能因为某些变更价款合同约定结算支付就放弃了中间验工。

(四)重视进度控制

项目管理应以工期管控为核心,坚决禁止出现工期违约的情况,因为一旦发生工期违约,建设单位要求的工期违约金会将施工企业的所有利润覆盖,亏钱又丢人。施工企业应当根据合同工期要求做好工期策划,充分考虑施工道路情况、建设单位配合情况、政府要求情况、人员物资情况等;如果出现因建设单位原因或非施工企业原因延期开工或工期延长,施工企业应按照约定及时行使权利,申请工期索赔、费用索赔等。如果建设单位故意延长工期或者其他原因长期停工,施工企业应考虑解除施工合同。

(五)重视过程索赔

索赔可以分为过程索赔和“一揽子”索赔,过程索赔又称“一事一索赔”,几乎很少有施工企业做到一事一索赔,往往寄希望于当项目竣工后,在结算中和建设单位谈索赔。根据实践经验来看,结算时再谈索赔效果一般都不理想,并且属于施工企业自己放弃了在过程中索要索赔款的权利,未能将索赔款变成自身现金流。因此,笔者建议,施工企业要提升过程索赔能力,尽量做到一事一索赔,并且要做到索赔款过程落地,从而改善项目现金流。过程索赔还有一大优点是,可以通过索赔将过程中影响项目施工的责任推给建设单位,从而避免建设单位的反索赔。

(六)风险过程解决

若项目在施工过程中出现重大争议事项,如因政策原因导致项目成本大幅提升、因第三人原因导致项目长期停工、项目亏损严重、项目现金流极差等,施工企业应该在过程中将上述问题予以解决,因为一是在施工过程中,施工企业掌控施工现场,拥有谈判主动权;二是若重大争议事项能妥善解决,可以增加项目收入,从而增加项目现金流;三是若在过程中不予解决,拖至结算,建设单位往往以各种理由推脱,从而对施工企业不利。

（七）严控项目成本

企业不仅要注重项目现金流入，还要注重现金流出，因此，施工企业要注重成本管理。在项目上要建立成本管理制度，做到材料的高周转和高利用率，减少材料的浪费，要根据项目实际情况，制订施工计划，做到工期短、材料利用率高、浪费少；在企业总部要做好资金预算支付制度、财务分析制度、应收账款管理制度、材料采购制度等，尽量控制自身成本；对分包的付款要严格按照合同和分包实际工作量付款，严禁超付工程款，通过方方面面降低企业成本，从而降低现金流出。

（八）提高风控能力

施工企业要努力提高自身风控能力，从而从根源上防范现金流风险和解决现金流风险，提高风控能力包含以下几个方面：

一是识别风险的能力。风险变成损失最主要的原因在于发现风险太晚，从而难以有效地防止风险。因此，识别风险就变得极为重要。这些风险包括利润率风险、现金流风险、工期风险、质量风险、工程停工风险、建设单位破产风险、安全施工风险、分包闹事风险、政策变化风险、市场涨价风险、违约责任风险等。施工企业要努力提升自身识别风险的能力，根据合同条件、建设单位情况、项目情况、市场环境、政策导向等认真分析风险的可能性和危害性。不仅要识别合同中的风险，还要在整个项目施工过程中，随时发现风险，从而防范风险。

二是计划管理能力。施工企业项目中标后，首先要进行盈亏分析，根据已报价工程量清单分析盈利点和亏损点，并制定相应措施来确保盈利点落地，亏损点少亏或不亏，对项目的盈亏计算和商务策划，要贯彻项目始终；对于一些确实无法实现盈利的项目想办法尽快结束项目，尤其不能出现已施工部分的大规模亏损。其次要进行工期策划，项目工期既是施工企业履约能力的体现，也是项目管理能力的体现；工期策划不仅仅是如何抢工期，更应该是如何顺延工期，只有顺延工期取得建设单位的认可，施工企业的抢工期才会有价值。工程施工需要甲乙双方配合，如果建设单位场地不移交、图纸不提供、资金不拨付、没有施工许可证书，施工企业没有办法独立完成施工，同时工程施工又受政府政策规定的影响。另外，还要进行现金流策划，编制现金流量表，预估项目现金流从负转正的时间。

三是变更索赔的能力。很多施工企业不敢也不愿去索赔，认为索赔不仅耗费时间，还容易得罪建设单位，这恰是施工企业变更索赔能力不足的体现。施工企业应在项目开工前甚至是项目投标前，即开始一个项目的索赔策划，在项目过程中遇到索赔事件或者有好的时机时，主动出击，通过索赔增加项目效益或者弥补项目亏损。

四是合同谈判能力。合同谈判不仅仅是签约谈判，施工企业更要在合同履行过程中，利用工程变更、技术要求、工期需要等变化，通过补充协议、会议纪要、变更签证等优化合同条件，优化计价和现金流。合同谈判要充分考虑情势，充分考虑甲乙双方在不同时间点所处的不同地位，抓住有利时机实现合同策划目标，既不能漠视等待更不能盲目硬上。

五是敢于诉讼。部分施工企业在建设单位迟迟无法支付工程款时，在故意长时间拖延结算时，在工期长时间停工时，为了维护和建设单位关系、对项目抱有幻想、害怕诉讼等原因而不敢起诉，导致丧失有利时机或者损失一步步扩大。笔者认为，施工企业应正确看待诉讼，诉讼只不过是市场主体解决问题的一种手段，既不能仰视更不能鄙视，是否提起诉讼是市场的选择结果，而不能人为定指标。对于某些项目、某些建设单位，在通过非诉讼手段无法回收工程款时，要善于利用诉讼回款。诉讼能力也是企业竞争力。施工企业要充分掌握建设单位资产，如土地状况、销售情况、抵押状况；充分掌握建设单位财务信息，如银行账户情况、基本账户；充分掌握建设单位项目的现状，如预售许可证是否办理、大产证是否办理，通过快速查封建设单位资产，要求建设单位调解，从而达到快速回款，解决项目现金流问题。

第二章　业主资信风险的识别与防范

业主资信，是指业主的资金支付能力。实践中往往会遇到这样的情况：承包商辛辛苦苦干一个工程，“活干完了、业主跑了”，欲哭无泪！然而，风险往往与机遇同在，高收益的项目通常都意味着高风险，但是针对业主完全没有资信风险的项目，则意味着低价竞争。因此，建筑施工企业的风险控制能力决定企业盈利能力和发展质量。哪个企业能够在风控上予以突破，哪个企业就能够在行业中领先。

对于一个项目来说，施工单位最关心的是项目能否盈利和工程款能否及时足额回收。项目能否盈利是多种因素造成的，但大多与施工单位自身相关，比如投标报价的价格、项目管理水平等；但工程款能否及时足额回收最大的关键在于业主是否有能力支付，也就是业主资信是否良好，所以业主资信对于一个项目来说极为重要。施工单位在项目承接前、施工过程中都需要时刻关注，防止因业主资信不好导致工程款无法顺利回收，从而陷入漫长的讨要工程款的过程，极大地损害施工单位的利益。本章拟从施工单位的角度阐述识别、防范业主资信风险的方法。

一、业主资信不良的危害

（一）无法回收垫资款

业主资信不良的项目，会要求施工单位垫资施工。在施工过程中，业主可能由于各种原因破产倒闭，施工单位只能通过参与破产财产分配回收工程款。但很可能业主资产根本不足以偿还工程款，导致施工单位无法回收垫资款。

（二）危害项目现金流

现金流是一个企业的血液，缺乏现金流会导致企业资金周转困难，从而引发各种纠纷，更有甚者会导致企业破产倒闭。企业如此，项目也是如此。对于一个项目来说，若业主资信不良，会拖欠工程款，甚至要求施工单位垫资施工，导致项目没有现金流入，对项目现金流产生极大的危害。

(三)危害公司现金流

业主资信不良,施工单位无法从业主处回收工程款,但是仍需支付分供单位工程款,不仅项目没有现金流,还会极大地危害整个公司的现金流。

二、业主资信风险的识别

(一)审查业主的注册资金

当前形势下的项目开发都成立项目公司,项目公司即为业主。根据《公司法》的规定,项目公司作为有限责任公司,股东仅仅在其出资范围内对项目公司债务承担责任,注册资金实际缴纳完毕的情况下,公司债务与股东无关。因此,股东对项目公司的出资金额在很大程度上能够代表项目公司资信能力。审查业主的注册资金主要从以下两个方面进行:

1. 注册资金的多少。注册资金越多资信能力越强。

2. 注册资金的实缴。根据公司法规定,公司成立实行注册资金认缴制度,即营业执照上的注册资金只是公司股东声明缴纳的金额,具体实缴时间按照公司章程规定的时间和金额缴纳。

所以查看业主的注册资金不能简单看营业执照上的数字,还要看其实际缴纳情况。

(二)审查投资人行业内地位

如上文所述,项目开发一般采用项目公司制度,有时候单纯看项目公司很难发现端倪,所以还要看项目公司背后的实际投资人。实际投资人的行业地位决定了业主的资信能力。

项目投资,一般包括政府投资、企业投资和个人投资。企业投资包含国有企业投资、民营企业投资和外商企业投资。一般情况下,政府投资和国有企业投资项目公司的信用最好,其次是外商投资,最后是民营投资。但是也不尽然,政府投资项目也要看政府的财政收入能否承担债务支出,民营投资要看投资人是传统的开发企业还是新入行的开发企业。

新入行的开发企业,往往怀揣着“入市抢金”的梦想,但是无论资金储备、开发经验,或者社会关系都明显储备不足。要么项目开发过程设计修修补补,要么一旦市场不利就资金困难,缺乏抗风险能力,容易发生项目停工甚至烂尾。还有一些民营企业明显社会信用不够,项目回款不是用于偿还项目公司的债务,而是优先被股东挪用。

(三)审查土地使用权归属

根据法律规定,建设工程施工前业主应当取得建设用地使用权,而建设用地使用权又是业主的最主要资产。但是在某些情况下会出现施工人进行施工时,在建工程的建设用地并不在业主名下,这种情况一旦发生欠款纠纷就容易出现业主无资产可供执行的窘境。

一是基于委托的开发,即土地使用权人委托业主开发项目,此情况下委托人是否对施工欠款承担责任,在法律上有争议。

二是合作开发项目,即常见的一方出地、一方出钱,由出钱的(业主)与施工单位签订施工合同,此种情况下虽然江苏省、河北省高院规定合作各方对工程欠款负有清偿责任,但是最高人民法院的多数判例并不支持该观点,而是依据合同相对性的原则仅仅判令与承包人签订合同的乙方承担工程款支付责任。

三是业主未取得土地使用权的情况下违法开发,虽然是违法开发但是很多地方政府为了形象业绩往往对这种违法开发睁一只眼、闭一只眼,或者“以罚代管”。此种情况下,多半是因为开发企业没有缴足土地出让金,所以属于业主资信差。

四是政府招商类的项目,如PPP、BT项目等,这些项目表面上是施工单位与投资人共同投标、共同与政府(或政府指定实施主体)签订合同,但是施工单位不参与项目公司的管理,其实建设工程施工合同的真正发包人是项目公司。这一类项目公司本身往往没有资产,其工程款支付要么来源于融资,要么来源于政府回购支付,要么来源于项目自身销售收入,总之是资金实力差、社会信用不足。

(四)查明项目土地出让金支付情况

根据《城市房地产管理法》的规定,我国土地归国家或集体所有,城市建设用地应当采用出让或划拨的方式。除公益类项目采用划拨用地外其他项目建设用地应当采用出让方式,即用地单位缴纳土地出让金后方能获得土地使用权,进而办理规划许可和施工许可。

但是,很多地方政府出于招商引资的需要,往往在业主没有支付土地出让金的情况下提前将建设用地交付,项目提前施工,甚至有政府借钱给业主交付土地出让金的情况。笔者曾代理过一个案件,施工单位承接一个40亿元招商引资类项目后,发现业主注册资金仅5000万元,在过程中根本没有资金支付工程款。项目停工后调查发现,该项目的土地出让金是政府借给业主的,业主毫无资金实力,就寄希望于工程达到预售节点，利用预售的房款支付工程款，以此空手套白狼。

项目土地出让金是否需全额支付很大程度上能够说明业主的资金实力。如果业主付清了项目土地出让金，且其项目土地并没有用于大额抵押贷款，说明其开发项目的资金实力较强，资信状况较好。但如果其欠付大量的项目土地出让金，项目极有可能因为证照不全无法办理预售许可证，导致业主资金无法回笼，从而无法支付工程款。

（五）查明业主过往履约情况

笔者代理过一起案件，业主是业界声望较高的民企，规模庞大，其开发的项目在当地也多为数一数二的标杆项目，同时有第三方提供付款保证。按理说，此类项目的风险较小，但因施工单位在承接项目前没有仔细了解该企业的过往履约情况，结果在项目竣工后，业主资金链突然断裂，保证人的股价跌到近乎为零。一夕之间，业主爆发信用危机，银行等债权人纷纷争先诉讼、查封业主资产。即便案件最终胜诉，客户也已经很难实现全部债权。

实际上，保证人系业主的关联企业，两家企业都被同一家族的几个兄弟实际控制。如果客户在承接项目前仔细了解业主的过往履约状况就会发现，拖欠工程款是这家企业的惯常做法，且项目收益都被股东立刻分配掉。因此，该企业的涉诉情况非常多。客户在未进行业主资信调查的情况下草率的承接了项目，最终导致了项目亏损。

（六）查明业主涉诉情况

业主涉诉情况可以从侧面反映业主的过往履约情况及其资金实力，其是否被列入失信被执行人名单更是判断其资信状况的必查项目。因此，承接项目前，可以在中国裁判文书网、企查查、天眼查、启信宝 App、最高人民法院网站的被执行人信息查询窗口、信用中国等网站调查业主近 3 年的涉诉情况及被行政处罚的情况。需要注意的是，失信被执行人网站上仅仅显示名称变更后的失信记录，如果业主变更过单位名称，对历史名称也应进行信用调查。

（七）了解业主融资计划

业主融资计划落实不仅可以保障工程款按时支付，还可以保障项目建设的顺利进行，即便将来项目销售情况不佳，也可以通过查封拍卖建成的房屋以实现债权。

（八）考核项目前景状况

一个项目如果项目前景很好，比如发达地区的地产项目，即使业主资信不好，只要能保证业主回收的资金优先支付工程款，那么对于施工单位来说，工程款的回收也不会有太大的问题。如果项目前景不好，且业主本身没有支付能力，一旦业主中途放弃项目或出现资金链断裂，施工单位就无法收回工程款，且很可能出现建设项目无人问津，导致项目彻底亏损。

（九）谨慎承接工业项目

工业用地不值钱，且工业项目一般为业主自用项目，流转性差。一旦业主拖欠工程款，即使施工单位起诉并查封了项目土地和在建工程，也很可能出现无人接手的情况，最终导致工程款无法回收。所以在承接工业项目时，施工单位应该仔细审核业主资信，若业主资信不好，应要求业主提供相应的支付担保，否则拒绝承接。

三、业主资信不良典型案例解读

案例一：

A公司为某市政府平台公司，为建设市政道路对外发布招标公告，对市政道路BT项目招标。某大型国企B公司与某民营企业C公司联合投标并中标。根据招标公告，既可以由中标人组建项目公司，也可以由中标人中的一家单位作为项目公司；项目公司负责筹措资金进行建设，竣工验收后A公司分三次将工程价款、利息等款项支付给项目公司，施工单位的工程款由项目公司负责筹措支付。中标后，B公司和C公司没有组建新的项目公司，而是由C公司作为项目公司，施工过程中C公司没有按照约定及时将工程款支付给B公司，工期也一拖再拖。工程竣工后，A公司先后按照约定支付了两次款项，但是C公司并没有将款项支付给B公司，因C公司民间借贷未还大部分款项被法院强制执行划走，第三笔款项虽然还在A公司处没有付给C公司，但是该应收款被C公司质押给贷款人用以贷款，贷款金额已经被C公司各股东以各种名目瓜分。目前，C公司人去楼空，五个股东下落不明，对欠付B公司巨额工程款无力偿还。

案例二：

A公司是地方政府平台公司，其因开发地方保障房项目进行公开招标。招标文件要求参与投标的单位应由一家具有房地产开发资质和一家具有房建特级资质的施工企业联合投标，中标后A公司将工程款和利息支付给房地产开发公司，再由房地产开发公司向施工企业支付工程款。该项目由南京某房地产开发公司B公司和某大型施工国企C公司联合投标并中标。三方按照招标文件的内容签订了施工合同。但合同签订后三方发生争议，C公司认为B公司没有资金支付能力，其资金完全依靠A公司的付款，一旦B公司将收款转移，就可能给C公司造成严重损失。为此，三方经过多轮协商约定：(1)B公司提供可行的融资计划；(2)B公司的母公司对C公司提供付款担保；(3)增加B公司对C公司的付款节点；(4)B公司和C公司对A公司的付款进行共管，确保B公司不能随意挪用，优先支付工程款。上述协议签署后项目进入正常施工，施工过程中A公司又认为直接将工程款支付给B公司容易引起纠纷，遂将工程款直接支付给C公司。至此，业主的资信风险全部解除，项目取得非常好的经济效益。

实务要点

上述两个案例的基本情况几乎完全相同，都是政府平台公司招标，采用BT的模式，由地方政府平台公司将工程款支付给联合体一方，联合体一方再将工程款支付给施工单位。两案结局之所以不同，完全是因为第二个案例中施工单位牢牢地把风险控制放在重要位置。为了控制风险宁肯不做项目、得罪政府，并在项目开工前就聘请律师介入。相反，第一个案例中的施工单位没有把业主风险当作要务，一味地迎合政府、迎合业主，一再贻误时机，该共同组建项目公司的没有共同组建，该进行资金监管的没有做监管，也没有对付款人提出任何担保要求，眼睁睁看着联合体另一方的5个个人股东利用大规模、高利息举债的方式将项目回款全部转移。事实上，这两个项目合同约定的计价方式对施工单位非常有利，至少比市场价多赚十几个点的利润，且两个项目都是由政府最终付款。因此，虽然合同约定项目回款不是直接付给施工单位，但是只要措施得当、风控到位，完全有机会通过控制政府平台公司对项目公司的付款来确保施工工程款到位。只要承包商认识到这一点并且做到位，项目实现高额利润非常轻松。

四、业主资信风险的防范

(一)高度重视业主风险，坚决避免垫资“裸奔”

当前市场环境下，不管是政府投资项目还是企事业单位投资的项目，无一例外都是采用垫资施工的承发包方式。业主信用好承包商垫资比例不大，越是信用差的业主越要求高额垫资，承包商干得越多垫得越多，若业主破产或资金链断裂，承包商垫资的款项很难回收。所以,业主资信风险是承包商的最大风险,承包商任何的投标策划、商务策划、结算策划,都是建立在业主有资金偿付能力之上的,一旦业主没有资金支付能力,则承包商项目必然巨亏。

因此,承包商在投标或签订合同之前,应对业主信用进行核实,对商业信用不足、缺乏资金储备、缺少主要资产的业主,必须严防死守,除非业主提供足额的担保或承包商采取切实可行的防风险措施,否则不能承建该类项目,不能有侥幸心理。

即使进入施工阶段,承包商也要一边施工一边审查业主资产和偿债能力,一旦发现业主偿债能力不足,或者业主有转移资金、危害债权人利益的动作,就应立即采取措施减少投入。除非能够采用有效手段控制风险,否则应当解除合同。

(二)树立正确风控理念,最大限度挖掘效益

承包商要正确区分业主资信风险与项目前景风险。虽然业主资信存在问题但是项目前景好的,可以在控制业主资金流转的情况开展项目合作。这种项目合作既可以包括项目营销阶段的"融投资带动总承包",也可以包括施工过程中的合作。

当业主遇到一时的资金紧张时,承包商不能只是单纯的考虑停工、诉讼,而是首先应当判断有没有合作机会。因为有的项目承包商停工业主就死了,业主死了承包商也死了。所以,当承包商做了一定的工程量的时候,双方其实是利益共同体,业主出现资金问题承包商的第一反应应该是如何利用业主的资金问题获取更大利益,而不是落井下石,或为了自己利益置对方于死地。

如果承包商认为项目前景不错,并且决定与业主开展合作时,依然要守住风控底线,充分判断如何控制业主资金、如何锁定结算、如何保障最终付款。但是如果业主和项目都没有前途,或者虽然项目有前途但是业主"一意孤行、拒绝合作"的,承包商则要守住底线,想方设法减少投资、防止风险。

(三)拒绝项目施工之前,先让业主增加信用

无论施工合同签订之前,还是项目施工过程之中,如果承包商认为存在业主资信风险的,首先要看业主愿意如何增加信用。如果增加的信用可以保障未来的工程款回收,则可以考虑继续施工。在实际操作层面,业主增加信用方式主要有:

1. 提供有效担保

业主增加信用最直接的方式就是提供担保,包括股东担保、关联企业担保、实际控制人及其配偶担保。

股东担保和关联企业的担保，关键是提供担保的股东和关联企业具备更好的资金实力和清偿能力；实际控制人和配偶的担保主要目的是防止实际控制人转移项目公司资产，避免“穷庙富方丈”的情况出现。

《民法典》第 686 条规定：“保证的方式包括一般保证和连带责任保证。当事人在保证合同中对保证方式没有约定或者约定不明确的，按照一般保证承担保证责任。”连带责任保证和一般保证的区别在于，连带责任保证情况下，施工单位可以同时起诉保证人和业主，但是一般保证情况下施工单位必须先起诉业主，业主资产无法偿还债务时才能起诉保证人。所以，施工人应尽量要求担保人明确提供连带责任保证。

另外，根据《民法典》第 691 条的规定，保证人的保证担保范围可以进行约定，建议施工单位不仅仅把业主欠付的工程款列入担保范围，而且还把利息、违约金、停窝工损失，以及为了实现施工方债权的律师费、诉讼费、差旅费等一并要求担保人担保。下文所列的其他担保方式也可照此处理。

2. 项目回款控制

项目回款主要是销售回款或 PPP、BT 项目政府回购回款。对业主项目回款的控制，主要是防止业主或业主股东方把项目回款转移，从而降低业主的偿债能力，损害施工单位利益。政府（包含政府平台单位或实施主体）回购款的控制，主要是签订三方协议，约定政府付款至承发包双方所共管的指定银行账户；销售回款控制，主要是通过资金监管实现。

3. 项目资金控制

项目资金控制的手段显然比项目回款控制要严格，项目资金控制是指施工单位对于业主所有的银行账户全部监管，没有施工单位同意不能开设新的银行账户，不能对外支付，以此确保施工单位对于业主所有的资金进行控制，最大限度地保障自己的利益。

4. 项目公司控制

项目公司控制是指施工单位要求修订项目公司章程，授权董事会对公司所有决策享有表决权，然后控制项目董事会，从而控制业主的所有决策，包括印章控制、合同控制、支付监管、重大决策同意等。

5. 在建工程抵押

在建工程抵押，是指建设单位将其土地使用权连同地上建筑物抵押给承包商指定单位。《城市房地产抵押管理办法》第 3 条规定：“在建工程抵押，是指抵押人为取得在建工程继续建造资金的贷款，以其合法方式取得的土地使用权连同在建工程的投入资产，以不转移占有的方式抵押给贷款银行作为偿还贷款履行担保的行为”。根据该规定，在建工程只能抵押给贷款银行（或其他金融机构），而不能抵押给施工单位。如果施工单位坚持要求对方在建工程抵押，可以采用委托贷款融资的方式，要求业主将在建工程抵押给银行。

6. 股东股权质押

《民法典》第440条规定股权可以出质，当事人应签订书面合同，质权自相关机构登记时设立。施工单位在业主资信不良时，可以要求股东股权质押，以此为自身工程款设立担保，为工程款的回收增加保障。实践中股权质押的担保效果一般，只能起到防止业主股东转移股权的作用，对于工程款支付担保只能是“聊胜于无”。

7. 股权让与担保

让与担保的基本模式是债务人（或债务人股东）将物或股权转给债权人，当债务人偿还完欠款后，再将物和股权赎回。股权让与担保是指施工单位与业主签订股权转让合同，然后做股权变更登记，在业主无法支付工程款时，施工单位即可以出让该部分股权，从而实现自身债权。

8. 房屋让与担保

房屋让与担保与股权让与担保有异曲同工之处，都是业主与施工单位签订转让合同，将担保物过户到施工单位名下以此担保在业主不支付工程款时施工单位的债权。由于我国承认有条件下的物权期待权，最后很多承包商所谓的让与担保只是签订买卖合同并且登记备案，并没有办理产权过户，该种让与担保方式可以阻却业主将房屋再次出售，但是不一定能够确保对签约房屋的优先权优于其他债权人的查封权。因此，此种模式下施工单位的权利肯定落后于建设工程优先受偿权。

（四）降低项目垫资金额、减少项目承包范围

在业主资信不良且未有效增加信用时，施工单位一是应采取各种办法减少垫资资金，防止在施工过程中因业主破产导致垫资金额无法回收；二是需要减少项目承包范围，要求业主将单独招标项目、指定分包项目、联合招标分包、PC项目中的业主指定采购等平行发包，以此避免在业主破产后，施工单位仍需向指定分包支付工程款，使自身损失扩大。

（五）依法停工解约、避免损失扩大

施工中，承包商发现业主资产不足以偿还垫资款且业主方没有提供有效担保时，显然施工越多、垫资越高、风险越大，因此承包商从止损的角度应考虑停工。但

是考虑停工时要注意：

首先，要判断停工是否有利，有的建设工程施工费用基本由承包商垫付，土地款价值不大，一旦停工项目肯定烂尾，这时要谨慎停工。最好的办法是在业主增加信用、优化工程计价的情况下项目垫资施工。但是如果项目前景不好，就只能停工止损。

其次，施工单位要找停工的理由，即做到“合法”停工，不能因停工导致自己违约，被业主追究违约责任，将自身陷入不利境地。

最后，施工单位应综合判断，如继续施工只会导致施工单位损失继续扩大，且业主资信状况短时间内不会好转，施工单位应果断寻找各种理由停工，逼迫业主增加信用。停工后业主没有作出有效的增加信用的举措时，则应要求解除合同、退场结算。

（六）诉讼、查封、优先受偿

诉讼是在万不得已的情况下才启动的，是施工单位最后的权利保障。在业主未破产的情况下，诉讼不是目的，是手段。通过诉讼查封业主资产以增加己方的谈判筹码，逼迫业主支付工程款。

因优先受偿权的除斥期间较短，因此在进行工程款诉讼前，可以先启动优先受偿权之诉，将优先受偿权确定下来，以此来保障施工单位的自身权益。针对工程欠款起诉前或起诉后，应根据业主资产状况及诉讼金额查封业主资产，以保障胜诉后有财产可供执行。

第三章 “商票支付”风险与应对

根据《票据法》的规定，票据作为一种支付方式，分为汇票、本票和支票，而其中的汇票因出票人不同分为又分为银行汇票和商业汇票，顾名思义，银行汇票是银行出具的，商业汇票是非银行单位出具的票据。根据中国人民银行《支付结算办法》，商业汇票分为商业承兑汇票和银行承兑汇票。银行承兑汇票是商业单位开具的，以银行信用为担保，到期后银行见票即付，商业承兑汇票是商业单位开具以承兑人的信用为担保，到期后持票人要求承兑人（付款人）无条件支付票款。因此，银行承兑汇票一般不会出现无法承兑的情况，接受银行承兑汇票基本没有风险，而商业承兑汇票有可能出现无法承兑的情况，存在很大的风险。所以本章仅讨论商业承兑汇票支付的风险与应对，本章中的“商票”仅指“商业承兑汇票”。

在房地产市场总体下行和房地产企业忙于跑马圈地形势下，房开企业的现金流普遍紧张，由此催生出很多开发企业向承包人开具商票。如上文所述，商票是以一般企业作为支付主体的，信用指数差、承兑时间长。商票支付存在哪些风险，施工单位遇到合同中约定“商票支付”时应如何识别和应对呢？

一、“商票支付”的风险

（一）商票无法承兑

本章开篇说到，商业承兑汇票是以承兑人的信用作为担保，那么就有可能出现到期无法承兑的情况。根据搜狐网、网易财经、证券时报网多家网站报道，云南铜业（000878）12 月 28 日发出晚间公告，截至 2012 年 12 月 25 日，云南铜业共持有逾期商业承兑票据 5.58 亿元，并称“上述商票事项对公司 2012 年度的业绩情况可能会产生重大影响，但在催收、诉诸法律手段和与年审会计师确认未有结果前，公司难以准确判断损失情况”。所以对于施工单位来说，若接受建设单位以商票支付工程款，应审核承兑企业的信用及支付能力，避免出现商票无法承兑的情况。

(二)丧失优先受偿权

2021 年 1 月 1 日起施行的《最高人民法院关于审理建设工程施工合同纠纷案件适用法律问题的解释(一)》第 41 条规定:“承包人应当在合理期限内行使建设工程价款优先受偿权,但最长不得超过十八个月,自发包人应当给付建设工程价款之日起算。”(原《合同法》第 286 条及原《最高人民法院关于审理建设工程施工合同纠纷案件适用法律问题的解释(二)》规定,施工单位在建设单位欠付工程款时,对建设工程折价或拍卖的价款享有优先受偿权,优先权的期限为六个月,自发包人应当给付建设工程价款之日起算)。若结算后,建设单位以商票支付工程款,施工单位很可能丧失优先受偿权,理由如下:

一是商票本身存在一定的付款期限,最长为 1 年,再加上结算期限,一般来说就会超过 6 个月。若商票无法承兑,施工单位再向建设单位索要工程款时,就已经超过了优先受偿权的期限。关于商票的付款期限,《支付结算办法》第 87 条规定,商业汇票的付款期限,最长不得超过 6 个月;《电子商业汇票业务管理办法》第 13 条规定,电子商业汇票的付款期限自出票日起至到期日止,最长不得超过 1 年。

二是当建设单位以商票的方式支付工程款后,在没有特别约定的情况下,建设单位已经完成了工程款的支付,施工单位与建设单位之间变成了票据关系。若商票到期无法承兑,施工单位只能追究建设单位票据无法承兑的责任,而不能依据建设施工合同向建设单位索要工程款,也就丧失了优先受偿权。

因此,若施工单位接受建设单位以商票的方式支付工程款,极大可能丧失优先受偿权。

(三)商票难以变现

商票难以变现的原因有以下三个:一是如上所述,商票存在一定的付款期,施工单位需要等商票到期后去承兑;二是施工单位下游企业,如分供商,一般不会接受施工单位以商票的方式支付工程款,也就是说,商票很难背书给下游单位;三是若施工单位在商票到期前很难办理贴现,原因如下:

商票贴现,是指持票人将自己手中未到期的商业票据向银行要求变成现款,银行收进这些未到期的应收票据,按票面金额扣除贴现日以后的利息后支付现款给票据贴现企业。但是,现实生活中,商票办理贴现很难,因为很多银行不接受商票贴现,再者即使办理贴现,也需要承兑人的账户中有足额的资金才能办理贴现,并且商票贴现的费率很高。

二、如何识别"商票支付"

（一）明示的"商票支付"

明示的"商票支付"即在合同文本中直接约定以商票的方式支付工程款。

（二）暗示的"商票支付"

暗示的商票支付是指合同中并未明确约定"商票支付"条款，而是约定类似"承包人接受发包人一切的支付方式"的条款，在合同履行过程中，建设单位据此直接支付给施工单位商票。

（三）被迫的"商票支付"

被迫的"商票支付"有两种：一种是在施工过程中或者结算后，建设单位暂时没有资金支付，但是在一段时间内建设单位会有资金流入，建设单位提出以商票支付，商票到期后施工单位直接去承兑，支付商票类似一张"信用凭证"；另一种是建设单位没有资金支付，但建设单位手中有其他单位的商票，可以背书给施工单位，以此作为工程款的支付。

三、商票支付相关案例解读

（一）中建某局诉某投资公司票据付款请求权纠纷案

2017年1月，中建某局与案外人大庆公司签署《关于大庆某项目竣工结算尾款支付的会议纪要》，确认大庆公司在2017年1月25日前以商业承兑汇票的形式支付给中建某局4850万元，承兑期限为6个月，如商业承兑汇票到期未能承兑，则应自承兑期限届满之日起支付按年利率12%计算的延期利息。基于此，作为大庆公司的关联公司即某投资公司向中建某局出具了5张电子商业承兑汇票。上述汇票到期后，原告提示付款，但被告仅于2017年9月14日兑付了金额为890万元的汇票，而未履行其余4张汇票的付款义务，余额始终不足以兑付其余票据款3960万元。

裁判结果：某投资公司支付中建某局3960万元及逾期付款利息。

（二）混凝土公司诉中建某局定作合同纠纷案

2014年，混凝土公司、中建某局签订《商品混凝土供货合同》，约定混凝土公司为中建某局承建的某项目定作混凝土，在过程中混凝土公司起诉要求中建某局支付工程进度款，双方自愿协商同意相关付款由中建某局以电子商票方式支付，商票贴息部分全部由中建某局承担，贴息以混凝土公司提供的贴息凭证为准。后该案调解。在合同履行完毕后，双方对于贴息费用及应付工程款存在争议，故混凝土公司起诉。

裁判结果：中建某局支付混凝土工程款及贴息费用。关于贴息部分的裁判理由：关于贴息损失问题，根据另案调解笔录记载，双方自愿协商同意相关付款由中建某局以电子商票方式支付，商票贴息部分全部由中建某局承担，贴息以混凝土公司提供的贴息凭证为准，现混凝土公司提供了兑付汇票时产生贴现利息合计依据，并要求中建某局承担该部分费用，符合双方约定或交易习惯，法院依法予以支持。

实务要点

这两个案件事实极为简单，都是明确的债权债务关系，但这两个案件中有很多地方值得研究，笔者仅就商票支付问题提示以下三点：

一是在施工单位在接受商票支付工程款时，最好明确约定到期无法承兑的违约责任或者延期付款利息。在第一个案件中，中建某局接受投资公司以商票支付工程尾款时，即约定了在到期无法承兑时按年12%支付逾期付款利息。约定违约责任可以在商票无法承兑时，更好地维护自身权益。

二是在接受商票支付工程款时，若商票由第三方开具，应约定在商票无法兑付时，施工单位有权要求建设单位继续支付工程款并承担违约责任。如第一个案件中，设想若投资公司在判决后仍无法支付，那么施工单位也难以要求建设单位支付，所以在商票由第三方出具时应约定无法兑付时建设单位继续支付工程款的责任。

三是要明确贴现费用的承担。案例（二）中，中建某局向混凝土公司开具商票，并自愿承担贴现费用，但混凝土公司贴现后，中建某局又拒不支付贴现费用，后法院判决中建某局支付贴现费用。为了防止双方就贴现费用争议，企业在约定以商票支付款项时，应对贴现费用约定明确。

四、“商票支付”风险的应对

上文说到，接受商票支付对于施工企业的影响主要有三点：一是无法承兑；二是丧失优先受偿权；三是难以变现。笔者从以下七个方面阐述如何应对上述风险。

（一）不接受商票支付

应对商票支付风险最直接、最彻底的办法就是不接受商票支付，但是由于建设单位和施工单位地位不对等，施工单位一般只有在以下情况下才能不接受商票支付。

1. 没有约定商票支付

没有约定商票支付即在合同中没有约定商票支付工程款，若建设单位提出以商票支付工程款，施工单位有权不接受。

2. 商票约定不明

商票约定不明是指在合同中约定了以商票支付工程款，但是对于出票人、承兑人未明确约定。根据《民法典》第 510 条的规定，合同生效后，当事人就质量、价款或者报酬、履行地点等内容没有约定或者约定不明确的，可以协议补充；不能达成补充协议的，按照合同相关条款或者交易习惯确定。第 511 条规定，履行方式不明确的，按照有利于实现合同目的的方式履行。由此可以判断，对于建设工程来讲，有利于实现合同目的的方式是建设单位按期足额支付工程款。若建设单位支付的商票的出票人、承兑人非建设单位，为资信较差的企业，施工单位也有权不接受商票，要求建设单位直接支付工程款。

3. 承兑人丧失商业信用

承兑人丧失信用，是指建设单位已经开具的商票不能承兑或者出现了其他丧失商业信用的情形，如（1）被列为失信被执行人；（2）符合《民法典》第 527 条规定的四种情形：经营状况严重恶化；转移财产、抽逃资金，以逃避债务；丧失商业信誉；有丧失或者可能丧失履行债务能力的其他情形。

（二）有条件接受商票

有条件接受商票是指在合同中未约定商票支付，但是为了施工单位自身利益或者避免建设单位与施工单位关系决裂，而不得不在一定条件下接受商票。在这种情形下，施工单位可以采取以下措施避免风险。

1. 支付资金成本

履约过程中建设单位提出以商票支付工程款，很大原因是建设单位无法及时支付工程款，从合同本身来说，是建设单位违约，是要求施工单位垫资施工。那么，作为守约方的施工单位，有权要求建设单位支付自己所承担的资金成本。

2. 更改合同条件

在过程中建设单位提出以商票支付工程款，一般是由于建设单位短期内没有现金支付工程款，是建设单位有求于施工单位。因此，施工单位应抓住机会，要求更改合同中对自身不利的事项，从而平衡商票支付风险。

3. 要求提供担保

在过程中建设单位提出以商票支付工程款，施工单位应核实建设单位资信情况，若发现建设单位资信情况不良时，应要求建设单位提供担保或者要求第三人担保，以此来确保商票可以承兑或者可以通过其他方式回收工程款。

（三）分摊商票成本

分摊商票成本是指施工单位应与建设单位就商票支付进行谈判，要求建设单位承担或者分摊商票成本。商票成本分为两块：一是资金成本，即商票到期付款前，施工单位承担的资金成本；二是贴现成本。

（四）商票风险转嫁

商票风险转嫁是指在合同中约定了以商票支付工程款时，施工单位应提前策划，在分供招标阶段即设置商票支付分供单位工程款条款，将商票背靠背转移给分供单位，将商票风险转嫁给分供单位。

（五）约定无法承兑的违约责任

建设单位提出以商票支付工程款时，施工单位应与建设单位约定商票无法承兑的违约责任，违约责任包含两块：一是约定商票无法承兑时建设单位应支付逾期付款利息；二是在商票无法承兑时施工单位有权要求建设单位继续支付工程款。

（六）保留索要工程价款和要求承担票据责任的选择权

根据《票据法》第 61 条第 1 款的规定：“汇票到期被拒绝付款的，持票人可以对背书人、出票人以及汇票的其他债务人行使追索权。”所以在商票无法承兑时，施工单位可以向出票人行使追索权。

若商票出票人和承兑人都非建设单位，是建设单位关联公司时，施工单位应和建设单位约定，在商票无法承兑时，施工单位有权选择要求建设单位继续支付工程款或者要求承兑人继续承兑。

(七)保留工程价款优先受偿权

上文说到,在现行法律规定下,优先受偿权的行使期限不超过 18 个月,自发包人应当给付建设工程价款之日起算。在此规定下,为保护施工单位的优先受偿权笔者给出以下几种建议:

1. 缩短商票付款期

2021 年 1 月 1 日起施行的《最高人民法院关于审理建设工程施工合同纠纷案件适用法律问题的解释(一)》第 41 条规定:“承包人应当在合理期限内行使建设工程价款优先受偿权,但最长不得超过十八个月,自发包人应当给付建设工程价款之日起算。”(原《最高人民法院关于审理建设工程施工合同纠纷案件适用法律问题的解释(二)》规定,施工单位行使优先受偿权的期限为发包人应当给付工程款之日起六个月)商票的付款期限是由建设单位和施工单位约定的,那么若是商票付款期短于 18 个月,在商票无法承兑的情况下且约定了无法承兑时建设单位继续支付工程款,施工单位仍可以行使优先受偿权。

2. 约定商票期满之日为工程款应当给付之日

施工单位和建设单位可以约定以商票付款期满之日为建设单位应当给付工程价款之日,即将建设单位应当给付工程款之日延后。以此保证施工单位在商票无法承兑时,仍有权要求建设单位支付工程款并享有优先受偿权。

3. 约定无法承兑时继续支付工程款

施工单位和建设单位可以约定在商票无法承兑时,建设单位应继续支付工程款。上文说到,施工单位在接受商票后丧失优先受偿权的另一个理由是在接受商票后,建设单位已经履行完对工程款的支付义务,施工单位与建设单位之间是票据关系。因此,施工单位在接受商票时应与建设单位约定,在商票无法承兑时,建设单位应继续履行支付工程款的义务,以此保证施工单位能享有优先受偿权。

第四章 “以房抵债”的风险与应对

建设工程包含房屋建筑、土木工程、线路管道和设备安装工程及装修工程等。其中房建无论规模还是产值都处于领头羊的位置，而房建又分为商品房和其他房屋，商品房建设是建设单位以转让产权、获取价款为目的的建设方式。因此，当房地产市场一路上扬时，建设单位开发的房产是“皇帝的女儿不愁嫁”，不管房子多差都能卖出去；但是若房地产不景气，开发行为就会面临风险，一旦房子建造了卖不出去，高额的开发成本会直接把建设单位压垮。建设单位为了规避风险、转移风险，便利用承发包双方的不平等地位，采取各种方式让施工单位承诺同意“以房屋折抵工程款”，于是“以房抵债”这一特殊的支付和交易模式应运而生。显然“以房抵债”对施工单位极其不利，且存在重大风险。本章从施工单位的角度阐释“以房抵债”的法律风险及风险防范。

一、“以房抵债”的危害

（一）危害项目现金流

众所周知，现金流是一个企业的血液，缺乏现金流会导致企业资金周转困难，难以正常经营，从而引发各种纠纷，更有甚者会导致企业破产倒闭。企业如此，项目也是如此。施工单位在接受“以房抵债”后，若不能及时将抵进的房屋予以变现或抵出，该部分工程款会以固定资产形式存在，影响公司和项目的支付能力。

（二）形成企业无用资产

实践中，“以房抵债”有两种操作模式：一种模式是当施工单位以“以房抵债”的形式抵进房源时，会直接抵出给下游单位（分包/供商）或卖给个人，然后由建设单位与下游单位（或下游分供商指定个人）直接签订商品房买卖合同；另一种模式是由建设单位直接将房屋抵给施工单位。若施工单位与建设单位达成“以房抵债”协议后，没有人愿意接受房产折抵分包分供价款，施工单位只能将相应房源过户到自己名下。对于施工单位来说，不能及时变现的固定资产没有用处，从而形成无用资产。

（三）资产不易过户

当施工单位与建设单位达成“以房抵债”协议后，办理过户手续还需要一段时间，在这段时间里有可能由于各种原因导致协议无法履行，比如“以房抵债”的房源被法院查封、抵押或销售给他人；再如抵入建设单位开发的项目烂尾最终无法形成产权过户，还有建设单位拒绝办理开具发票等配合义务，从而造成“以房抵债”协议无法履行。在此种情况下，若建设单位不以其他方式支付工程款或者建设单位已经没有钱支付，就会让施工单位陷入极为不利的局面。

（四）丧失优先受偿权

2021 年 1 月 1 日起施行的《最高人民法院关于审理建设工程施工合同纠纷案件适用法律问题的解释（一）》第 41 条规定：“承包人应当在合理期限内行使建设工程价款优先受偿权，但最长不得超过十八个月，自发包人应当给付建设工程价款之日起算。”在施工单位与建设单位签订“以房抵债”协议后，在协议有效的情形下，即可认为施工单位与建设单位就工程款的支付达成了新的还款协议，只需要履行“以房抵债”协议项下的义务。若因建设单位违约导致“以房抵债”协议无法履行，虽然施工单位可以要求建设单位支付工程款、承担违约责任，但一般来说此时已超过优先受偿权的行使期限，施工单位因此丧失建设工程优先受偿权。

（五）丧失停工解约权

建设工程合同在履行过程中，建设单位不支付工程进度款，施工单位拥有停工或者解除合同的权利。若在合同中约定了“以房抵债”的形式支付工程进度款或者就工程进度款的支付达成了“以房抵债”的协议，从形式上看，建设单位就不欠付工程进度款，施工单位就无法以建设单位不支付工程进度款为由停工或者解除合同，只能继续施工。在相关约定或者协议达成后，房屋是否能够过户、何时能够过户都不确定，施工单位还丧失了停工解约权，真是“赔了夫人又折兵”。

（六）引发分供纠纷

如上文所述，“以房抵债”的一般操作模式是当施工单位以“以房抵债”的形式抵进房源时，直接抵出给下游单位或卖给个人，然后由建设单位与下游单位/个人直接签订商品房买卖合同。但若因合同被认定无效、抵债房屋被查封、被抵押或项目烂尾等原因导致商品房买卖合同无法履行时，分供单位会继续要求施工单位支付分供价款，从而引发分供纠纷。

二、如何识别“以房抵债”

（一）明示的“以房抵债”

明示的“以房抵债”是指建设单位在招标文件、施工合同中明确施工单位需要“以房抵债”，或者要求施工单位出具“以房抵债承诺书”后才会授予施工单位中标通知书或施工合同。建设单位若想通过“以房抵债”方式支付工程款，有时会在招标文件中明确约定，一般来说，有以下三种方式：一是设置“以房抵工程款承诺书”条款，要求施工单位出具承诺书承诺接受以招标人指定的房屋抵付一部分工程款；二是在招标文件所附合同文本中设置“以房抵债”条款，明确以房屋抵付一定比例的工程款；三是要求投标人（施工单位）承诺以一定比例的工程款购买建设单位房屋。这三种以房抵债的约定较为明确，并且房源一般也是固定的，只要施工单位在投标前仔细阅读招标文件就能发现。

（二）暗示的“以房抵债”

在实践中，还存在一种情况，即招标文件中并未明确约定“以房抵债”条款，而是约定类似“承包人接受发包人一切的支付方式”，在合同履行过程中，建设单位以此要求施工单位接受“以房抵债”方式支付工程款。建设单位这种“以房抵债”的要求，非常隐蔽，如果施工单位没有认真审查合同就有可能上当吃亏。所以，投标之前应认真阅读招标文件。

（三）被迫的“以房抵债”

被迫的“以房抵债”，是指虽然在施工合同或招投标文件中没有以房抵债要求，但是在合同履行过程中，建设单位基于当时的房地产销售形式，要求工程款由房产与现金相捆绑。施工单位要么接受捆绑，要么没有工程款。此时，施工单位为了维护与建设单位的关系，或者为了获取工程款，不得不接受“以房抵债”。

（四）无奈的“以房抵债”

无奈的“以房抵债”是指在项目履约过程中或者结算完成后，建设单位资信出了严重问题，极有可能破产倒闭，施工单位为了避免什么也拿不到的囧况，无奈选择与建设单位“以房抵债”。

三、"以房抵债"案例解读

(一)某幕墙公司与某投资公司仲裁纠纷案

2013年,幕墙公司与投资公司签订施工合同,约定由幕墙公司承包某项目的装饰工程,暂定合同价款5000万元。在合同履行过程中,投资公司未按照合同约定支付工程进度款。截至2014年5月,投资公司欠付幕墙公司工程进度款1200万元。经过协商,幕墙公司、投资公司与上海机电公司、林某签订《协议书》,约定:以上海机电公司拥有产权的6套房屋按900万元的价格折抵工程款,房屋交付给林某,交付完成则视为投资公司向幕墙公司支付900万元工程款;若上海机电公司未能交房和过户,幕墙公司有权要求投资公司继续支付工程款。协议签订后,林某与上海机电公司签订了6份《上海市商品房预售合同》,但由于上述房屋被多家人民法院查封,一直无法办理过户。故幕墙公司向上海仲裁委申请投资公司支付900万元工程款。

裁判结果:仲裁委认为,《协议书》是各方当事人的真实意思表示,且不违反法律法规的强制性规定,故《协议书》合法有效。在《协议书》合法有效的前提下,各方当事人均应依约行使权利并履行义务。根据《协议书》的约定,在房屋无法过户时,幕墙公司有权要求投资公司支付工程款。现由于约定房屋被查封,至今无法办理过户,故幕墙公司有权要求投资公司支付工程款。仲裁委最终裁决投资公司向幕墙公司支付工程款900万元。

实务要点1

此案为笔者代理,过程中笔者就建议施工单位停工解约,但施工单位盲目相信建设单位的承诺,导致建设单位已经无钱支付工程款,最终施工单位只能接受"以房抵债"。因此,笔者建议:(1)当发现业主存在严重的资信风险后应当果断停止施工,或者终止合同,及时止损。(2)因为以房抵债协议签订至房屋交付、过户期间存在很多不确定因素,且工程款的优先受偿权的主张具有时效性,所以,在签署以房抵债协议时,一定要留有"回路",即重新要求支付工程款的权利。本案审理过程中,投资公司选择的仲裁员认为房屋买卖合同签订后,意味着以房抵债协议履行完毕,工程款已经转化为购房款,即使房子没有抵进来,也只能由购房人追究买房人的责任,但是本案中因《协议书》约定房屋无法过户幕墙公司可继续向投资单位索要工程款,最终另两位仲裁员支持了幕墙公司的请求。(3)"以房抵债"的根本原因就是建设单位的资信能力差，且随着时间的推移，建设单位的资信条件大概率会越来越差，因此，当抵债房屋具备过户条件时，一定要迅速过户，尽量避免过程中抵债房屋被其他法院查封，最终鸡飞蛋打。

（二）田某与上海某置业有限公司、浙江某安装合同纠纷案

2013 年，置业公司与安装公司签订装修工程施工合同，约定由装饰公司负责置业公司的某项目样板间的硬装修和水电安装，合同价款 58 万元。后安装公司将项目转包给田某，田某完成了该项目，结算价款为 59 万元，安装公司支付了部分工程款。2015 年 3 月，田某与置业公司、安装公司签订协议书，约定：置业公司将其开发的某小区一套房屋出售给田某，房屋总价 92 万元，以安装公司欠田某的 41 万元作为部分购房款抵偿置业公司应付给安装公司的相应部分工程款，剩余购房款田某直接支付给置业公司。实际上，协议签订前，该房屋已设有抵押，并且被查封，且置业公司未取得上述房产的商品房预售许可证。2015 年，置业公司申请破产，田某申报了债权，置业公司予以确认。由于房屋一直无法过户，田某无法收回款项，故起诉。

裁判结果：(1)协议书中关于房屋买卖部分无效；(2)安装公司向田某支付 41 万元工程款。理由：根据法律规定，出卖人未取得商品房预售许可证明的，与买受人订立的商品房预售合同无效。置业公司至今未取得商品房预售许可证，故协议书中关于商品房买卖部分无效。根据《民法典》“合同编”的规定，合同部分无效，不影响其他部分效力的，其他部分仍然有效。协议书同时约定若田某不愿购买房屋，可由置业公司出售并获得相应金额，因置业公司已进入破产程序，该房产作为在建工程已经拍卖完毕，已无法履行，田某有权要求置业公司支付工程款。再者，协议书的性质是置业公司对于田某和安装公司的债的加入，即置业公司加入田某与安装公司的债务关系中并承担偿还工程款的责任，并不免除安装公司的付款义务，故现田某有权要求安装公司偿还工程款。

实务要点 2

此案为笔者代理，通过本案，笔者建议：(1)施工单位要把业主的房子抵给分供商，首先要看折抵的房产能否买卖，如果抵债房屋无法买卖，房屋买卖协议及以房抵债协议相关约定均为无效。(2)施工单位应与建设单位和最终接受房屋的分供单位签署债权转让合同，即施工单位把其对建设单位的债权转让给分供单位，用以抵销施工单位对分供单位的债务，然后再由建设单位和分供单位签订以房抵债协

议,建设单位以房屋抵偿其对分供单位的债务。如此一来,即便最终房屋未能交付并过户给分供单位,分供单位也无权再向施工单位主张分供价款。

四、以房抵债的效力

笔者认为,以房抵债的条款、承诺,即便是建设工程施工合同的组成部分,但因以房抵债涉及房屋买卖,因此,即使没有签订单独的以房抵债协议,也应被视为一个独立的合同。

(一)以房抵债的性质

所谓以房抵债的性质,无非讨论以房抵债究竟是一种工程款的支付方式,还是一种买卖合同关系。如果认为是一种工程款的支付方式,那么当以房抵债无法完成时,应当自然赋予施工单位索要工程款的权利;而如果认为是一种买卖关系,除非另有约定,否则买卖关系已经生效则工程款已经转化为购房款,如果购房协议最终无法履行,房屋出售方仅需向购房人承担违约责任,施工单位的工程价款请求权灭失。

笔者认为,在法律没有明确规定、合同没有明确约定的情况下,以房抵债协议的性质完全取决于法院的自由裁量。但如果以房抵债协议被认定为无效或被撤销,则应当恢复施工单位的工程价款请求权。

(二)以房抵债合同的成立

合同成立应具备两个条件:一是当事人意思一致;二是对于某些特殊合同要符合合同成立要件。

关于当事人意思一致,主要是指以房抵债协议的内容完整,具有可履行性。如果以房抵债的协议或条款,只是约定了以房抵债,但是没有约定抵债房屋的坐落、折抵的工程款金额,显然该协议无法履行,此种情况下应当视以房抵债条款未能达成一致,合同不成立。

关于满足法律的特殊规定,主要是指有部分法院认为以房抵债属于代物清偿合同,而代物清偿合同属于实践合同,应以交付作为成立要件,即只有当以房抵债的房屋过户到购房人名下,才视为以房抵债协议成立。但也有部分法院认为将以房抵债协议认定为实践合同会令以物抵债的交易各方权利义务始终处于不确定状态,且以物抵债合同属于实践性合同没有法律依据。笔者支持第二种观点,不宜将以物抵债合同认定为实践性合同,以房抵债合同一经签署应当成立并生效。

(三)“以房抵债”的效力

如上文所述,以房抵债合同一经签署及成立并生效。但有些已经成立的合同依然可能被认定无效,例如:

1. 标的物违法处分。根据《最高人民法院关于审理商品房买卖合同纠纷案件适用法律若干问题的解释》(法释〔2003〕7 号)第 2 条的规定,出卖人未取得商品房预售许可证明,与买受人订立的商品房预售合同,应当认定无效。因此,如用于抵债的房产没有取得预售许可,抵房交易有可能被认定为无效。

2.“流押”约定无效。当以房抵债中与“债”相关联的工程款未到付款期时,甚至欠付的工程款金额尚未最终确定时,承发包双方就约定将房屋折抵一定的工程价款,损害了建设单位其他债权人的合法权益,属于我国法律禁止的“流押”。因此,未达债务履行期的以房抵债协议,一方当事人要求办理过户手续很难得到法院支持,即使已经办理了过户手续,也可能因为该协议损害建设单位其他债权人利益而被撤销。

五、“以房抵债”风险防范

(一)拒绝“以房抵债”的办法

如上文所述,一般在合同或招投标文件明示的以房抵债不具备完整意义上的房屋买卖合同条款,因此在没有形成新的补充协议或正式的购房协议之前,明示的以房抵债条款是不成立的。但是,以房抵债毕竟作了约定,算是施工单位的承诺。如果施工单位直接以约定不明为由不办理以房抵债,则可能有损于承发包双方信任关系。对此,笔者建议:

1. 如果建设单位要求以房抵债的,要尽量把以房抵债的风险进行转移,即在分供商招标或合同签订时,也尽量选择同意抵房的分供单位。

2. 项目建设初期,建设单位提出以房抵债时,可以房屋没有取得预售许可证,分供商不同意抵债为由予以推脱;也可以进一步向建设单位提出在没有取得预售许可证的情况下所签订的抵房合同无效,将来可能发生争议。

3. 如果业主取得预售许可证,则可以房屋位置、房屋价格、交付时间等条款无法达成一致意见为由予以推脱。

4. 如果建设单位以施工方不同意抵房为由延迟向施工单位支付工程款的,施工单位要以工期延长为由进行对抗。

5. 如果确实要折抵房屋的,承发包双方要在抵房和现金的捆绑方式上达成一致意见。

6. 如果施工单位认为以房抵债对其利益形成重大损害的,完全可以不执行那些约定不完整的以房抵债条款,转而要求对方支付工程款。

(二)以房抵债后的风险防范

1. 签署抵房协议,就意味着放弃工程款转而要房子,所以在签订以房抵债协议书时,必须约定当如房屋未按时交付或过户,允许施工单位继续主张工程价款。选定交房或过户的期限时要充分考虑主张建设工程价款优先受权的期限,不能出现当施工单位能够主张工程款时已经没有优先受偿权的情况。

2. 尽量选择资信条件比业主好的企业所有的房产进行抵债。

3. 在签订以房抵债合同时,要审查开发企业是否取得预售许可证或大产证,所抵房屋是否被抵押、被查封,是否是必须是开发企业自己持有的不可销售房产。

4. 抵债协议签署后,要尽快办理合同网上签约、网上备案,快速过户。

5. 在办理合同备案时要同时办理预告登记。根据《民法典》第 221 条的规定,当事人签订买卖房屋的协议或者签订其他不动产物权的协议,为保障将来实现物权,按照约定可以向登记机构申请预告登记。预告登记后,未经预告登记的权利人同意,处分该不动产的,不发生物权效力。预告登记后,债权消灭或者自能够进行不动产登记之日起九十日内未申请登记的,预告登记失效。并且根据《最高人民法院关于人民法院办理执行异议和复议案件若干问题的规定》第 30 条的规定:"金钱债权执行中,对被查封的办理了受让物权预告登记的不动产,受让人提出停止处分异议的,人民法院应予支持。"所以办理预告登记后,能排除无法过户、业主一房多卖、房屋被执行的风险。需要注意的是,在能够办理登记后 3 个月内未正式登记的,预告登记失效。

6. 如果房屋在过户之前被查封,导致无法过户的,施工单位应根据具体情况选择排除第三方执行还是向建设单位索要工程款。《最高人民法院关于人民法院办理执行异议和复议案件若干问题的规定》(法释〔2015〕10 号)第 28 条规定:"金钱债权执行中,买受人对登记在被执行人名下的不动产提出异议,符合下列情形且其权利能够排除执行的,人民法院应予支持:(一)在人民法院查封之前已签订合法有效的书面买卖合同;(二)在人民法院查封之前已合法占有该不动产;(三)已支付全部价款,或者已按照合同约定支付部分价款且将剩余价款按照人民法院的要求交付执行;(四)非因买受人自身原因未办理过户登记。"第 29 条规定:"金钱债权执行中,买受人对登记在被执行的房地产开发企业名下的商品房提出异议,符合下列情形且其权利能够排除执行的,人民法院应予支持:(一)在人民法院查封之前已签订合法有效的书面买卖合同;(二)所购商品房系用于居住且买受人名下无其他用于居住的房屋;(三)已支付的价款超过合同约定总价款的百分之五十。”所以施工单位应根据实际情况判断是否能够排除执行,若不能根据上述规定排除执行,应转向建设单位索要工程款。

7. 如果决定索要工程价款的需注意建设工程优先受偿权是否还能继续主张。

(三)房屋抵给分供商的风险应对

1. 如果房屋不能过户给分供商,施工单位将面临很大风险,因此在与分供商的抵房协议中要明确房产不能过户的责任承担,特别是因分供商自己迟延办理产证等原因造成房屋被查封无法过户的,相应后果与总包单位无关。

2. 为慎重起见,总包单位要协助分供商审查房屋是否存在网签和过户障碍,协助分供商及时与开发企业签订销售合同和预告登记,并督促分供商尽快办理过户。

3. 为避免各项麻烦,建议施工单位选择用债权债务转移的方式处理对分供商的抵债事宜,即施工单位将对建设单位的工程款债权转让给分供商,由建设单位向分供商履行工程款偿付义务,具体偿付方式由建设单位与分供商另行协商。在债权转让协议中,不体现以房抵债的意思表示,具体操作由分供商和建设单位完成,将自身从以房抵债中抽离出来,从而避免相应风险。对此应注意的是,根据《民法典》第546条的规定,债权人转让债权,未通知债务人的,该转让对债务人不发生效力。所以在操作债权转让时,尽量签订三方协议,避免因未通知而使债权转让对建设单位不产生效力。

第五章　建设工程保理的风险与应对

一、保理的商业模式

《民法典》第 761 条规定:“保理合同是应收账款债权人将现有的或者将有的应收账款转让给保理人,保理人提供资金融通、应收账款管理或者催收、应收账款债务人付款担保等服务的合同。”《商业银行保理业务管理暂行办法》(银监会令 2014 年第 5 号)第 6 条规定:“保理业务是以债权人转让其应收账款为前提,集应收账款催收、管理、坏账担保及融资于一体的综合性金融服务。”《商业保理企业管理办法》第 3 条规定:“保理业务是指商业保理企业受让应收账款的全部权利及权益,并向转让人提供应收账款融资、管理、催收、还款保证中至少两项业务的经营活动。”由此可以看出,保理是以应收款转让为条件,由保理机构向企业提供融资、管理、催收、保证等业务的综合性金融服务。

根据不同的分类标准,保理可以分为国内保理和国外保理、单保理和双保理、有追索权的保理和无追索权的保理、明保理和暗保理、融资性保理和非融资性保理等。

上述分类中,施工单位要重点区分有追索权保理和无追索权保理。《民法典》第 766 条规定:“当事人约定有追索权保理的,保理人可以向应收账款债权人主张返还保理融资款本息或者回购应收账款债权,也可以向应收账款债务人主张应收账款债权。保理人向应收账款债务人主张应收账款债权,在扣除保理融资款本息和相关费用后有剩余的,剩余部分应当返还给应收账款债权人。”有追索权保理又称回购型保理,其商业模式是,保理机构只是把钱融资给债权人,如果其没有从债务人处收回应收账款的,债权人必须回购应收账款,向保理机构偿还融资款。因此,回购型保理在本质上是应收账款让与担保模式下的融资。

《民法典》第 767 条规定:“当事人约定无追索权保理的,保理人应当向应收账款债务人主张应收账款债权,保理人取得超过保理融资款本息和相关费用的部分,无需向应收账款债权人返还。”无追索权保理又称买断型保理,其商业模式是,保理机构向债权人最多支付应收账款 80% 的资金,余款等到保理机构的融资款从债务人处收回所有融资款后，再向债权人支付。即施工单位只能从保理机构拿到一部分款项，其余款项能不能拿得到要看建设单位能不能向保理机构支付应付工程款。因此，买断型保理的本质是一种应收账款买卖，买卖的价格除了以应收账款金额扣减保理利息、手续费外，还要取决于建设单位能否把应收账款全额支付给保理机构。

所以，施工单位信用好的保理，一般采用回购型保理；建设单位信用好的保理，一般采用买断型保理。

二、建设工程中的保理

建设工程工程量大、工程计量复杂、融资需求大，再加上结算周期长、支付周期长等因素，资金周转困难在建设工程中普遍存在，所以很多施工单位会选择保理来缓解资金周转不畅的问题。但是，由于建设工程的复杂性，施工单位选择保理的原因可以分为合同中约定的保理和施工单位自发的保理。

（一）合同中约定的保理

合同中约定的保理，是指建设单位在招标时或者合同中直接要求施工单位将其应收款办理保理，从而缓解建设单位资金支付压力。此类项目一般是非必须公开招标项目，保理的合同条件与施工合同条件同时确定，此种保理的融资成本一般由建设单位承担。

（二）施工单位自发的保理

施工单位自发的保理是指施工单位在垫资施工的情况下，通过保理融资，解决自身现金流问题，从而将对建设单位的应收账款办理保理。此种保理一方面是为了解决项目资金问题，另一方面也为了解决财务报表问题，保理的融资成本需施工单位与建设单位协商，一般由双方分担或者施工单位承担。

三、建设工程保理的风险

（一）停工权丧失风险

在工程建设过程中，若建设单位逾期支付工程款，施工单位有权停工。但是若施工单位将应收账款办理保理，也就意味着建设单位不再欠付施工单位工程款，只需在保理到期后向保理机构支付保理款，施工单位也就丧失了停工权。

（二）解约权丧失风险

根据民法典及示范文本相关约定，在建设单位逾期支付工程款时，施工单位拥有单方解约权。但是若施工单位将应收账款办理保理后,建设单位已经不欠付施工单位工程款,施工单位也就丧失了单方解约权。

(三)工期风险

当施工单位将对建设单位的应收账款办理保理后,丧失了因建设单位逾期支付工程款的停工权和解约权,也就意味着施工单位不能因建设单位逾期支付工程款要求工期延长。但是回购型保理中,如果建设单位在施工过程中出现明显的资信问题,虽然保理没有到偿还期,但是施工单位继续垫资施工风险会越来越大,施工单位只能延缓施工,减少亏损,但与此同时,施工单位也将面临工期风险。

(四)优先受偿权丧失风险

2021 年 1 月 1 日起施行的《最高人民法院关于审理建设工程施工合同纠纷案件适用法律问题的解释(一)》第 41 条规定:“承包人应当在合理期限内行使建设工程价款优先受偿权,但最长不得超过十八个月,自发包人应当给付建设工程价款之日起算。”若施工单位将对建设单位的应收账款办理有追索权的保理,由于应收账款回购存在一定的期限,施工单位就很可能因此丧失优先受偿权。

(五)工程款回收风险

在建设单位已经存在严重的资信风险的情况下,一旦施工单位丧失停工权和解约权,就只能继续施工,但施工越多垫资越多,风险也越大。一旦保理到期建设单位没有支付保理价款,施工单位将被迫支付。此时,由于建设单位缺乏偿债能力,甚至其主要资产已经被抵押查封,施工单位又失去优先受偿权,工程款将面临无法回收的重大风险。

(六)保理融资成本损失风险

保理融资成本损失有两种情况:一种情况是本应由建设单位承担融资成本,但施工单位与建设单位未约定清楚,在建设单位不承认的情形下,施工单位就需自行承担,从而导致保理融资成本损失;另一种情况是建设单位承诺由其承担保理融资成本,但若保理到期后,建设单位无力支付,施工单位就只能自行承担,从而导致保理融资成本损失。

四、案例解读

案例一：

A公司与B公司就沈阳某项目先后签订两份施工合同，施工过程中，因A公司未能按约支付工程进度款，B公司决定对应收工程款办理保理以获得融资。A公司为此向B公司出具了《承诺书》，具体内容为："1.我司保证在保理到期日前偿还1.05亿元，预计到期日为2015年12月。2.保理款可采取分次偿还，每次偿还的本金对应的资金占用利息一并支付，利率为9%/年。3.如不能在保理到期日前偿还全部保理款及利息，我司愿意承担每日万分之五的逾期利息，以及因逾期还款给贵司造成的一切经济损失。"B公司与C公司于2015年2月签订了《应收账款转让协议》。《应收账款转让协议》履行过程中，A公司未能按照其承诺按期支付利息，B公司遂向C公司支付了利息共计5,596,500元。2015年11月12日保理到期，A公司未能按照其承诺偿还保理款，B公司遂向C公司返还了保理款8200万元，回购了对A公司享有的8200万元应收账款债权。涉案工程于2015年9月7日停工，A公司与B公司就已完工程分别签订了两份《竣工结算协议书》。同日，A公司向B公司出具了《关于竣工结算协议书的解释说明》，明确了竣工结算协议中约定的工程价款不包含双方办理保理的有关费用。

裁判结果：A公司向B公司支付工程欠款及利息；A公司向B公司支付保理款资金利息5,596,500元。

案例二：

发包方A公司与承包方B公司签订了《建设工程施工合同》，A公司将彭水某项目发包给B公司承建。合同履行过程中，三家公司签订了《保理合同》，约定：由C公司向B公司一次性提供3200万元的保理融资资金，B公司将其对A公司享有的数额为4000万元的应收账款通过债权转让的方式转让给C公司；应收账款到期后，若C公司未收到A公司支付的应收账款，B公司立即向C公司偿还融资本金并支付利息，C公司将应收账款反转让给B公司。合同签订后，C公司受让了4000万元的应收账款债权后，A公司仅向C公司支付了800万元，其余应收账款A公司始终未支付，且B公司亦未按照保理合同约定向C公司偿还保理融资及利息。

裁判结果：B公司偿还C公司的保理融资本金28,574,400元及利息（利息以本金28,574,400元为基数，从2017年9月3日起按年利率16.20%上浮30%计算至清偿之日止）；A公司在32,000,000元范围内承担共同支付责任。

实务要点

上述两个案例都是施工单位就应收工程款办理了有追索权的保理。保理到期后,建设单位未向保理公司支付工程款,最终都由施工单位支付保理款,引发工程款回收风险。对此,笔者认为:

1. 回购型保理,始终存在保理价款被追回的风险。尽管保理合同中约定保理机构可以选择要求承包单位或建设单位支付应收款,但是基于施工单位的资金信用高于建设单位资金信用,故保理机构在绝大多数情况下会要求施工单位回购应收账款,故回购型保理款只能是算是"借款"。

2. 施工单位办理保理时,应与建设单位就融资成本、违约责任达成一致。第二个案件中,施工单位与建设单位未就融资成本及违约责任进行约定,建设单位仅承担其承认的应付账款支付责任,而施工单位不仅承担融资成本,还需承担到期之后的违约责任(融资成本上浮30%)。但第一个案例中,建设单位承诺支付资金利息和到期无法支付款项的违约责任,虽然判决中基于公平,未支持施工单位要求建设单位承担延期支付保理款的违约责任,但是支持了施工单位要求建设单位支付工程欠款延期付款利息。

五、建设工程保理的风险应对

(一)尽量选择无追索权的保理

选择保理支付,一般情况下都是建设单位存在一定的资金困难,甚至偿债能力存在严重不足。因此,在选择保理类型上看,应当优先选择无追索权的保理。

有追索权的保理本质是融资,无追索权的本质是应收债权转让。有追索权的保理在建设单位到期不支付应付账款时,施工单位要回购应收债权,再向建设单位追偿。无追索权的保理在建设单位到期不支付应付账款时,由保理机构承担应收账款的坏账风险,施工单位彻底抽身出来,避免风险。因此,无追索权的保理才能真正解决问题。

(二)有追索权的保理,施工单位应保留自行选择回购应收账款的权利,以保障对建设单位的停工、解约、起诉、查封、优先受偿的权利

对于回购型保理,保理机构判断风险的主要着力点在于施工单位的信用,至于建设单位的资金和经营状况,保理机构完全可以置之不理。与此相反,施工单位要密切关注建设单位的资信状况,一旦建设单位出现重大风险的,随时准备停工解约甚至起诉查封。如果施工单位将应收工程款转让给保理机构获取融资款后,就应

当视为建设单位不欠施工单位的工程款,施工单位缺少停工、解约、起诉查封的理由。因此,施工单位应保留自行选择回购应收账款的权利。

(三)要密切关注建设单位的资信状况,适时决定是否回购应收款,以进行停工、解约、查封诉讼等

一般来说,在建设单位被列为失信被执行人,或出现经营状况严重恶化、转移财产、抽逃资金、丧失商业信誉等情形,就极有可能无法支付工程款。此时,施工单位应及时从保理机构处回购应收账款,并通过诉讼、行使优先受偿权等方式确保工程款的回收。

(四)与建设单位就融资成本、违约责任达成一致

在办理有追索权保理情况下,施工单位在建设单位到期不支付应付账款时承担着回购保理款的义务。因此,施工单位应与建设单位约定融资成本的承担责任及建设单位到期不支付保理款的违约责任。一般来说,合同中约定的保理融资成本由建设单位承担,对于施工单位自发的保理,融资成本的承担主体由施工单位与建设单位协商确定。违约责任一般包含以下几个方面:一是建设单位应继续向施工单位支付工程款;二是向施工单位支付工程款逾期支付的利息;三是由建设单位承担保理的融资成本。

(五)保留优先受偿权

由于建设工程优先受偿权的行使期限 2021 年之前仅有 6 个月(现最长不超过 18 个月),因此施工单位在办理保理时,应注重保护优先受偿权。一是施工单位在办理保理时,应尽量确定保理到期后,施工单位仍有权行使优先受偿权,以此确保在建设单位到期不支付保理款时,可以在回购保理款后向法院起诉要求确认优先受偿权;二是施工单位应着重关注建设单位的资信状况,确保建设单位在保理到期后能向保理机构支付保理款。一旦发现建设单位可能无法支付,应及时向保理机构回购应收账款,以便起诉确定优先受偿权。

(六)针对正在进行的回购型保理

如果施工单位有正在进行的回购型保理,且明显出现建设单位资信风险问题,应当尽快与保理机构协商回购部分或全部应收账款,然后行使停工、解约、诉讼、查封和优先受偿的权利。

第六章　总包单位农民工工资支付风险与应对

工程建设领域是一个大量使用农民工的领域，农民工工资支付问题一直是政府高度关注、涉及社会民生的问题。2019年12月30日，国务院颁布《保障农民工工资支付条例》（国务院令第724号，以下简称《支付条例》）。《支付条例》进一步强化了施工总承包单位（以下简称总包单位）对于农民工工资的支付责任，规定总包单位是农民工工资支付的主要负责人，同时《支付条例》为了从源头解决层层拖欠导致的欠付农民工工资问题，也规定了建设单位、总包单位、分包单位在支付农民工工资中的权利与责任。总包单位需要对所承包工程项目的农民工工资支付负总责，因此，只要出现拖欠农民工工资引发集体讨薪事件或者是群体上访事件，无论总包单位是否已经足额支付相应分包单位工程款、是否已经尽到监管责任，相关政府部门都会要求总包单位解决农民工工资问题。对于总包单位来说，农民工工资支付问题不仅仅是一个企业管理水平的体现，有时也会因农民工工资支付问题导致企业运行出现问题。

一、《支付条例》对总包单位提出更高要求

（一）农民工工资专款专用，对现金流管理提出更高要求

《支付条例》第20条规定，总包单位与建设单位的合同中应约定人工费用拨付周期，且人工费用拨付周期不得超过1个月。第26条、第27条规定，总包单位应开设农民工工资支付专用账户，专项用于农民工工资支付，专用账户只有在“工程完工且未拖欠农民工工资的，施工总承包单位公示30日后”才能申请注销。第29条规定，建设单位应将人工费用及时足额拨付至农民工工资专用账户，并加强对总包单位按时足额支付农民工工资的监督。

通过上述规定可以看出，农民工工资从建设单位支付起即专款专用，总包单位无权挪作他用，需要待工程完工未拖欠工资且公示30日后才能申请注销，对总包单位的资金周转、现金流均产生影响，对总包单位的资金策划、现金流管理提出更高要求。

（二）负责农民工工资计量工作，对现场管理提出更高要求

《支付条例》第28条规定了总包单位应在项目部配备劳资专管员，"对分包单位劳动用工实施监督管理，掌握施工现场用工、考勤、工资支付等情况，审核分包单位编制的农民工工资支付表"，所有农民工用工必须实名制管理，且需要编制用工管理台账，台账"保存至工程完工且工资全部结清后至少3年"。第31条规定工程建设领域推行分包单位农民工工资委托施工总承包单位代发制度，农民工资由总包单位代发。第34条规定施工总承包单位应当在施工现场醒目位置设立维权信息告示牌。

根据《支付条例》的规定，需要由总包单位负责农民工的用工、考勤、工资支付情况，对总包单位的现场管理提出更高要求。

（三）分包欠付总包单位清偿，对项目分包管理提出更高要求

《支付条例》第30条规定，分包单位、项目转包拖欠农民工工资的，由总包单位先行清偿，再依法进行追偿。第36条规定，总包单位违法分包或者允许他人挂靠，导致出现拖欠农民工工资的，由总包单位清偿。

根据《支付条例》的规定，只要出现了分包单位拖欠农民工工资的情形，总包单位至少都需要先行清偿。众所周知，分包单位抗风险能力较低，若分包单位出现了拖欠农民工工资且需要总包单位垫付时，总包单位很难再向分包单位追偿，只能自己承担相应损失，在违法分包或者允许他人挂靠时更是如此，对总包单位项目分包管理提出了更高要求。

（四）违反条例可能吊销资质证书，违反后果极为严重

《支付条例》第六章"法律责任"中规定了违反支付条例的处罚措施，第55条规定："有下列情形之一的，由人力资源社会保障行政部门、相关行业工程建设主管部门按照职责责令限期改正；逾期不改正的，责令项目停工，并处5万元以上10万元以下的罚款；情节严重的，给予施工单位限制承接新工程、降低资质等级、吊销资质证书等处罚：（一）施工总承包单位未按规定开设或者使用农民工工资专用账户；（二）施工总承包单位未按规定存储工资保证金或者未提供金融机构保函；（三）施工总承包单位、分包单位未实行劳动用工实名制管理。"

根据该条规定可以看出，若施工单位在项目实施过程中出现未按规定开设及使用农民工工资专用账户、未按规定存储工资保证金或者未提供金融机构保函、未

实行劳动用工实名制管理的，在被主管部门发现后限期未予以改正的，可能被处以责令停工、限制承接新工程、降低资质、吊销资质证书等处罚。对于施工单位来说，限制承接新工程、降低资质、吊销资质证书都是致命的，因此，施工单位应重视农民工工资的支付工作，严格按照支付条例及相关规定执行，以免出现上述情况被处罚后得不偿失，导致自身企业遭受重大损失。

二、容易出现拖欠农民工工资的情形

根据《支付条例》的规定，总包单位对农民工工资负总责，因此，无论在农民工工资支付的哪个环节出现问题，总包单位都需要承担责任，笔者结合自身工作经验，总结出在以下容易出现拖欠农民工工资的情形：

（一）业主资信不良、破产

业主资信不良或者业主破产，会导致业主无法及时支付工程款或者无法支付工程款，虽然《支付条例》中规定业主应当提供支付担保，但是未明确支付担保的形式、额度，在实践中业主极少提供支付担保。在业主未支付工程款的情况下，总包单位只能垫付。若总包单位垫付则会增加垫资金额，且由于业主资信不良或者破产，垫付工程款很难追回，由此变向导致总包单位自身损失；若总包单位不垫付农民工工资，一则容易引发农民工集体讨薪，二则相关政府部门会对总包单位予以一定程度的处罚。

（二）分包单位破产

在工程建设领域，很多分包单位特别是劳务分包单位，其承担风险能力较弱，很可能出现在工程施工过程中破产倒闭，在其倒闭后，若未付清农民工工资，农民工也会向总包单位讨要工资，但是很可能总包单位已经付清分包单位工程款，但迫于各种压力，不得不向农民工支付工资。

（三）包工头跑路

虽然国家三令五申，在建设工程领域禁止挂靠，但是由于市场的不规范，仍然存在大量挂靠现象，在挂靠中，农民工工资一般由包工头负责发放，虽然相关规定要求总包代发、银行代发，但实践中未完全落实，且农民工、包工头、劳务分包单位为了避税、赚取利润等原因，往往虚报农民工工资。因此，经常出现包工头发现项目亏损后，卷款跑路，由此导致农民工工资得不到保障，而上述已经说到，在违法分包的情形下，总包单位对农民工工资支付承担连带责任，因此，总包单位在此种情况下需支付农民工工资。

（四）农民工恶意讨薪

农民工恶意讨薪是指在某些情形下，总包单位并不欠付分包单位工程款，分包单位也未拖欠农民工工资，但在某些节点（如春节），农民工单方面认为其工资未结清，向总包单位恶意讨薪。此时政府很可能为了“维护社会稳定”等，要求总包单位先行垫付农民工工资。

（五）分包单位恶意讨要工程款

在实践中容易出现的一种情况是，总包单位已经按照合同约定向分包单位支付工程款（如结算后支付至结算额的95%），但是分包单位为了提前回收剩余5%的质保金，就会组织农民工，以拖欠农民工工资为由，恶意讨要工程款。此时总包单位很可能迫于政府压力，只能提前支付工程款。

三、农民工工资支付风险

（一）信用不良风险

《国务院办公厅关于全面治理拖欠农民工工资问题的意见》（国办发〔2016〕1号）中规定：“将劳动用工、工资支付情况作为企业诚信评价的重要依据，实行分类分级动态监管。建立拖欠工资企业‘黑名单’制度，定期向社会公开有关信息。人力资源社会保障部门要建立企业拖欠工资等违法信息的归集、交换和更新机制，将查处的企业拖欠工资情况纳入人民银行企业征信系统、工商部门企业信用信息公示系统、住房城乡建设等行业主管部门诚信信息平台或政府公共信用信息服务平台。推进相关信用信息系统互联互通，实现对企业信用信息互认共享。”若总包单位出现拖欠农民工工资情形或者监督不到位，则很可能被拉入“黑名单”，从而导致企业信用不良，从而被政府相关部门“在政府资金支持、政府采购、招投标、生产许可、履约担保、资质审核、融资贷款、市场准入、评优评先等方面依法依规予以限制，使失信企业在全国范围内“一处违法、处处受限”。

（二）工程款超付风险

由于总包单位对农民工工资支付负总责，且出现农民工集体讨薪时，政府一般会以“维护社会稳定”等为由，要求总包单位先行垫付农民工工资，由此很可能导致总包单位因垫付农民工工资导致对分包单位的工程款超付或者节点工程款超付，导致总包单位自身损失。

（三）工程停工风险

若总包单位无法处理好农民工工资问题，很可能导致项目停工，原因一是在农民工无法得到工资时，容易消极怠工甚至直接停止施工，从而导致项目停工；二是在农民工无法得到工资时，很可能采取“围攻”项目部，恶意阻扰项目施工，从而导致项目停工；三是根据《上海市人民政府办公厅印发关于本市全面治理拖欠农民工工资问题实施意见的通知》（沪府办发〔2016〕35 号），若总包单位未做好各项措施导致农民工欠薪问题发生，则“行业监管部门应根据情节对相关企业和个人进行处理处罚，直至责令停工整改”；四是根据《支付条例》第 55 条的规定：“有下列情形之一的，由人力资源社会保障行政部门、相关行业工程建设主管部门按照职责责令限期改正；逾期不改正的，责令项目停工，并处 5 万元以上 10 万元以下的罚款；情节严重的，给予施工单位限制承接新工程、降低资质等级、吊销资质证书等处罚：（一）施工总承包单位未按规定开设或者使用农民工工资专用账户；（二）施工总承包单位未按规定存储工资保证金或者未提供金融机构保函；（三）施工总承包单位、分包单位未实行劳动用工实名制管理。”项目施工过程中很可能出现上述情况被主管部门要求停工。

（四）专用账户被查封风险

《支付条例》第 26 条规定：“施工总承包单位应当按照有关规定开设农民工工资专用账户，专项用于支付该工程建设项目农民工工资。”总包单位在每个项目上都有农民工工资支付专用账户。由此导致在总包单位发生诉讼时，即使不是该项目的争议，对方知道总包单位农民工工资专用账户后，往往会选择查封该账户，从而逼迫总包单位妥协。即使《支付条例》第 33 条规定：“除法律另有规定外，农民工工资专用账户资金和工资保证金不得因支付为本项目提供劳动的农民工工资之外的原因被查封、冻结或者划拨。”但在实践中还是有可能因为诉讼导致专用账户被封。如果一旦该账户被查封，那么总包单位就无法支付农民工工资，即使从其他账户支付操作也很麻烦，在该账户被查封后，总包单位不仅会面临诉讼对方的压力，也会面临农民工以及政府方面的压力，会导致总包单位处于一个不利的境地。

（五）恶意闹事风险

上述在容易出现拖欠农民工工资情形中包含了“农民工恶意讨薪”和“分包单

位恶意讨要工程款”,在这两种情形下,若总包单位不满足农民工或者分包单位的要求,那么他们往往会选择恶意闹事,扩大事件的影响,从而逼迫总包单位屈服,包含恶意围堵项目部、恶意围堵公司、散布虚假不实言论抹黑总包单位、恶意投诉、集体上访等。

四、案例解读

(一)上海某项目分包单位拖欠农民工工资案

2016 年 3 月,某大型央企(以下简称总包单位)将其总包的上海某保障房项目土建劳务分包给上海某劳务单位(以下简称该劳务单位),并签订了《建设工程劳务分包合同》,约定了双方权利义务。

施工过程中,该劳务单位于 2018 年 2 月组织农民工围堵项目部,要求总包单位支付农民工工资近 2000 万元。经总包单位核实,发现已经足额支付该劳务分包单位工程款,若再代付 2000 万元农民工工资,将超额支付分包单位工程款,因此拒绝代付。后该劳务单位农民工采用去政府部门上访、围堵项目部等方式闹事,导致政府质监部门、安监部门、公安局等部门出面维稳,要求总包单位先行垫付农民工工资。总包单位迫于维稳压力,以借款的方式垫付了农民工工资。后经结算,发现超付该劳务单位款项近 1000 万元,但该劳务单位已经无力偿还,现处于诉讼中。

(二)杭州某项目分包单位拖欠农民工工资导致项目停工案

2019 年某大型央企(以下简称总包单位)与杭州某分包单位(以下简称分包单位)签订《二次结构、屋面及粗装修工程劳务分包合同》,约定了双方权利义务。2020 年 5 月,在总包单位已经超付进度款的情况下,分包单位以拖欠农民工工资为由,组织农民工围堵项目部,要求总包单位签订与事实不符的结算书,导致项目停工。总包单位请政府部门出面协调,政府部门要求总包单位采取诉讼方式解决,导致项目停工至今。

实务要点

从上述两案例可以看出,在总包单位按照合同约定支付分包单位工程款的前提下,仍然可能出现分包单位拖欠农民工工资导致总包单位代付的情况。因此建议总包单位:

1. 寻找长期稳定有实力的分包单位合作

上述两个案例中,总包单位都面临代付农民工工资后,向分包单位追偿的情形。案例(一)中分包单位已经难以偿还总包单位代付的农民工工资,很可能造成总包单位损失,且总包单位因农民工闹事付出了大量的时间成本和人力成本。因此,总包单位在选择分包单位时,要选择有实力的分包单位,在分包单位有足够的实力时,履约能力更强,不会轻易闹事,对农民工管控更加有力。

2. 做好现场实名制管控和计量工作

上述两个案例中,总包单位的痛点在于未完全落实现场实名制和针对农民工的计量工作,导致在出现农民工闹事时,总包单位无法向政府部门说清哪些农民工未在项目工作、农民工工作内容与工作量,导致政府部门强行要求总包单位支付所有闹事农民工工资。因此,总包单位应做好现场实名制管控和针对农民工工作的计量工作,以此在农民工闹事时,可以清楚的说明哪些农民工是在项目工作,其工作内容和工程量,以此避免支付"冤枉钱"。

五、风险防范和应对

(一)严格落实实名制管理和劳动合同备案

《支付条例》第28条规定:"施工总承包单位或者分包单位应当依法与所招用的农民工订立劳动合同并进行用工实名登记,具备条件的行业应当通过相应的管理服务信息平台进行用工实名登记、管理。未与施工总承包单位或者分包单位订立劳动合同并进行用工实名登记的人员,不得进入项目现场施工。"第55条规定,若总包单位未实行劳动用工实名制管理,将会遭受责令改正、罚款、项目停工、降低企业资质甚至吊销企业资质等处罚。因此,笔者建议,总包单位应严格落实实名制管理和劳动合同备案:

一是对所有进入工地的农民工进行实名制管理,未经实名制的农民工无论任何情况一律不得进入施工现场施工,建议采用"刷脸""指纹识别"并配备门卫等多种方式并行对进入现场的农民工进行实名制核验。

二是若当地政府相关部门要求通过相应的管理服务信息平台进行用工实名登记、管理,总包单位应安排专人负责,及时进行用工登记并更新,以防出现登记、更新不及时情况。如根据上海市住建委发布的《关于在本市建筑工程开展人工费支付台账和工资支付台账登记的通知》(沪建建管〔2016〕1206号),"施工总包企业应当按要求建立书面的人工费支付台账和工资支付台账,并及时登记到'上海市建设市场管理信息平台',登记信息应当与书面台账保持一致","工资支付台账主要包括农民工姓名、身份证号码、工作量、工资标准、当月工资应发数额、实发数额和本人签名(或银行代发工资清单)等内容,身份证复印件、劳动合同、他人代签的委托证明等作为附件,工资支付台账所列的人员名单必须与建设管理信息系统的实名制登记人员一致”。

三是总包单位应要求分包单位提供所有进场农民工的劳动合同原件,并要求农民工现场确认劳动合同的真实性,以防分包单位代签劳动合同。

(二)落实农民工完成工作量和应付工资情况

《支付条例》规定:“施工总承包单位应当在工程项目部配备劳资专管员,对分包单位劳动用工实施监督管理,掌握施工现场用工、考勤、工资支付等情况,审核分包单位编制的农民工工资支付表,分包单位应当予以配合。”因施工现场可能涉及分包单位众多,可能有大量农民工同时施工,总包单位对于每一农民工完成的工作量和应付工资很难有具体掌握,对此,笔者建议:

一是在农民工进场施工前,总包单位应要求分包单位报送每一农民工的工资标准以及工作内容,并经过农民工本人确认。

二是总包单位应与分包单位协商,落实计算每个农民工每月完成工作量情况和应付工资情况,做到一一对应,并经过农民工亲自确认,在由农民工、分包单位确认后,总包单位按照确认后的工资向农民工发放工资。

三是总包单位应加强现场管理,劳资管理员要对现场农民工工作情况进行记录,做到“每日都有记录、每人都有记录”,以防分包单位弄虚作假,恶意增加农民工工资或者降低农民工工资。

(三)与业主协商改变施工合同付款条件

根据《支付条例》的规定,“建设单位与施工总承包单位依法订立书面工程施工合同,应当约定工程款计量周期、工程款进度结算办法以及人工费用拨付周期,并按照保障农民工工资按时足额支付的要求约定人工费用。人工费用拨付周期不得超过 1 个月”,“建设单位应当按照合同约定及时拨付工程款,并将人工费用及时足额拨付至农民工工资专用账户”。但根据笔者经验,现行大多数施工合同业主的付款周期都超过 1 个月。因此,笔者建议:

一是总包单位应梳理合同情况,若施工合同付款周期违反了《支付条例》的相关规定,应通过与业主协商、向业主发函等方式要求更改合同付款条件,要求业主按月支付人工费用。

二是总包单位应在向业主报送工程量及费用时，将人工费与其他费用分开，以便业主支付相关费用。

三是若业主拒绝按照《支付条例》更改合同付款条件时，总包单位应尽量通过协商谈判与业主达成一致，从而更改合同付款条件；若协商无法达成一致，建议寻求主管部门居中调解，若业主态度强硬，拒不按照《支付条例》执行，在不得已的情况下，可以向人力资源社会保障行政部门和主管部门报告。

（四）关注地方政府对执行条例的具体文件

因《支付条例》很多规定为纲领性规定，地方政府在具体执行《支付条例》时，可能会根据自身情况，在不违反《支付条例》的前提下，制定更加详细的文件。因此，总包单位或者项目部应关注地方政府对于《支付条例》是否有相关具体文件，若有具体文件，应严格按照具体文件进行执行。如苏州住建部门即在 2020 年 2 月 18 日发布了《市住房城乡建设局关于进一步加强苏州市工程建设领域农民工实名制工资支付监管的通知》，对于《支付条例》中的工资支付、实名制管理作了进一步规定。

（五）注意农民工工资支付全过程证据保留

根据《支付条例》相关规定，总包单位负责农民工工资支付全过程的证据留存，如第 24 条规定“建设单位与施工总承包单位应当将工程施工合同保存备查”；第 26 条规定“开设、使用农民工工资专用账户有关资料应当由施工总承包单位妥善保存备查”；第 28 条规定“施工总承包单位应当在工程项目部配备劳资专管员，对分包单位劳动用工实施监督管理，掌握施工现场用工、考勤、工资支付等情况，审核分包单位编制的农民工工资支付表，分包单位应当予以配合。施工总承包单位、分包单位应当建立用工管理台账，并保存至工程完工且工资全部结清后至少 3 年”；第 31 条规定“施工总承包单位根据分包单位编制的工资支付表，通过农民工工资专用账户直接将工资支付到农民工本人的银行账户，并向分包单位提供代发工资凭证”等。因此，从与业主签订合同、开设农民工工资支付专用账户开始，一直到农民工工资支付完成相关证据都需由总包单位保存，若业主、分包单位、农民工与总包单位就农民工工资支付出现争议，需要由总包单位提供相应证据。总包单位应注重对农民工工资支付全过程的证据留存，以免在出现争议时因为证据不足导致自身遭受损失。

（六）若业主违反《支付条例》应及时告知

《支付条例》中不仅规定了总包单位在农民工工资支付中应承担的责任，也对业主在农民工工资支付中承担的责任进行了相应的规定，如第 24 条规定了业主应当向总包单位提供工程款支付担保，且人工费支付周期不得超过 1 个月；第 29 条规定了业主应当按照合同约定及时拨付工程款，并将人工费用及时足额拨付至农民工工资专用账户；第 37 条规定了工程建设项目违反国土空间规划、工程建设等法律法规，导致拖欠农民工工资的，由业主清偿等。因此，若项目业主存在违反《支付条例》的情形，总包单位作为业主的"合作伙伴"，应及时提醒业主改正。告知业主有以下意义：

一是可以预防因业主遭受处罚导致项目停工等情形出现，从而使总包单位自身遭受损失。

二是在业主违反《支付条例》时，绝大多数情形对总包单位是不利的，如未提供担保、未按照合同约定支付人工费用等，告知业主改正有利于总包单位。

三是总包单位作为农民工工资支付的主要负责人，告知业主其行为违反了《支付条例》相关规定正是履行总包单位作为农民工工资支付的主要负责人的职责。

（七）严格对分包单位的资信考察

工程分包单位一般可以分为专业分包单位、劳务分包单位、业主指定分包单位等。根据《支付条例》的规定，分包单位拖欠农民工工资时，需要由总包单位清偿，因此总包单位在选择分包单位时，要严格审查分包单位的资信：

一是针对专业分包单位，对其资信可以从经营许可和资质、注册资金、股东情况、专业能力、人员结构和素质、机具装备、施工保证能力（含技术、质量、安全、施工管理）、资金能力、财务报表、纳税情况、工程业绩、过往履行情况、涉诉情况等方面进行考察，重点考察其注册资金情况、股东情况、涉诉情况以及工程业绩，以防皮包公司或者他人借用资质承接工程的情况出现。

二是针对劳务分包单位，对其资信可以从资质情况、劳动合同签订情况、成立年限、企业规模、企业人员稳定性、社保缴纳情况、涉诉情况、是否有拖欠农民工工资情况等方面进行考察。在选择劳务分包单位时，尽量选择成立年限久、企业规模大、过往未出现过拖欠农民工工资情形的单位。

三是针对业主指定分包单位，因其为业主指定，总包单位很可能在很多方面无法决定，但总包单位可以在以下方面对指定分包商进行考察：(1)尽量参与指定分包招标，从招标环节控制指定分包质量；(2)严格审核指定分包单位资质，严防业主指定分包单位无资质施工，构成违法分包；(3)指定分包进场前，应签署不拖欠农民工工资承诺书；(4)若指定分包资信情况差，总包单位应向业主书面告知，要求业主更换;(5)尽量与业主、指定分包单位签订三方协议,明确各方职责。

(八)包工头承担合同义务

一般情况下总包单位都是与劳务公司签订劳务分包合同,但是实际上劳务公司既没有对劳务工人的控制力,也不是劳务工程实际盈亏的承担者,劳务工人的实际控制人是包工头。因此,当劳务公司违约,甚至劳务工人恶意要求支付工程款时,总包单位难以采用有效措施,对包工头施加压力,甚至当总包单位诉诸法律时也只能起诉劳务公司,很难改变总包不利状况。为此,建议总包单位将包工头在劳务工程招采时一并作为劳务合同主体,可以采取两种方式:

一是担保方式。即由包工头作为劳务公司的担保人,当出现劳务公司违约,或者总包单位要求劳务公司返还超付的工程款时,包工头承担连带责任。需要注意的是,根据《民法典》担保合同未约定担保方式时,法律默认为一般担保而不是连带责任担保,因此担保合同或担保条款中必须写明包工头承担连带责任。另外,根据《民法典》的规定,担保合同是从合同,当出现主合同无效情况下从合同亦无效。《民法典》第 388 条第 2 款规定,担保合同被确认无效后,债务人、担保人、债权人有过错的,应当根据其过错各自承担相应的民事责任。也就是说,当劳务分包合同无效的情况下,包工头作为担保方承担只是部分责任。

二是债的加入。《民法典》明确债的加入的法律地位,《民法典》第 552 条规定,“第三人与债务人约定加入债务并通知债权人,或者第三人向债权人表示愿意加入债务,债权人未在合理期限内明确拒绝的,债权人可以请求第三人在其愿意承担的债务范围内和债务人承担连带债务”。由于《民法典》没有将债的加入作为从合同,故可以规避劳务合同无效带来的风险。

第七章　固定总价的风险与应对

一、认识风险

固定总价，又称“闭口价”“包死价”。固定总价风险的本质并不是投标报价低，而是发包人利用优势地位，把本来应当由发包人承担的风险转移给承包商，把未来因施工内容变更、人材机涨价等有可能造成施工费用增加的风险转嫁给承包商，承包商由此承担全部“量”和“价”的风险。

首先，承包商承担“价”的风险。对于承包商而言，固定总价合同一经签订，承包商要承担的是价格风险，其投标时的询价失误、合同履行过程中的价格上涨风险均由承包商自行承担。

其次，承包商还要承担“量”的风险。在固定总价合同中，发包人往往只提供设计图纸和说明，承包商在报价时要自己计算工程量，再根据申报的综合单价，得出合同总价。即便发包人提供工程量清单，也仅仅是承包商投标报价的参考，发包人往往声明不对工程量的计算错误负责。由此，承包商还要承担工程量漏算、错算的风险。

二、风险来源

笔者在此就工程总承包与施工总承包两种模式下的固定总价风险进行分析，具体如下：

（一）工程总承包模式项目

工程总承包模式下，承包商依据可研、方案设计或初步设计，在满足“雇主要求”条件下，依靠技术能力和资源整合能力进行设计，并以设计为核心完成采购和施工。在固定总价模式下，承包商可能面临以下风险：

1. 投标报价风险

承包商依据可研、方案设计或初步设计进行投标报价，承包商在报价时要自己计算工程量，再根据其申报的综合单价，得出合同总价，其投标报价是根据规范标准、设计要求并依据自身经验作出的。对于大部分承包商而言，其更加擅长也更有经验进行施工图设计下的投标报价,而基于可研、方案设计或初步设计甚至“雇主要求”所作的投标报价,由于缺乏经验,容易出现投标价格过高或过低的情况,价格过高则承包商不能取得项目中标,价格过低承包商将面临项目亏损。

2. 设计能力风险

传统承包商承揽工程总承包项目后,设计工作由自身完成的较少,绝大多数项目设计要么投标时即与设计单位组成联合体,要么设计分包给其他设计单位,有时甚至是由业主指定设计单位负责设计工作。且根据住房和城乡建设部、国家发展改革委发布的《房屋建筑和市政基础设施项目工程总承包管理办法》(建市规〔2019〕12 号,2020 年 3 月 1 日起施行)第 10 条规定:“工程总承包单位应当同时具有与工程规模相适应的工程设计资质和施工资质,或者由具有相应资质的设计单位和施工单位组成联合体。”确定了在房屋建筑和市政基础设施项目中工程总承包单位必须有“双资质”,对工程总承包单位的设计能力提出了更高要求。

鉴于目前工程总承包项目设计费用单独计取,因此在工程总承包固定总价模式下,往往出现设计单位在设计时只管满足雇主要求,完全不考虑承包商的施工成本的情形,由此造成设计与造价脱离、固定总价“包不住施工成本”的风险、设计进度迟延风险,甚至出现有的承包商技术能力不足、设计及已完工程不能满足质量验收等问题。

3. 变更计价风险

对于工程总承包项目而言,承包商设计工作在前,施工工作在后,当设计工作完成后,业主对设计图纸进行确认,承包商根据经业主确认的设计图纸组织施工。与施工总承包项目中的设计变更即视为工程变更和可以计价变更不同,对于工程总承包项目,在设计确认前,发生如“雇主要求”的变更、项目基础资料及现场障碍资料的变化等情形,承包商可以据此申请变更计价;在设计确认后,承包商按图施工,设计是施工的进度、成本管理的基础,在设计确认后施工过程中,若因业主的原因导致经确认的设计发生变更,承包商可申请变更计价。因此,承包商要高度重视设计的业主确认工作,并以此作为变更计价方式的重要分割点。

4. 市场涨价风险

固定总价往往约定人材机的涨价风险由承包商自己承担,不因市场价格波动而调整,包死在固定总价内。

5. 项目验收风险

与一般房建项目施工总承包不同,工程总承包项目的验收更为复杂,除了项目验收满足规范要求外,有的项目还涉及试车、试运行环节。

(二)施工总承包模式项目

施工总承包模式下,承包商按照设计要求和雇主要求完成合同内自施部分施工,并协助业主对指定分包、甲供材和平行发包部分(如有)进行总承包服务和管理。

该等模式下,除了上述提及的投标报价风险、市场涨价风险外,其他风险还包括以下几点:(1)承包商图纸审查风险;(2)投标漏项风险;(3)地下障碍物风险;(4)对第三人损害风险;(5)专业工程价格风险;(6)对甲供材、指定分包、平行发包的质量及进度责任风险等。

三、条款效力

当合同中约定了固定价格条款,应当如何认定效力及如何突破呢? 笔者从以下几个方面进行分析:

(一)固定总价条款与"清单规范"的关系

有人主张可以"清单规范"突破固定总价条款。

其主张,《建设工程工程量清单计价规范》(GB 50500-2013)规定:"使用国有资金投资的建设工程发承包,必须采用工程量清单计价。""建设工程发承包,必须在招标文件、合同中明确计价中的风险内容及其范围,不得采用无限风险、所有风险或类似语句规定计价中的风险内容及范围。""由于下列因素出现,影响合同价款调整的,应当由发包人承担:(1)国家法律、法规、规章和政策发生变化;(2)省级或行业建设主管部门发布的人工费调整,但承包人对人工费或人工单价的报价高于发布的除外;(3)由政府定价或政府指导价管理的原材料等价格进行了调整",等等。根据上述规定,承包人可以依据上述规定要求发包人调整合同价格。

笔者认为,该主张较难实现。因为清单计价规范本身一般不构成合同的组成部分,清单计价规范效力一般也是低于合同的,只有当合同条款违反国家法律、行政法规的强制性规定时,该合同条款才不适用。因此,合同中的固定总价条款与清单计价规范冲突时,一般应以合同约定为准,除非合同中明确约定按照清单计价规范规定执行且其解释顺序、效力高于固定总价条款,此时清单规范才能突破合同中约定的固定总价条款。

(二)固定总价条款与"显失公平"的关系

有人主张可以"显失公平"突破固定总价条款。

其主张,《民法典》第151条“显失公平的民事法律行为的效力”规定:“一方利用对方处于危困状态、缺乏判断能力等情形,致使民事法律行为成立时显失公平的,受损害方有权请求人民法院或者仲裁机构予以撤销。”

笔者认为,该等主张不成立,发包人招标时已经就项目相关风险和招标要求进行提示,投标人是在知晓项目招标要求的情况下自愿应标的;而且签订合同时,约定固定总价是对未来可能发生结果的一种预判与风险“闭口”,未来实际结算价格可能高于闭口总价,也可能低于闭口总价,是一种约定风险的承担,不存在“一方利用对方处于危困状态、缺乏判断能力等情形,致使民事法律行为成立时显失公平的”,故该等主张不能突破固定总价条款的约定。

(三)固定总价条款与“情势变更”的关系

有人主张可以“情势变更”突破固定总价条款。

其主张,最高人民法院印发的《关于当前形势下审理民商事合同纠纷案件若干问题的指导意见》(法发〔2009〕40号)中提出,审慎适用情势变更原则,合理调整双方利益关系。为防止情势变更原则被滥用而影响市场正常的交易秩序,人民法院决定适用情势变更原则作出判决的,应当按照《最高人民法院关于正确适用〈中华人民共和国合同法〉若干问题的解释(二)服务党和国家的工作大局的通知》(法〔2009〕165号)的要求,严格履行适用情势变更的相关审核程序。

《最高人民法院关于正确适用〈中华人民共和国合同法〉若干问题的解释(二)服务党和国家的工作大局的通知》规定:“二、严格适用《中华人民共和国合同法》若干问题的解释(二)第二十六条,为了因应经济形势的发展变化,使审判工作达到法律效果与社会效果的统一,根据民法通则、合同法规定的原则和精神,解释第二十六条规定:合同成立以后客观情况发生了当事人在订立合同时无法预见的、非不可抗力造成的不属于商业风险的重大变化,继续履行合同对于一方当事人明显不公平或者不能实现合同目的,当事人请求人民法院变更或者解除合同的,人民法院应当根据公平原则,并结合案件的实际情况确定是否变更或解除。对于上述解释条文,各级人民法院务必正确理解、慎重适用。如果根据案件的特殊情况,确需在个案中适用的,应当由高级人民法院审核。必要时应报请最高人民法院审核。”

根据上述规定可知,法院审慎适用“情势变更”,如果根据案件的特殊情况,确需在个案中适用的,应当由高级人民法院审核。必要时应报请最高人民法院审核。而且,其在司法判例中也较为少见,该等主张较难实现。《民法典》颁布后,将情势变更明确写进法律规定,但是情势变更与商业风险的界限仍需要进一步的司法实践加以明确。鉴于施工合同属于商事合同，承包商都是在行业内应该能够预测人材机价格上涨代理的风险，故笔者认为，《民法典》实施后，情势变更在建设工程领域的施展空间也不大。

综上分析，笔者认为，由于建设工程计价采用市场竞争与调节机制，所以合同固定总价条款是具备法律效力的；即使合同被认定无效，依据《最高人民法院关于审理建设工程施工合同纠纷案件适用法律问题的解释》（法释〔2004〕14号）第2条"建设工程施工合同无效，但建设工程经竣工验收合格，承包人请求参照合同约定支付工程价款的，应予支持"的规定，仍然参照合同约定的计价方式结算工程价款。

故，笔者认为，固定总价的突破原则以重新协商计价，进行合同变更为宜，基于此，固定总价条款有效约束的前提下，其风险应对就显得尤为重要。

四、风险应对

（一）抓投标询价

1. 对于工程总承包项目，投标人要提升自身"概预算"水平，在项目仅有可研、方案设计或初步设计时，对工程项目进行准确估价。

2. 投标人在投标前，应厘清信息价与市场价的关系、业主指定品牌的投标价与采购价差异、承包商自选品牌的投标价与采购价的差异等情况。

（二）抓设计确认

固定总价，很多情况下，其价款确定但施工内容未必确认。因此，承包商要尽快确定施工内容，即完成施工图设计的业主确认。若设计不能"定型"，则成本不能固定，业主变更不明显，加之突破固定总价本身存在难度，所以设计的迟迟不定，对承包商极为不利。同时，笔者认为，设计确认之后的变更，应按照施工总承包的变更计价处理。

（三）抓承包范围

重点关注：项目前期的投资机会研究、项目发展策划、建设方案及可行性研究和经济评价；工程勘察、总体规划方案；工程设计（方案设计、技术设计、施工图设计）；工程采购和施工；试运行和生产运营组织；项目维护及物业管理等内容。

（四）抓风险范围

1. 工程量清单准确性风险：包含清单缺项、漏项，工程量偏差。

2. 办理施工相关许可:包含建设用地规划许可证、建设工程规划许可证、建设工程施工许可证、施工所需临时用水、临时用电、中断道路交通、临时占用土地等许可和批准。

3. 移交施工工作面的时间和质量风险。

4. 施工条件风险:临时水电、临时用地、道路交通等。

5. 基础资料风险:地质勘察资料、地下障碍资料、周边管线资料、设计资料等提供时间和准确性。

6. 测量基准点、基准线和水准点等资料的提供时间和准确性。

7. 人、材、机价格调整。

8. 法律、法规、政策变化引起工程变更。

9. 工程量增减。

(五)抓概算控制

承包商应明晰项目概算金额,在施工过程中合理控制建设规模,避免项目超概;若非因承包商原因导致项目超概,承包商应在过程中要求业主予以确认并要求业主去调整概算。

(六)抓变更索赔

“低价中标、高价索赔”依然是项目管理的重要思路。无论是工程总承包还是施工总承包,变更索赔都是项目盈利的关键所在。变更索赔的重点在于抓好计划管理。

第八章　工期延长的风险与应对

工期延长是指实际施工工期相较计划工期的延长,工期延长对于建设单位而言存在主观延长和客观延长。主观延长是在房地产市场疲软情况下,建设单位对于前景不好、不能迅速转化现金的项目,采取分期建设、缓建甚至停工的方式,拖延工程进度;客观延长,是指在施工过程中因为资金问题、设计问题、与承包商矛盾问题、政府环保要求等问题,不能连续施工,导致工期延长。如果项目实际工期与合同约定工期相比较延长时间过长,既导致承包人成本增加,也导致承包人现金流出现困难,给承包人的经营活动带来极大损害。那么,项目工期延长对承包人有哪些风险,承包人应如何应对呢?

一、工期延长的风险

(一)成本增加风险

当工程项目工期延长时,会导致承包人的投入增大、成本增加,当承包人的投入未被发包人认可时,就会变成承包人的经济损失,其包括:

一是管理费增加。当工期延长时,项目管理人员的管理费用相应增加,从而增加项目成本。

二是措施费增加。当工期延长时,措施费会相应增加,如机械租赁费用增加,脚手架租赁费用增加,临时设施使用时间变长、周转次数减少等,从而导致项目成本增加。

三是垫资利息增加。几乎所有的项目都是由承包人垫资施工,当工期延长时,必然造成承包人垫资期间延长,垫资利息增加。

四是劳务费用支出增加。工程一旦缓建,形成窝工,劳务队伍不能满负荷工作,必然要求提高工时单价,造成劳务费用支出增加。

五是人材机的价格增长风险。人工、材料、机械的市场价格整体趋势是越来越高的,但很多项目施工合同中,人材机的价格是包死价,所以在大多数项目中,工期延长都会导致人材机价格上涨,成本增加。

(二)现金流风险

工程施工合同的付款一般是按施工进度节点付款,如正负零、结构封顶等节点,或者有与进度节点挂钩的付款,如竣工验收完成的节点。如果工期延长,则相应的进度节点将推迟实现,相应的付款条件推迟成就,给承包人造成现金流风险。

(三)工期责任风险

在施工过程中,发包人一般不会直接发出工期延长指令,而往往会采取加强质量管理、安全管理等手段向承包人施加压力从而放缓施工进度,或者在交付图纸、甲供材进场、指定分包和平行发包施工单位进场作业等方面迟延来拖延施工进度。如此一来,发包人达成顺延工期的目的,但也可能导致承包人工期违约。施工合同中往往会约定较为严苛的工期违约责任。当项目出现逾期竣工或者节点工期未达到时,若承包人无法证明工期延长非自身原因造成的,则很可能承担相应的工期违约责任,向发包人赔偿损失或者支付违约金。

(四)分包分供商断供风险

承包人一般会将施工合同的工作内容分解给相应的分包商,材料采购分解给相应的分供商,实际上由分包分供商来共同分担资金压力。但由于分包分供商的自身实力原因,其垫付资金是有一定限度的。在项目进展顺利,工程款按期支付,收款可预期的情况下,分包分供商一般不会出现问题。一旦出现项目缓建、停工,一直到达不了给分包分供商付款的节点,在回款无法预期的情况下,分包分供商会停止供货,或者停止服务,或者要求提前付款,甚至直接采用非理性的方式来索要款项。

二、风险应对

(一)加强履约管理,拒绝工期责任承担

建设工程施工过程是承发包双方共同配合完成,业主提供场地、设计、资金、场外交通、甲供材,以及施工过程中涉及的验收,如桩基检测验收、地下结构验收、主体结构验收等,另外,业主需要确保并督促其指定分包、平行发包及时进场、合规建设。承包商则需要调配好人材机和管理人员,按照合同约定进行安全文明施工、履行合同约定的质量、进度义务,并按约定对业主指定分包和平行发包提供总承包服务。

根据施工行业的一般惯例,上述承发包需要完成的工作均包含在合同工期内,当工期延长时,承包商负有工期延长责任的举证责任,即当发生工期责任争议时,

承包商需要提供证据证明工期延长系业主责任而非自身责任,否则承包商将对工期延长给业主造成的损失承担责任,并且承包商自己承担工期延长给自己造成的损失。另外,《民法典》第592条规定,当事人都违反合同的,应当各自承担相应的责任。当事人一方违约造成对方损失,对方对损失的发生有过错的,可以减少相应的损失赔偿额。

因此,承包商做好工期策划、履行自己合同内的工作是承包商履约管理和风险管理的重中之重。

不仅如此,承包商还应就承发包双方各自的工作责任界面做认真划分,以施工方案的方式确定各自的工作内容、工作时间、质量要求等,如果发现自己的工作出现迟延应加快进度;如果发现业主的工作迟延应及时向业主提出索赔。

例如,很多施工合同约定承包商负责工程竣工验收后的资料归档工作,并且把资料归档作为工程竣工的标志。但是,承包商应当知道需要归档的资料并非承包商自己的资料,还包括大量的业主资料、设计资料、监理资料等,此时承包商应提前做好规划,按照当地城建档案馆要求将所有归档资料列好明细,明确需要业主提供的资料有哪些,明确资料需要具备的形式和内容要素是什么,明确各项资料的提供时间截止于哪一天。如此,当业主迟延提供上述资料造成归档迟延的,相应责任就应当由业主承担。

(二)强化工期索赔与费用索赔工作

一是承包人应提升总承包管理能力。承包人对工程管理要有计划性。计划性不仅仅体现在承包人如何调配自有资源组织施工,更加体现在作为总承包人来协调发包人和第三方的资源来推进项目。一方面,承包人要把计划性体现在施工组织设计、进度计划和施工方案上,并通过监理人、发包人对上述计划、方案的认可来固化发包人的工期配合责任。另一方面,在施工过程中,承包人既要对自己施工的施工质量、进度严格管控,也要时时关注并督促发包人、平行发包单位、指定分包单位、甲供材供应单位的质量与进度,真正履行总承包管理职能。在总承包管控中,如出现因发包人或发包人指定、委托的第三方原因导致的工期延长,承包人应及时申请工期索赔和费用索赔。

二是承包人应按合同约定的程序和期间提出索赔。施工合同中经常约定承包人未在规定的期限内发出索赔通知的,丧失要求追加付款和延长工期的权利。如《建设工程施工合同(示范文本)》(GF-2017-0201)通用合同条款第19.1条规定:"承包人应在知道或应当知道索赔事件发生后28天内,向监理人递交索赔意向通知书,并说明发生索赔事件的事由;承包人未在前述28天内发出索赔意向通知书的,丧失要求追加付款和(或)延长工期的权利。”因此,承包人必须关注合同中的有关索赔程序和期间的约定,在履约中按约定提出索赔,避免出现“逾期失权”的情况。

三是承包人要善于抓住索赔机会。承包人必须熟悉施工合同和施工惯例,能够及时把握住索赔点。根据《建设工程施工合同(示范文本)》(GF－2017－0201)的规定,出现以下情形,均可以提出索赔:(1)发包人未能在计划开工日期之日起7天内同意下达开工通知的(通用合同条款7.5.1);(2)发包人未能按合同约定提供图纸或所提供图纸不符合合同约定的(通用合同条款7.5.1);(3)发包人未能按合同约定提供施工现场、施工条件、基础资料、许可、批准等开工条件的(通用合同条款7.5.1);(4)发包人提供的测量基准点、基准线和水准点及其书面资料存在错误或疏漏的(通用合同条款7.5.1);(5)发包人未能按合同约定日期支付工程预付款、进度款或竣工结算款的(通用合同条款7.5.1);(6)监理人未按合同约定发出指示、批准等文件的(通用合同条款7.5.1);(7)因发包人原因造成监理人未能在计划开工日期之日起90天内发出开工通知的(通用合同条款7.3.2);(8)因发包人原因引起的暂停施工(通用合同条款7.8.1);(9)发包人提供的材料或工程设备不符合合同要求的(通用合同条款8.5.3)等。以上情形均由发包人承担由此延误的工期和(或)增加的费用,且发包人应支付承包人合理的利润。

(三)适时的解除合同

如项目出现工期延长的情形,承包人要分析情况,在必要时抓住机会解除合同,避免损失扩大。根据《民法典》的规定,合同解除主要分为三类:

一是约定解除。《民法典》第562条规定,当事人协商一致,可以解除合同。当事人可以约定一方解除合同的事由。解除合同的事由发生时,解除权人可以解除合同。如《建设工程施工合同(示范文本)》(GF－2017－0201)的规定,暂停施工持续84天以上不复工的,且非承包人原因引起的暂停施工、非不可抗力引起的暂停施工,并影响整个工程以及合同目的的实现的,承包人有权解除合同(通用合同条款7.8.6)。另外,示范文本对因业主原因延期开工超过90天的,也作了相类似规定。

二是法定解除。法定解除包括两种:第一种是业主不履行合同主要义务和配合义务,导致工程项目无法继续施工的,承包商有权利解除合同。《民法典》第563条规定,有下列情形之一的,当事人可以解除合同:(一)因不可抗力致使不能实现合同目的;(二)在履行期限届满前,当事人一方明确表示或者以自己的行为表明不履行主要债务;(三)当事人一方迟延履行主要债务,经催告后在合理期限内仍未履行;(四)当事人一方迟延履行债务或者有其他违约行为致使不能实现合同目的……

第二种是当业主出现资信风险,承包商行使不安抗辩权后的合同解除。《民法典》第527条规定,应当先履行债务的当事人,有确切证据证明对方有下列情形之一的,可以中止履行:(一)经营状况严重恶化;(二)转移财产、抽逃资金,以逃避债务;(三)丧失商业信誉;(四)有丧失或者可能丧失履行债务能力的其他情形。当事人没有确切证据中止履行的,应当承担违约责任。《民法典》第528条规定,当事人依据前条规定中止履行的,应当及时通知对方。对方提供适当担保的,应当恢复履行。中止履行后,对方在合理期限内未恢复履行能力且未提供适当担保的,视为以自己的行为表明不履行主要债务,中止履行的一方可以解除合同并可以请求对方承担违约责任。

三是司法解除。《民法典》第580条规定了司法解除,即在某些合同出现履行僵局时,任何一方都可以通过诉讼解除合同。

第九章　建设工程开工风险与应对

“开工”是建设工程施工中非常重要的标志性行为，其决定了合同工期的开始时间和竣工时间，也决定了施工单位的资金投入和价款回收时间，具有非常重要的意义。但是，无论从政府对建设工程施工质量安全监管的角度看，还是从开工前建设单位应当向施工单位提供的移交场地、三通一平、设计图纸等施工条件看，开工并非施工监理的一纸开工令所能解决的。相较于建设单位而言，施工单位应当对开工问题更加敏感、更加谨慎、更加注重合法合规。然而，现实情况却是，施工单位对“开始施工”这一工程问题和法律问题相当随意，进而造成后面关于成本支出、政府处罚、工程停工、中间结算、中间支付、重新计价、合同解除等一系列争议问题。

一、开工的重要意义

（一）与工期违约的关联性

开工时间即为合同工期开始计算时间，如果在不具备全面施工条件的情况下，而施工单位已经同意工程开工的，极有可能实际工期超过约定工期，如果施工单位不注重过程工期索赔，容易发生工期违约。

（二）与工程成本的关联性

建设工程成本主要与工程实物量多少、价格水平高低和管理费用相关联。从物价上涨的大趋势看，一般工程开工越晚，价格水平越高，成本越高。另外，当建设工程虽然实际开工但却不具备大规模施工时，实际工期会拉长，工期越长管理费用越高。

（三）与价款支付的关联性

建设工程价款支付一般采用全节点支付方式，或者按月支付加竣工、结算节点支付。在节点支付模式下，不同单项工程开工时间决定了各单项工程不能同时到达付款节点，容易使付款节点延后。

（四）与工程计价的关联性

根据《建设工程施工合同（示范文本）》（GF－2017－0201）的规定，项目因建设单位延期开工超过90天的，施工单位有权要求调整合同价款或解除施工合同。若项目延期开工超90天，那么施工单位就有权要求调整工程计价。

二、开工存在的问题

（一）不重视施组设计和进度计划

根据《建设工程施工合同（示范文本）》（GF－2017－0201）的规定，施工单位至迟于开工前7天向监理提交施工组织设计和施工进度计划。经监理和建设单位审批后的施工组织设计和施工进度计划是项目施工和控制项目进度的依据。施工组织计划和施工进度计划既与成本和计价挂钩，也与付款节点挂钩。但在实践中，很多施工单位不重视施工组织设计和施工进度计划，根本不考虑付款时间节点问题，不考虑施工方案与计价的问题，没有对多个单项工程的开工时间、流转节点进行筹划，甚至在施工过程中出现工期延误时，无法运用施工组织设计和施工进度计划证明停窝工时间。

（二）不重视开工条件权利的主张

项目开工时，应具备全面开工条件，包括拆迁完成、三通一平完成、场地交付、图纸齐全等。在实践中，很多施工单位不重视关于开工条件的权利主张，在现场不具备开工条件的情形下开始施工，既增加了自身的工作量，又可能导致工期延误。

（三）不重视开工报审表和开工报告

施工单位在现场具备开工条件时，应向建设单位发出开工报告，要求建设单位审批并发出开工通知。很多施工单位不重视开工报告，在现场具备开工条件时，一味地等待建设单位发出开工令，不仅导致自己的管理成本增加，而且失去主动性，当出现索赔机会时无法证明因为业主的原因造成工程延期开工。

（四）不重视开工通知

绝大多数施工合同约定实际开工日期以建设单位（或者施工监理）签发的开工通知载明的日期为准，但是很多施工单位未意识到开工通知的重要性，在实践中容易出现在开工时，建设单位以口头发出开工通知，施工单位即开始施工，无书面开工通知。在双方对于开工日期出现争议时，施工单位拿不出书面证据证明建设单位开工指令中的日期,因此承担不利后果,即只能以施工单位实际进场施工日期作为开工日期,而实际进场施工日期又往往比较早,不具备正常的大规模施工条件,极易产生窝工、管理费损失。

(五)不重视开工异议

在实践中,很多施工单位在收到开工通知后,即使现场不具备施工条件,也不提开工异议,要么开始缓慢施工,要么继续等待施工条件的成就。在出现争议时,是否具备开工条件往往没有足够的证据资料支撑或者证据已经灭失,而施工单位又承担着举证责任,导致施工单位承担不利的后果。

(六)不重视开工索赔

按照示范文本的原则性规定,在因建设单位延期开工时,施工单位有权要求工期顺延、支付增加的成本以及合理的利润,在延期开工 90 天后,施工单位还有权要求调整合同价格或者解除合同。但是在实践中,施工单位往往不重视延期开工的索赔,导致自身成本增加,承担更大的风险。

(七)不重视证据收集

在开工前,无论是施工单位还是建设单位,都要完成一系列的工作。比如,施工单位应该向监理提交施工组织计划、完成现场的勘察等;建设单位应向施工单位提供合同约定的图纸、移交场地、取得施工许可证等批准文件等。在实践中,很多施工单位不重视相关资料的收集,仅凭建设单位指令工作,在双方出现争议时,施工单位拿不出相应的证据证明建设单位的违约,只能承担不利后果。

三、项目开工风险

(一)工期责任风险

导致工期责任风险的原因有两类:一是施工单位在建设单位发出开工通知前进场施工,导致实际开工日期提前,而提前施工时施工现场并不具备大规模施工条件,施工进展缓慢,在总工期不变的情况下,施工单位很可能承担工期责任;二是建设单位发出开工通知后现场不具备开工条件,但是施工单位并未及时提出开工异议,导致现场施工进度缓慢,从而承担工期责任。

(二)项目停工风险

《建筑工程施工许可管理办法》第 12 条规定,未取得施工许可证擅自施工的,由有管辖权的发证机关责令停止施工。《住房城乡建设部办公厅关于严厉打击建筑施工安全生产非法违法行为的通知》(建办质〔2017〕56 号)第 4 条规定,对于未办理施工许可及安全监督手续擅自施工的项目,一律责令停工整改。所以施工单位若在建设单位未取得施工许可证的情形下开始施工,很可能被政府勒令停工。再者,若施工现场不具备施工条件,也可能由于各种原因导致施工进展缓慢或者停工。

(三)业主价款支付风险

业主价款支付风险,是指在合同中约定了工程进度款按照工程整体节点支付,但是因各种原因导致工程无法整体达到某付款节点,从而导致业主不予支付工程款。例如,合同约定工程所有单体结构封顶后支付已完工程量 75% 的工程款,但是因业主拆迁等原因,导致部分单体结构封顶后,另一部分单体尚未开工,无法达到合同约定的支付节点;再如,合同中约定所有单项工程通过验收后才支付竣工验收节点工程款,但施工组织计划、施工进度计划未统筹考虑,部分单项工程已经竣工验收,另一部分单项工程还未开工,也就达不到付款节点。

(四)索赔权丧失的风险

根据《建设工程施工合同(示范文本)》(GF－2017－0201)的约定,对于因建设单位原因延期开工的,建设单位应顺延工期、承担增加的费用并支付合理利润。但是若施工单位在建设单位延期开工的情况下并未提异议,而是继续进行施工,也就意味着施工单位放弃了索赔。

(五)议价权和解约权丧失风险

按照《建设工程施工合同(示范文本)》(GF－2017－0201)的约定,因建设单位原因造成监理未能在计划开工日期之日起 90 天内发出开工通知的,施工单位有权提出价格调整要求,或者解除合同。建设单位应当承担由此增加的费用和(或)延误的工期,并向施工单位支付合理利润。若建设单位未能在计划开工日期之日起 90 天内发出开工通知的,施工单位也未提出异议,并在建设单位发出开工通知后开始施工,也就意味着施工单位主动放弃了价格调整的权利和解约的权利。

(六)政府处罚风险

《建筑工程施工许可管理办法》第 12 条规定,对于未取得施工许可证擅自施工的,对施工单位处3万元以下罚款。《住房城乡建设部办公厅关于严厉打击建筑施工安全生产非法违法行为的通知》第4条规定,对于未办理施工许可及安全监督手续擅自施工的项目,一律责令停工整改,并向社会公开通报建设单位及施工单位违法行为查处情况。所以在项目未取得施工许可证前开始施工,施工单位很可能面临政府处罚。

四、案例解读

(一)某施工单位滨海项目纠纷案

2014年3月,业主与某施工单位签订了《施工合同》,约定:(1)合同额暂定为13亿元;(2)付款方式为合同签订后支付500万元,前八栋建筑物地下室顶板施工完毕一星期内支付1900万元、主体结构施工至5层支付已完工程量的75%、主体结构施工至10层支付已完工程量的75%。合同签订后,施工单位按要求进场施工,但因施工现场有大量民房未拆,可施工的楼号少,无法大面积流水施工,产生了大量窝工损失并垫付了大量工程款。截至目前,项目产值接近1亿元,但业主以未达到工程款支付节点为由,仅向施工单位支付了500万元进场费。现项目已经长期停工。

(二)某施工单位地下广场项目纠纷案

2016年10月,施工单位与业主就某地下广场项目签订了施工合同,计划开工日期为2016年11月11日,计划竣工日期为2018年5月1日,工期573天。合同价为1.2亿元,付款方式为桩基及单体结构封顶后付30%。

合同签订后,在业主未取得施工许可证、且原建设单位未退场的情况下,施工单位于2016年12月15日进场施工。截至目前,仅将地下广场桩基工程施工完毕,首层土方施工完毕,未到达合同约定的付款节点,业主未支付任何工程款。在过程中,施工单位未要求任何的工期顺延、价格调整,并且未提出过任何异议。现因项目进度、垫资施工、工程款支付、项目亏损等各种原因,项目已经长期停工。

(三)某施工单位商贸城项目纠纷案

2013年9月施工单位与业主签订了《商贸城项目工程施工合作协议》。施工单位承包商贸城A、B、C、F、I、J六个地块的施工,该协议约定:工期为首次下达开工令之日起750个日历天;工程逐月按已审核的每月完成工程量的70%支付进度款;全部完成并竣工验收后付至全部工程量的90%;结算后1个月内付至结算总价的

95%。后双方签订多份施工合同,合同总价 17 亿元,但未改变付款方式。

在施工过程中,业主要求施工单位先完成 F、I 地块多层商用房,在完成了该部分工程之后,办理竣工验收及移交手续。在 F、I 地块已经移交完毕的情况下,A、B、C 地块还未开工。施工单位在 F、I 地块移交后要求业主支付已完工程量 90% 的工程款,业主以合同约定的"全部完成并竣工验收后付至全部工程量的 90%"为由拒绝支付,导致施工单位只能继续垫资施工,承担了极大的资金压力。

(四)某施工单位道路工程项目纠纷案

施工单位与业主就某道路工程签订施工合同,因有 19 条道路,故分别签订 19 份施工合同。施工单位经内部勘察,认为 19 条道路的土方可以相互利用,不需要弃土,也就不需要弃土费,故在签订合同时约定"鉴于深圳目前缺少土方受纳场地,针对土石方工程,综合考虑 19 条道路的土方平衡。其中 8 条道路的取土资源费不考虑,运距按 30KM 包干,其余道路由承包人自行解决,相关费用不再另行计算。19 条道路的弃土运费、受纳费及其他费用均不考虑"。

在开工后,施工单位发现:(1)需要填土的路未开工,挖出来的土方只能堆砌;(2)由于场地原因,堆砌的土方需要外运,但是这部分费用业主不予认可;(3)挖出来的土不适合回填,故需要将挖出来的土方外运,填土重新购买;(4)若某大道(19 条道路其中一条)开工,则可平衡挖土与填土,但此大道未开工。

本项目土方若按照合同执行,则施工单位需承担近 2 亿元的费用,现在施工单位正与业主协商谈判。

实务要点

上述四个案例都是笔者承办的,在处理上述案件时,笔者充分感受到了开工的重要性。从以上案例可以看出:

一是在施工现场不具备全面开工条件时,应提出开工异议,要求业主完成开工前准备工作。案例(一)和案例(二)中,施工单位在项目开工时即清楚现场不可能全面开工,但是未提开工异议,仍然继续施工,导致自身遭受极大的停窝工损失。

二是在现场无法全面开工导致工程停窝工损失的,应在损失出现时即向建设单位索赔。上述四个案例都存在无法全面开工的问题,但是施工单位在过程中都未向建设单位提出索赔,当工程彻底停工时,再向建设单位提出索赔,建设单位都不予认可。

三是在由于业主原因导致无法达到付款节点时,应及时与业主沟通,要求更改合同付款条件。案例(一)和案例(二)中,付款节点都是按照项目整体节点确定的,但是在项目开工时施工单位就明知项目无法整体开工,但是未向业主提出异议要求更改合同付款节点,导致施工近2年仍未达到合同约定的第一个付款节点,自身损失极大。

四是要重视施工组织设计和施工进度计划。案例(三)和案例(四)中,施工单位显然没有重视施工组织设计和施工进度计划,在编制时没有按照项目实际情况,导致项目在施工过程中出现了极大的问题。案例(三)导致部分单体已经竣工,但部分单体未开始施工;案例(四)中本应协调各条路的开挖时间,以便土方的外运,但是施工单位未考虑,导致项目停工。

五是施工单位在勘察施工现场时,应小心谨慎,不要轻易作出结论,放弃自己的权利。案例(四)中施工单位土方可能亏损的原因除了在施工组织设计中未能协调好各条路的开挖时间外,自身勘察报告也出现了极大的问题,未详细勘察各条道路的土质、开挖深度、填土方量等,导致项目开工后土质不适合回填,开挖深度与勘察报告不一致,并在签订合同时放弃了土方相关费用。

五、开工风险的应对

(一)施组设计与进度计划应统筹考虑

施工组织设计和施工进度计划是项目在施工过程中重要的履约依据,施工单位在开工前应按照项目成本支出、合同约定的计价与支付条件、合同约定的暂定开工时间,编制符合项目实际和对自己有利施工组织设计和施工进度计划,并报建设单位和监理审批,为未来的施工打下良好的基础。

(二)督促业主完成开工前准备工作

在开工前,建设单位应将符合开工条件的场地移交给施工单位、向施工单位提交施工图纸、取得施工许可证、提供基准点、进行设计交底等。如果因建设单位原因影响项目按照施工组织方案进行开工的,施工单位应当书面提醒建设单位,告知其尽快完成开工前的各项准备工作,并及时取得施工许可证。

(三)不要轻易开始施工

在司法实践中,在双方当事人对于实际开工日期有争议时,法院一般以施工单位开始施工的时间点作为工期的起算点。但是如上所述,施工单位开始施工时很可能现场根本不具备施工条件，无法大面积开展施工。所以施工单位在现场不具备施工条件时或者未接到建设单位开工令时，不要轻易开始施工，以免在出现争议时，工期的起算点不利于施工单位。

（四）具备开工条件时，主动申请开工

根据《建设工程施工合同（示范文本）》的约定，施工单位应在合同签订后 14 天内，但至迟不得晚于开工通知载明的开工日期前 7 天，向监理提交详细的施工组织设计、施工进度计划、开工报审表，并由监理报送建设单位。所以施工单位应严格履行合同约定，按照合同要求向监理提交施工组织设计、施工进度计划、开工报审表，并在具备开工条件时，向监理提交开工报告，申请开工。

（五）敢于提开工异议

如果在不具备开工条件的情况下，监理或者业主向施工单位签发开工通知的，施工单位应当提出开工异议，拒绝施工或者要求业主调整工期。开工异议的目的是项目具备全面正常施工条件，或者改变合同中的价款支付方式。

（六）延期开工要索赔

根据《建设工程施工合同（示范文本）》的约定，对于因建设单位原因延期开工的，建设单位应顺延工期、承担增加的费用并支付合理利润。因此，在因建设单位原因延期开工的，施工单位应按照合同约定的索赔程序，向业主提出索赔，要求顺延工期、补偿增加的费用以及给予合理的利润。

（七）延期开工 90 天，有权要求调价或解约

根据《建设工程施工合同（示范文本）》的约定，因发包人原因造成监理人未能在计划开工日期之日起 90 天内发出开工通知的，承包人有权提出价格调整要求，或者解除合同。发包人应当承担由此增加的费用和（或）延误的工期，并向承包人支付合理利润。在延期开工达 90 天时，施工单位有权选择调整价格或者解除合同。此时，施工单位应利用自身优势地位，综合各种因素，作出对自身最有利的选择。

第十章　建设工程停工风险与应对

建设工程由于施工周期较长，在施工过程很可能由于各种原因导致工程停工，而工程一旦停工，必然会导致施工单位成本增加，工期延长。那么，工程停工存在哪些风险，施工单位应如何应对？本章详解建设工程停工风险与应对。

一、停工的原因

（一）发包人违约

《民法典》第 526 条规定："当事人互负债务，有先后履行顺序，应当先履行债务一方未履行的，后履行一方有权拒绝其履行要求。先履行一方履行债务不符合约定的，后履行一方有权拒绝其相应的履行要求。"因此，在发包人有在先履行义务未履行或者履行不到位时，施工单位在履行催告程序后，可以停工。实践中常见的施工企业停工原因具体包括以下几类：(1)由于发包人原因未能在计划开工日期前 7 天内下达开工通知的；(2)由于发包人原因未能按合同约定支付合同价款的；(3)发包人提供的材料、工程设备的规格、数量或质量不符合合同约定，或由于发包人原因导致交货日期延误或交货地点变更等情况的；(4)发包人无正当理由没有在约定期限内发出复工指示，导致施工单位无法复工的。

（二）发包人未履行配合义务

在施工过程中，发包人需履行诸多配合义务，若发包人未履行或者未全部履行时，很可能导致工程无法施工，从而停工，具体包括：

(1)发包人未按照约定的期限和要求提供原材料、设备、场地、资金、技术资料或合同约定的其他协助义务致使工程无法正常施工；(2)开始施工后现场三通一平未完成、拆迁未完成、居民闹事、高压线影响施工等；(3)发包人未取得与施工相关的证件或许可，如未取得建设用地规划许可证、建设工程规划许可证、建设工程施工许可证、施工所需临时用水、临时用电、中断道路交通、临时占用土地等许可和批准；(4)发包人未向施工单位提供图纸或者图纸不全，导致施工单位无法施工；

(5)由于甲指分包单位原因导致工程无法施工。甲供材、甲指分包、发包人平行发包等甲指单位因进场、施工进度、施工配合等原因导致工程无法施工。

(三)发包人出现严重资信风险

《民法典》第527条第1款规定:“应当先履行债务的当事人,有确切证据证明对方有下列情形之一的,可以中止履行:(一)经营状况严重恶化;(二)转移财产、抽逃资金,以逃避债务;(三)丧失商业信誉;(四)有丧失或者可能丧失履行债务能力的其他情形。”若发包人出现上述情况时,施工单位应要求发包人提供支付担保或者增加信用,否则,施工单位可以停工,一般来说有以下表现:(1)发包人严重资不抵债,濒临破产;(2)被多次列为失信被执行人。

(四)不可抗力

不可抗力是指在合同签订时不可预见,在合同履行过程中不可避免且不能克服的自然灾害和社会性突发事件,在出现不可抗力时工程不得不停工。不可抗力一般包括:(1)自然灾害,如地震、海啸、台风、洪水、冰雹;(2)政府行为,如征收、征用;(3)社会异常事件,如战争、瘟疫、暴动、戒严、罢工、骚乱。

(五)政府要求

在施工过程中,工程可能因被政府要求停工,一般包括以下情况:(1)工程违法施工,被政府勒令停工;(2)大气污染管控或扬尘管控,政府要求停工;(3)重要外事活动、重大节日等,政府要求停工。

(六)第三人原因

第三人原因导致停工是指工程在施工过程中,由于周围第三人原因导致停工,一般包括:(1)由于地铁安全等原因要求停工;(2)自来水、电、煤、气等各种单位要求停工;(3)市政道路单位要求停工或者交叉施工时影响施工。

(七)其他

在实践中,还可能因以下原因停工:(1)天气原因:连续降水、降雪、高温、大风等极端天气;(2)停水停电;(3)现场发掘出文物、古墓等。

二、停工的风险

(一)损失增加

停工会使工程工期延长,导致施工单位人、材、机费用损失、管理费增加等,直接增加施工单位成本,若停工后施工单位无法向发包人索赔或者发包人不同意索赔,那么就会直接导致施工单位损失。

(二)索赔困难

索赔困难是指在当前环境下,发包人一直处于强势地位,不仅会在合同中严格限制施工单位索赔的权利,在实际出现索赔事项时,发包人也会利用各种理由拒绝施工单位的索赔,导致施工单位索赔困难;索赔困难的另外一个原因是当工程停工后,施工单位的实际损失很难定量,损失难以计算,导致索赔困难。

(三)分包索赔

当工程停工后,会导致分包单位成本增加,分包单位就会向施工单位索赔。当施工单位无法向发包人索赔时,就会进一步增加自己的损失。

(四)人材机价格上涨

在当前环境下,人材机的价格是一直往上涨的,当工程停工后,务必会导致工期延后,也即人材机价格会更高。若合同中约定人材机价格不予调差或者人材机价格调差约定不合理,也会增加施工单位成本。

(五)垫资款无法回收

几乎所有的项目都是垫资施工,当工程停工后,若工程长期不开工或者发包人直接放弃项目,就有可能导致施工单位垫资款项无法回收。

三、风险防控和应对

(一)对项目是否会停工进行预判

能否对风险进行成功预判,是施工单位管理水平的重要体现。对于绝大多数项目,施工单位一般希望项目能够顺利实施,尽量不发生停工。所以,施工单位在施工前应当预判到哪些项目或者哪些问题有可能导致项目停工,这样才能够通过合理的组织施工尽量避免停工。

施工单位在承接项目前或者项目开工前，要从多个方面仔细考察项目情形，对项目是否会停工进行预判，一般来说，在项目有以下情形时，可能在施工过程中停工：(1)发包人缺乏开发经验，开发经验不足或者能力不够；(2)发包人资金实力不强，期待利用项目回款支付工程款；(3)项目前景一般或者项目为特殊工业项目；(4)项目开工前未取得相应行政审批许可证书，违法施工；(5)业主发出的图纸质量差，设计变更频繁；(6)现场不具备施工条件，包括拆迁未完成、高压线影响施工、三通一平未完成等；(7)项目涉及冬季施工，冬季一是大气污染管控较严，容易停工，二是东北地区冬季有冻土期，无法施工。

(二)施组设计和进度计划要充分考虑停工影响

项目停工影响并非全是项目整体停工，有时候也表现为项目局部停工。

为了避免停工给项目造成影响，保证项目连续施工，施工单位在承接项目后，编制施工组织设计和施工进度计划时要充分考虑有可能停工的事项对施工组织、施工进度以及发包人价款支付造成的影响。例如，工程开工后，现场仍有部分场地未完成拆迁，造成部分场地无法移交和无法全面开工，此时，施工单位在进度计划中应该明确拆迁场地移交时间点为该部分正式开工的时间点；再如，合同约定项目存在大量的甲供材、业主指定分包、业主平行发包的，那么在进度计划及施工方案中，应当明确甲供材、业主指定分包、业主平行发包发包人需要进行招投标时间、完成签约时间、进场时间，重点节点把控时间、完工时间、退场时间，尽量避免因甲供材、业主指定分包、业主平行发包影响到施工单位的施工。

(三)做好施工过程中的计划工作

施工单位在施工过程中，应根据项目实际情况做好施工计划工作，包括项目整体施工计划、年度计划、月度计划和周计划，并报业主和监理批准，通过计划管控项目整体施工，让项目平稳进行。项目过程计划管控一方面可以通过计划组织生产，控制施工单位成本，让施工单位合理安排项目管理人员及分包、材料、机械进场；另一方面可以通过计划管控甲指分包、甲供材、平行发包，一旦因发包人不配合工作出现问题，导致项目无法正常施工时，施工单位可以此向发包人主张工期延长或者费用补偿。

计划工作是项目管理的重要环节，计划被施工监理和业主确认后应当作为建设工程计价的组成部分。只有存在明确的计划，才能体现业主的变更，施工单位才能通过业主变更向业主主张损失赔偿或重新计价。缺少计划性，即使业主的变更确实造成项目现场施工功效降低,但是由于缺少参照对象,难以计算损失。施工单位承担不利后果。

(四)落实停工原因和停工责任

本章第一部分说到了项目可能因多种原因停工,所以在停工时,停工的原因和停工的责任是施工单位能否主张权利或者能够主张何种权利的重要因素。所以施工单位在停工时,需要按照合同约定的程序或者合理的程序实现停工。

若因第三人、政府原因造成项目实际无法施工,那么施工单位应通过各种途径,要求发包人发出停工指令,停工时间以停工指令上载明的时间为准,并且根据合同约定向发包人要求工期顺延及费用补偿,明确工期延误责任。

若因发包人违约,导致现场无法施工或者施工单位认为不宜继续进行施工的,施工单位决定要停工的,那么施工单位应向监理和发包人发出停工申请或者停工报告。停工申请或者停工报告应说明停工理由、停工时间、停工后人员安排、机械设备安排、现场维护、停工造成的损失等,并且要说明停工是因为无法大规模作业、不能给施工工人提供足够的工作量,只能以停工的方式暂时遣散施工工人和管理团队,以此降低损失,并说明如果不停工,业主需要承担的损失内容以及预计的损失金额。在停工报告最后,应该写明要求发包人具体回复时间以及不回复的结果推定。

(五)停工后根据情况决定是否移交现场

项目在停工后,施工单位应根据停工时间、发包人态度等现场实际情况决定是否与发包人办理现场移交。因为项目虽然停工,但是在停工期间仍然可能发生对第三人的损害,如施工现场物品坠落对第三人造成的损害、因不可抗力或者恶劣气象条件对第三人造成的损害等。

所以,对于长期停工、复工无望的项目,施工单位要充分考虑到安全责任问题,综合项目停工对给企业带来的影响,综合评定是否与发包人办理现场移交。

(六)停工后按照合同约定积极索赔

停工后,施工单位要根据合同约定和市场交易惯例,向发包人索赔,主张停工损失及其他相应权利。一般来说,承包人可以主张的损失包括工人工资、遣散工人费用、现场材料保管费、机械租赁费、管理人员费用、材料涨价费用等;相关权利一是在停工达到一定期限时,施工单位可以解除合同;二是可以和发包人协商调整合同价格。

（七）停工不仅是损失，也是机遇

在当前建设市场，发包人一直处于强势地位，施工单位之间低价竞争，所以导致合同条件无比苛刻、合同价格低，因此，对于施工单位来说，停工是一个无比重要的事情。施工单位在签订合同时，要格外留意合同赋予的停工权利以及合同剥夺的停工权利有哪些。

对于亏损类项目或者可能亏损项目，施工单位要做到减免亏损，除了向发包人提出变更外，还可以积极运作停工条件，因为项目一旦因非施工单位原因长期停工，就意味着施工单位可以与发包人协商新的计价条件，从而能减少亏损，甚至实现盈利目标。

综上所述，停工的本质是一种工程变更，这种工程变更一方面一定会造成施工单位的成本增加，在实际支出上形成损失；另一方面也可能导致项目的履约条件、计价条件发生变化，使施工单位可以与发包人二次议价、二次谈判，甚至退出项目。工程停工最终给施工单位带来的是损失还是机遇，取决于施工单位的现场管理水平高低，所以项目出现停工时，施工单位应合理分析，理性对待，降低自身损失，作出对自身最有利的选择。

第十一章　建设工程挂靠的风险与应对

根据《建筑法》第13条的规定："从事建筑活动的建筑施工单位、勘察单位、设计单位和工程监理单位，按照其拥有的注册资本、专业技术人员、技术装备和已完成的建筑工程业绩等资质条件，划分为不同的资质等级，经资质审查合格，取得相应等级的资质证书后，方可在其资质等级许可的范围内从事建筑活动"，在建设工程领域，承包建设工程项目需要具备相应资质，同时资质高低也决定了投标人能否取得竞争优势，因此建设工程领域不可避免的出现了拥有一定施工能力和社会资源的个人和拥有一定资质的施工单位相互搭台，共同开拓市场的状况，由此便产生了挂靠。虽然挂靠在本质上属于社会主体之间的合作，但是由于"合作"的模式往往以出借资质的一方只收取固定费用、不参与工程管理，极易造成工程质量问题和社会群体事件，因此工程建筑领域的挂靠一直为政府和法律所禁止，但是由于施工资质资源的稀缺性和部分施工单位的逐利性，挂靠行为屡禁不止。

一、挂靠的认定

《建筑法》第26条第2款规定："禁止建筑施工企业以任何形式允许其他单位或者个人使用本企业的资质证书、营业执照，以本企业的名义承揽工程。"此条是对挂靠最本质的规定，即施工单位不得允许他人以施工单位名义承揽工程。在实践中，挂靠的表现形式也是多种多样，行政管理和司法审判也从不同角度对挂靠作了"定义"。

（一）住建部对于挂靠的认定

住房和城乡建设部《关于印发建筑工程施工发包与承包违法行为认定查处管理办法的通知》（建市规〔2019〕1号）第9条规定："本办法所称挂靠，是指单位或个人以其他有资质的施工单位的名义承揽工程的行为。前款所称承揽工程，包括参与投标、订立合同、办理有关施工手续、从事施工等活动。"第10条规定："存在下列情形之一的，属于挂靠：（一）没有资质的单位或个人借用其他施工单位的资质承揽工程的;(二)有资质的施工单位相互借用资质承揽工程的,包括资质等级低的借用资质等级高的,资质等级高的借用资质等级低的,相同资质等级相互借用的;(三)本办法第八条第一款第(三)至(九)项规定的情形,有证据证明属于挂靠的。"

该办法第8条第1款第3项至第9项的规定为:"(三)施工总承包单位或专业承包单位未派驻项目负责人、技术负责人、质量管理负责人、安全管理负责人等主要管理人员,或派驻的项目负责人、技术负责人、质量管理负责人、安全管理负责人中一人及以上与施工单位没有订立劳动合同且没有建立劳动工资和社会养老保险关系,或派驻的项目负责人未对该工程的施工活动进行组织管理,又不能进行合理解释并提供相应证明的;(四)合同约定由承包单位负责采购的主要建筑材料、构配件及工程设备或租赁的施工机械设备,由其他单位或个人采购、租赁,或施工单位不能提供有关采购、租赁合同及发票等证明,又不能进行合理解释并提供相应证明的;(五)专业作业承包人承包的范围是承包单位承包的全部工程,专业作业承包人计取的是除上缴给承包单位'管理费'之外的全部工程价款的;(六)承包单位通过采取合作、联营、个人承包等形式或名义,直接或变相将其承包的全部工程转给其他单位或个人施工的;(七)专业工程的发包单位不是该工程的施工总承包或专业承包单位的,但建设单位依约作为发包单位的除外;(八)专业作业的发包单位不是该工程承包单位的;(九)施工合同主体之间没有工程款收付关系,或者承包单位收到款项后又将款项转拨给其他单位和个人,又不能进行合理解释并提供材料证明的。"

(二)司法系统对挂靠的认定

1. 北京市高级人民法院对于挂靠的认定

北京市高级人民法院在《关于审理建设工程施工合同纠纷案件若干疑难问题的解答》(京高法发〔2012〕245号)中,对挂靠的认定如下:(1)不具有从事建筑活动主体资格的个人、合伙组织或企业以具备从事建筑活动资格的建筑施工企业的名义承揽工程;(2)资质等级低的建筑施工企业以资质等级高的建筑施工企业的名义承揽工程;(3)不具有施工总承包资质的建筑施工企业以具有施工总承包资质的建筑施工企业的名义承揽工程;(4)有资质的建筑施工企业通过名义上的联营、合作、内部承包等其他方式变相允许他人以本企业的名义承揽工程。

2. 江苏省高级人民法院对于挂靠的认定

江苏省高级人民法院在《关于审理建设工程施工合同纠纷案件若干问题的意见》(苏高法审委〔2008〕26号)中,对挂靠的认定如下:

第4条规定:“有以下情形之一的,应当认定‘挂靠’:(一)不具有从事建筑活动主体资格的个人、合伙组织或企业以具备从事建筑活动资格的建筑企业的名义承揽工程;(二)资质等级低的建筑企业以资质等级高的建筑企业的名义承揽工程;(三)不具有工程总包资格的建筑企业以具有总包资格的建筑企业的名义承揽工程;(四)有资质的建筑企业通过其他违法方式允许他人以本企业的名义承揽工程的情形。”

第5条规定:“承包人之间具有下列情形之一的,可以认定为本意见第四条规定的‘挂靠’:(一)相互间无资产产权联系,即没有以股份等方式划转资产的;(二)无统一的财务管理,各自实行或者变相实行独立核算的;(三)无符合规定要求的人事任免、调动和聘用手续的;(四)法律、行政法规规定的其他情形。”

3. 安徽省高级人民法院对于挂靠的认定

安徽省高级人民法院在《关于审理建设工程施工合同纠纷案件适用法律问题的指导意见》中,对挂靠认定如下:

(1)实际施工人未取得建筑施工企业资质或者超越资质等级;(2)实际施工人以建筑施工企业的分支机构、施工队或者项目部等形式对外开展经营活动,但与建筑施工企业之间没有产权联系,没有统一的财务管理,没有规范的人事任免、调动或聘用手续;(3)实际施工人自筹资金,自行组织施工,建筑施工企业只收取管理费,不参与工程施工、管理,不承担技术、质量和经济责任。

综合住建部和各地法院对于挂靠的认定可以将挂靠归结为以下几种情形;(1)没有资质的个人或者单位借用他人资质的;(2)有资质的单位之间相互借用的;(3)实际施工人与施工单位无资产产权关系、无统一财务管理、无规范的人事任免的;(4)施工单位只收取管理费的,不实际施工的;(5)现场主要管理人员与施工单位无劳动关系的。

二、挂靠的风险

(一)经济损失风险

在挂靠项目中,施工单位一般缺乏对项目的实际管控,只是利用出借资质收取一定的管理费,很可能因为挂靠人管理不善、能力不足、缺乏资金等原因对施工单位造成以下损失:

一是项目成本不可控。在挂靠项目中,项目的成本由挂靠人进行管控,施工单位一般不会参与挂靠项目的成本管控,所以项目的实际成本脱离施工单位的管控,很可能造成成本大幅脱离市场行情,在挂靠人无力施工时或者退出项目时,施工单位就很可能只能接下挂靠人留下的烂摊子，造成损失。

二是项目结算不可控。上文说到，挂靠项目施工单位只是收取一定的管理费，项目由挂靠人实施，结算也由挂靠人与发包人直接确定，施工单位无法控制项目结算，若出现纠纷，施工单位只能依靠挂靠人提供的证据，难以实际控制项目结算，若挂靠项目亏损，而挂靠人退出项目，往往导致施工单位难以扭转亏损局面，从而导致对施工单位不利。

三是维修费用不可控。一般情形下，当项目施工结束并结算完成，挂靠人拿到结算款后就退出了整个项目，但是施工单位仍然承担着对项目的维修责任，由于项目非施工单位实际管控，所以项目的维修费用不可控，并且很可能会超出预留的质保金，从而导致施工单位需要自费维修，形成损失。

四是分供付款不可控。挂靠由于挂靠人是以施工单位名义进行施工，并以施工单位名义与分包、材料采购商签订合同，若挂靠人无法支付或者没有资金支付分包工程款或者材料款，那么施工单位作为名义上的合同相对方，需要承担对分包和材料采购商的款项。

五是质量责任不可控。挂靠人挂靠最根本的原因是自身没有资质或者资质较低，也就意味着挂靠人的施工组织能力、自身实力较弱，很可能导致施工质量得不到保障，造成施工质量不合格，从而对发包人造成损失，最终使施工单位与挂靠人共同承担。

（二）行政处罚风险

《建筑法》第 66 条规定："建筑施工企业转让、出借资质证书或者以其他方式允许他人以本企业的名义承揽工程的，责令改正，没收违法所得，并处罚款，可以责令停业整顿，降低资质等级；情节严重的，吊销资质证书。对因该项承揽工程不符合规定的质量标准造成的损失，建筑施工企业与使用本企业名义的单位或者个人承担连带赔偿责任。"

《建设工程质量管理条例》第 61 条规定："违反本条例规定，施工单位允许其他单位或者个人以本单位名义承揽工程的，责令改正，没收违法所得，对施工单位处工程合同价款百分之二以上百分之四以下的罚款；可以责令停业整顿，降低资质等级；情节严重的，吊销资质证书。"

根据上述规定，施工单位允许他人挂靠的，可能被处以罚款、没收违法所得，甚至停业整顿、降低资质等级、吊销资质证书，对施工单位的影响极大。

(三)安全事故风险

根据《建设工程安全生产管理条例》第24条的规定:“建设工程实行施工总承包的,由总承包单位对施工现场的安全生产负总责。总承包单位和分包单位对分包工程的安全生产承担连带责任。”众所周知,发生安全事故对于施工单位来说,是致命的,因为在安全事故发生后,施工单位除了被处以罚款之外,很可能停业整顿、降低企业资质,相关负责人被追究刑事责任。在挂靠项目中,一般来说,由于挂靠人没有相关资质或者资质较低、施工组织弱、现场管理水平差、安全意识差,极大地增加了安全事故发生的概率。当发生安全事故后,施工单位很可能不仅因挂靠被行政处罚,还需要承担项目发生安全事故的风险,即被处以罚款、停业整顿降低资质等。所以挂靠项目的安全事故风险较大,施工单位应重点关注。

(四)市场营销与经营管理能力风险

若施工单位大量依靠挂靠项目来扩大市场份额,增加自身合同额、营业额和利润,那么,施工单位就失去通过提高自身经营管理水平增加效益的动力。

市场开拓需要资源的积累,施工单位将心思用于品牌和资质为他人挂靠之时,很难将工作重心放在市场拓展上,久而久之就会与市场越来越远,以至于企业的所有项目都来源于挂靠。

对于挂靠项目,企业赚取固定点数的挂靠费,该挂靠费取决于给他人挂靠的合同金额或产值金额,与企业自身的经营管理和技术管理没有关系,长此以往,企业就会慢慢失去技术储备、人才准备、知识准备和管理经验储备,即使有自营项目也难以做好、难以盈利,而且企业为别人挂靠在本质上损害的是施工单位股东利益,除大股东等实际控制人外,企业其他小股东或高管层都乐于企业为别人挂靠,一旦企业的实际控制人不能认识挂靠风险,则挂靠积弊难以根除。

(五)农民工工资支付风险

《保障农民工工资支付条例》(国务院令第724号)第36条规定:“建设单位或者施工总承包单位将建设工程发包或者分包给个人或者不具备合法经营资格的单位,导致拖欠农民工工资的,由建设单位或者施工总承包单位清偿。施工单位允许其他单位和个人以施工单位的名义对外承揽建设工程,导致拖欠农民工工资的,由施工单位清偿。”

根据上述规定,在挂靠项目中,若出现拖欠农民工工资的情形,需要由施工单位直接清偿。在实践中,挂靠人资金实力、履约能力均不可控,很可能出现拖欠农民工工资的情形,从而导致施工单位清偿农民工工资。

三、风险防范和应对

市场经济本身就是交换经济,社会主体之间通过各自的竞争优势相互组合获取更大的竞争优势应当允许,但是挂靠的问题在于出借资质的一方只收取挂靠费,既不对项目进行管理也不对项目进行投入,极易造成质量事故、安全事故,所以为法律所禁止。因此,项目合作应当遵循"合法原则和风险共担原则"。

(一)项目挂靠的法律效力及后果

根据《建筑法》及《最高人民法院关于审理建设工程施工合同纠纷案件适用法律问题的解释(一)》(法释〔2020〕25 号)的规定,挂靠是法律明文禁止的行为,出借资质的施工单位与挂靠人之间的协议无效。因此,挂靠协议更像是"君子协议":

一方面,一旦挂靠人与施工单位之间发生争议,不仅双方之间的协议会被认定为无效,而且已经收取的管理费很可能被没收。甚至会出现因挂靠人项目管理失败或者挂靠人个人原因导致项目巨额亏损,导致由施工单位承担最终亏损的结果。

另一方面,《最高人民法院关于审理建设工程施工合同纠纷案件适用法律问题的解释(一)》(法释〔2020〕25 号)第 7 条规定:"缺乏资质的单位或者个人借用有资质的建筑施工企业名义签订建设工程施工合同,发包人请求出借方与借用方对建设工程质量不合格等因出借资质造成的损失承担连带赔偿责任的,人民法院应予支持。"此项规定说明,不管是主动挂靠,还是经发包人为中介形成的挂靠,只要是因挂靠形成的质量等问题给发包人造成损失的,都是由挂靠人与被挂靠人承担连带责任。

所以,对于施工单位而言,通过出借资质获得的收益难以保障,因为一是法律上不支持;二是能否最终获得收益要看挂靠项目的盈亏情况,如果挂靠项目本身亏损,那么很可能不仅挂靠收益得不到,还可能背负亏损的债务。

(二)利益合理分配,不约定固定收益

如上文所述,如果挂靠项目亏损,施工单位很可能承担最终的亏损,所以施工单位在挂靠项目中,应该与挂靠人约定利益合理分配,不约定固定收益,理由如下:

一是约定固定收益对施工单位不利。约定固定收益对于施工单位来说,看似

旱涝保收，但是上文已经分析，在项目亏损时，施工单位很可能无法获得固定收益，并可能承担项目最终的亏损，所以约定固定收益的情况下，施工单位承担的风险过大，对施工单位不利。

二是利益合理分配更加有利于项目创效。在实践中，几乎所有的项目都是低价中标，项目最终的盈亏取决于项目过程管理。如果施工单位只收取固定收益，就会导致施工单位不愿意参与项目管理，而一般来说，挂靠人的管理能力不足，因此很可能导致项目出现问题。但是若约定利益合理分配，双方对项目有共同利益点，就会共同为项目创效努力，激发项目管理动力。

三是有利于开拓市场。在固定收益模式下，施工单位几乎不参与过程管理，项目在施工过程中很可能因挂靠人质量管控、进度管控、分包管控不利导致发包人对施工单位的负面评价，从而使施工单位失去与发包人继续合作的机会，并且失去在项目当地的口碑。若是双方共同管控，施工单位可以利用自身管理能力提升项目管理能力，让项目履约水平提高，从而达到三方共赢。

四是约定利益合理分配，模式合法。施工单位是否收取固定收益，是法律上认定挂靠的重要标志，并且法律上严禁挂靠的最根本的原因就是挂靠人没有能力、没有资质承接项目，可能导致建设工程质量不合要求。若是施工单位与“挂靠人”合作，对利益进行合理分配，收益共享，风险共担，深入参与项目管理，与“挂靠人”一起管理项目，不仅形式上避免了挂靠模式，实际上也保障了项目质量，与挂靠划清了界限。

（三）把项目纳入企业管理之内

施工单位在与挂靠人建立利益合理分配的情形下，需要将项目纳入企业管理之内，从企业层面对项目予以管控，做到与自营项目同要求、同标准，具体包括：

一是对项目要进行严格的投标评审和合同评审。在投标时严格把握投标条件，对于投标条件过于苛刻的项目不允许投标；若是非必须招标项目，要严格审查合同中关于工期、质量、价格、违约等条款的约定，若合同约定不合理或者可能损害施工单位的利益，应与发包人谈判要求更改合同条件，降低施工单位风险，对于合同条件极为不合理的项目，施工单位应拒绝挂靠。

二是要共建项目管理团队。共建项目团队要求施工单位做到让项目管理成员与施工单位建立劳动关系，签订劳动合同，施工单位为管理成员缴纳社保。共建项目管理团队是为了提升项目管理水平，让施工单位更加深入的掌控项目，让施工单位利用其管理经验为项目提供支持，成为项目真正的负责人，并可以让施工单位掌握项目的进度、实际成本、了解项目实际情况，以此降低项目风险。

三是项目资金问题约定清楚，尽量做到资金平衡。所有的项目都需要有现金流，但是挂靠类项目有特殊性，所以施工单位要对项目的现金流平衡进行分析判断。如果自身现金流无法平衡，需要现金流投入，那么施工单位应与“挂靠人”约定现金流由谁投入、投入的方式、投入的比例等，如果过程中发现投入不够，补充投入的资金如何界定等。并且由于是挂靠项目，双方应尽量约定由“挂靠人”进行现金流投入或者以项目自身进行融资，减少施工单位投入，降低自身风险。

四是遵守公司的采购制度。采购制度既包括材料设备采购也包括分包商的采购，项目要遵守施工单位的分供招投标制度、合格供应商名单制度、示范合同文本制度、合同价款支付制度等，让项目的采购处于公司的管控之下，降低采购成本。

五是要加强项目过程管控。过程管控包括严格按照合同要求施工、保证施工质量、保证分包付款、保证结算资料落地、保证项目过程和竣工验收，并遵守公司关于施工项目管理的相关规定，如质量管理体系、计量管理体系、进度管理关系等。

六是遵守公司档案管理制度。档案管理制度既包括对业主的招投标、合同资料及时归档，分包招投标、合同资料及时归档，也包括施工过程中的图纸、变更单、联系单、来往函件、会议纪要、竣工验收报告等文件的及时归档。

七是遵守公司的项目承包责任制。对于合作类“挂靠”项目，项目也需遵守施工单位的项目承包责任制，由项目管理团队和公司共同制定项目盈利指标，从而提升项目管理团队的积极性，最终为施工单位创造效益。

八是要构建合作双方的利益分配方式。构建分配方式需要双方确定收入的认定标准、成本的认定标准，以及项目在施工过程中如何进行中间分配、项目实施完毕后如何最终分配等问题。构建双方的利益分配方式后，才能避免双方在过程中出现矛盾，使项目在过程中更加平稳地运行，并且构建利益分配方式有利于增强双方对于项目管理的动力，从而增加项目效益。

第十二章　承包人设计责任的风险与应对

在传统的施工总承包模式下，承包人的工作是“照图施工”，设计工作由发包人负责，因此，承包人往往觉得设计与自身无关，不重视设计，也不重视设计能力的提升。近年来，工程总承包项目越来越多，设计工作变成了由承包人负责，由此导致承包人不得不重视设计。笔者认为，无论是在施工总承包模式下还是在工程总承包模式下，设计都与承包人有关，承包人都需要重视设计工作，防范设计责任风险。

一、设计责任初认识

（一）施工总承包模式下承包人的设计责任

在施工总承包下，承包人的主要义务是在约定工期内完成施工，确保质量合格。但根据有关法律法规，承包人基于质量责任对设计文件和图纸有审查义务。

《建设工程质量管理条例》第 28 条规定：“施工单位必须按照工程设计图纸和施工技术标准施工，不得擅自修改工程设计，不得偷工减料。施工单位在施工过程中发现设计文件和图纸有差错的，应当及时提出意见和建议。”

《建设工程施工合同（示范文本）》（GF－2017－0201）通用合同条款第 1.6.1 条“图纸的提供和交底”约定：“发包人应按照专用合同条款约定的期限、数量和内容向承包人免费提供图纸，并组织承包人、监理人和设计人进行图纸会审和设计交底。”第1.6.2条约定：“承包人在收到发包人提供的图纸后，发现图纸存在差错、遗漏或缺陷的，应及时通知监理人。监理人接到该通知后，应附具相关意见并立即报送发包人，发包人应在收到监理人报送的通知后的合理时间内作出决定。合理时间是指发包人在收到监理人的报送通知后，尽其努力且不懈怠地完成图纸修改补充所需的时间。”

根据上述规定和约定，在施工总承包下，发包人负责向承包人提供图纸和设计文件，但承包人对图纸和设计文件有审查义务。

(二)工程总承包模式下总承包人的设计责任

在工程总承包模式中,设计在总承包人的承包范围之内,所以设计责任是总承包人的合同义务。

《建筑法》第55条规定:“建筑工程实行总承包的,工程质量由工程总承包单位负责,总承包单位将建筑工程分包给其他单位的,应当对分包工程的质量与分包单位承担连带责任。分包单位应当接受总承包单位的质量管理。”

《建设项目工程总承包合同示范文本(试行)》(GF－2011－0216)通用条款第5条约定:“承包人有义务按照发包人提供的项目基础资料、现场障碍资料和国家有关部门、行业工程建设标准规范规定的设计深度开展工程设计,并对其设计的工艺技术和(或)建筑功能,及工程的安全、环境保护、职业健康的标准、设备材料的质量、工程质量和完成时间负责。因承包人设计的原因,造成的费用增加、竣工日期延误,由承包人承担。”

因此,在工程总承包下,总承包人有义务向发包人提供符合国家或行业标准、设计深度和合同要求的设计文件。

二、设计责任风险

(一)施工总承包下的设计责任风险

如上文所述,在施工总承包模式下,设计由发包人负责,承包人对设计文件和图纸仅有审查义务。因此,在此模式下承包人的设计责任较小,风险较低,但会存在以下风险:

1. 发包人不合理分摊设计责任的风险

在施工总承包下,设计由专业的设计单位负责,设计单位对工程设计文件和图纸出现的遗漏或错误负责修改或补充。根据《最高人民法院关于审理建设工程施工合同纠纷案件适用法律问题的解释(一)》第13条的规定,发包人提供的设计有缺陷,造成质量缺陷,承担过错责任;承包人有过错的,应承担相应的过错责任。从发包人与承包人的角度而言,图纸错误造成质量瑕疵,发包人应向承包人承担责任;如果设计单位对此有责任,发包人可追究设计单位责任。发包人未能按合同约定提供图纸或所提供图纸不符合合同约定的,承包人有权索赔工期和费用。

但在实践中,发包人往往在施工合同中约定承包人如未发现设计文件错漏或发现了未通知发包人,由此造成的质量缺陷由承包人承担责任。在此情形下,承包人未发现设计错漏或未及时提出设计错漏,要承担违约责任,且不能提出工期索赔。

发包人除了直接加大承包人的设计审查义务,还可能约定承包人对于图纸提交应提前在合理期限内通知发包人,如承包人未在合理期限内通知发包人,则不能提出工期索赔。

2. 发包人未尽审查义务导致成本增加风险

在设计文件或图纸存在错漏时,承包人未尽审查义务从而导致工程返工,增加承包人成本。或者未向发包人提出变更,导致变更费用难以计取,承包人只能自己承担增加的成本。

(二)工程总承包模式下的设计责任风险

在工程总承包模式下,设计由总承包人负责。但是,在实践中,往往由于总承包人自身实力问题或者项目本身不规范问题,导致总承包人管不了设计或者跟不上设计或者存在其他风险。

1. 总承包人管不了设计

如果总承包人本身是施工单位,则设计单位可能是联合投标人,也可能是发包人指定的或承发包双方联合招标确定的。如此一来,在履约中,往往出现总承包人管不了设计的情形。设计单位一般只收取固定的设计费用,但其地位又相对独立,往往直接听命于发包人,总承包人对设计单位的管理或约束形同虚设。一旦出现总承包人管不了设计的情况,则项目的盈亏、进度、质量就处于失控状态,总承包人的亏损风险、工期风险、质量风险均大大增加。

2. 总承包人跟不上设计

在总承包人自行确定设计单位的情形下,设计单位是总承包人的分包单位,理论上总承包人能够将自己对设计的要求充分贯彻,但很多总承包人自身技术能力有限,难以提出明确而具体的设计要求,无法推进设计工作,只能跟着设计单位的思路走,导致设计工作失控。

3. 设计进度风险

根据《建设项目工程总承包合同示范文本(试行)》(GF-2011-0216)的规定,总承包人负责编制项目进度计划和设计进度计划,以总承包人收到发包人提供项目基础资料、现场障碍资料(及预付款)后的第5日作为开工日期;发包人负责组织设计审查会议。在工程总承包模式下,设计工期往往包含在总工期内,但设计工作又相对独立,且一般情形下,在设计完成后才能开始全面施工。若设计进度延误,就会直接导致整个工程工期延误,从而使整个工期失控。

4. 设计范围与深度风险

设计范围是指总承包人需要开展设计的地块、建筑物的范围。设计深度是指总承包人的设计文件需要达到的深度要求。根据《建筑工程设计文件编制深度规定》的规定，设计文件的编制一般分为方案设计、初步设计、施工图设计以及专项设计。设计范围与设计深度相辅相成，共同构成了承包人的设计责任。合同中设计范围与深度的约定直接影响设计费用的计算，如果承包人没有深刻理解合同中对设计范围与深度的约定，往往会导致设计费用支出增加，影响项目盈利。

三、风险管控与应对

无论是施工总承包还是工程总承包，应对设计责任风险的核心是承包人的技术能力。无论是进行图纸及设计文件的审查、提前发出提供图纸通知、履行设计义务，均要求承包人有良好甚至优秀的设计技术能力。在技术能力的基础上，笔者就设计责任风险防范提出以下建议：

（一）明确设计责任，厘清设计范围与深度

在施工总承包中，如果合同约定对于图纸或设计文件延误，承包人有义务提前通知发包人或监理，则承包人必须制定完善合理的施工组织设计，并明确发包人发送图纸或指示的时间。

在工程总承包中，总承包人必须重视审核招标文件，理解发包人要求，确保设计数据、资料的准确性，明确图纸及设计文件的深度、成果提交及审查流程等；确保设计成果符合发包人要求和法律法规的强制性要求。

（二）尽快设计定案，做好设计变更签证

无论是工程总承包还是施工总承包，只有设计定案，才能锁死成本；只有在设计定案基础上，承包人才能向发包人提出变更索赔。因此，在施工总承包中，承包人应在合同中约定发包人向承包人提交图纸及设计文件的时间、数量、内容；在工程总承包中，总承包人应在合同中明确约定发包人提交前期资料的内容、时间和发包人组织图纸审查的流程，并在约定时间内完成设计工作提交发包人确认。在发包人确认设计文件和图纸之后，发包人再提出变更设计的要求，就构成设计变更，总承包人有权根据合同约定向发包人主张设计变更签证；如变更影响工期，总承包人有权提出工期索赔。

(三)确定好设计分包合同的核心条款

在工程总承包中,如果总承包人将设计工作分包,则需要注意:一是总承包人要按照投标设计费用报价并考虑市场价格水平情况,编制设计费用预算,作为设计分包的招标控制价;二是按照总承包合同约定的设计费用支付方式确定设计分包费用的支付方式;三是按照设计进度计划确定设计分包的设计成果的提交时间;四是把总承包合同中的质量、进度等违约事项转嫁到设计分包合同中;五是在设计分包合同中约定,因发包人原因或设计分包原因造成的重复设计,分包单位必须按照发包人要求的时间、质量完成,且总承包人不承担任何费用。

(四)注重设计工期索赔

在工程总承包中,总承包人应注意设计工期索赔事项识别与处理,做好谈判、证据固定与留存工作。设计工期索赔注意事项包括:一是因发包人指定设计分包原因造成的进度迟延;二是因发包人提供基础资料错误或迟延造成的设计进度迟延;三是发包人未能及时对设计成果进行审核造成的设计迟延;四是发包人对设计成果审核错误造成的设计进度迟延等。

第十三章　建设工程材料涨价的风险与应对

建设施工合同的特点是先确定计价方式后开展具体施工，由于施工周期长，不可避免地会出现在施工期内因材料涨价导致成本增加的问题。由于建筑材料在建设工程造价中占比高，所以对于材料涨价带来风险分摊问题，是施工合同和建设工程计价必须考虑的问题。

一、问题由来

（一）清单计价规范相关规定

《建设工程工程量清单计价规范》（GB 50500－2013）中对于计价风险分摊有原则性规定，一是明确指出建设工程计价不得采用无限风险；二是因市场原因导致物价波动的，由承发包双方协商分摊；三是若非因施工单位原因导致工期延误的，计划进度日期后续工程的价格，应采用计划进度日期与实际进度日期两者的较高者；四是因法律、法规、规章、政策变化影响合同价款的风险由业主承担。

以下为《建设工程工程量清单计价规范》（GB 50500－2013）相关规定：

3.4.1　建设工程发承包，必须在招标文件、合同中明确计价中的风险内容及其范围，不得采用无限风险、所有风险或类似语句规定计价中的风险内容及范围。

3.4.2　由于下列因素出现，影响合同价款调整的，应由发包人承担：（1）国家法律、法规、规章和政策发生变化；（2）省级或行业建设主管部门发布的人工费调整，但施工单位对人工费或人工单价的报价高于发布的除外；（3）由政府定价或政府指导价管理的原材料等价格进行了调整。

3.4.3　由于市场物价波动影响合同价款的，应由发承包双方合理分摊；当合同中没有约定，发承包双方发生争议时，应按本规范第 9.8.1～9.8.3 条的规定调整合同价款。

9.8.1　合同履行期间，因人工、材料、工程设备、机械台班价格波动影响合同价款时，应根据合同约定，按本规范附录 A 的方法之一调整合同价款。

9.8.2　承包人采购材料和工程设备的，应在合同中约定主要材料、工程设备价格变化的范围或幅度;当没有约定,且材料、工程设备单价变化超过5%时,超过部分的价格应按照本规范附录A的方法计算调整材料、工程设备费。

9.8.3 发生合同工程工期延误的,应按照下列规定确定合同履行期的价格调整:(1)因非施工单位原因导致工期延误的,计划进度日期后续工程的价格,应采用计划进度日期与实际进度日期两者的较高者。(2)因承包人原因导致工期延误的,计划进度日期后续工程的价格,应采用计划进度日期与实际进度日期两者的较低者。

(二)最高院相关规定

《民法典》第509条规定:"当事人应当按照约定全面履行自己的义务",且《民法典》第793条规定了即使建设工程施工合同无效但工程经验收合格的,也应按照合同约定支付价款。虽然《民法典》第533条规定,在发生情势变更时,当事人可以请求变更合同或者解除合同。但最高人民法院在《民法典》颁布之前相关文件规定的情势变更适用程序和适用条件都极为严格,实践中材料涨价风险更易认定为商业风险,适用情势变更原则的可能性很低。

以下是最高院相关规定:

《民法典》第533条规定:"合同成立后,合同的基础条件发生了当事人在订立合同时无法预见的、不属于商业风险的重大变化,继续履行合同对于当事人一方明显不公平的,受不利影响的当事人可以与对方重新协商;在合理期限内协商不成的,当事人可以请求人民法院或者仲裁机构变更或者解除合同。人民法院或者仲裁机构应当结合案件的实际情况,根据公平原则变更或者解除合同。"

《最高人民法院关于正确适用〈中华人民共和国合同法〉若干问题的解释(二)服务党和国家的工作大局的通知》第2条规定,对于《合同法司法解释二》第26条,各级人民法院务必正确理解、慎重适用。如果根据案件的特殊情况,确需在个案中适用的,应当由高级人民法院审核。必要时应提请最高人民法院审核。

《最高人民法院关于当前形势下审理民商事合同纠纷案件若干问题的指导意见》第2条规定,对于市场属性活泼、长期以来价格波动较大的大宗商品标的物的合同,更要慎重适用情势变更原则。第3条规定,人民法院要合理区分情势变更与商业风险。情势变更是当事人在缔约时无法预见的非市场系统固有的风险。而尚未达到异常变动程度的价格涨跌属于商业风险。

《民法典》第793条第1款规定:"建设工程施工合同无效,但是建设工程经验收合格的,可以参照合同关于工程价款的约定折价补偿承包人。"

(三)政府主管部门相关指导性意见

政府主管部门关于材料涨价相关指导意见中,并未强制性规定必须调差,而是建议施工单位合理报价,在双方出现争议时协商处理。

以下是政府调差相关文件:

序号	文件名称	文号	颁布机构
1	关于加强建筑材料价格风险控制的通知	陕建发〔2018〕284 号	陕西省住房和城乡建设厅
2	关于加强建筑工程材料价格风险管控的指导意见	粤建市函〔2018〕2058 号	广东省住房和城乡建设厅
3	关于加强建筑材料价格风险控制的通知	豫建标定〔2018〕27 号	河南省建筑工程标准定额站
4	关于妥善处理建筑材料价格异常波动问题确保建设工程质量安全的意见	闽建筑〔2007〕53 号	福建省建设厅
5	关于调整建设工程材料价格指导性意见的通知	吉建造〔2017〕13 号	吉林省住房和城乡建设厅
6	关于加强工程建设材料价格风险控制有关事项的通知	济建标字〔2018〕2 号	济南市城乡建设委员会

笔者认为,综合《建设工程工程量清单计价规范》(GB 50500－2013)、最高人民法院相关规定以及各地政府指导性意见,在承发包双方对材料涨价风险分摊出现争议时,若无法协调处理,大概率会以合同约定为准,由此导致在合同对于材料涨价风险分摊不合理时,施工单位会承担更大的风险,可能因此导致项目亏损。

二、风险表现形式

(一)价格风险分摊机制对施工单位不利

价格分摊机制对施工单位不利是指在合同中约定的材料涨价风险分摊对施工单位不利,导致涨价风险由施工单位全部承担或者承担主要部分。具体表现为:(1)固定价格不调差;(2)施工单位承担的风险范围过大;(3)由业主承担固定风险,施工单位承担不固定风险,如材料涨价幅度在5%以内的业主予以调差,5%以外的由施工单位承担。

（二）价格风险分摊机制合理但结果对施工单位不利

实践中，有些合同约定的价格分摊机制是合理的，如按照信息价调差。但是，在合同履行过程中，信息价的涨幅远远低于市场价的涨幅或者基准价约定不合理，会导致最终结果对施工单位不利。

三、风险防范与化解

（一）正确认识风险是防范风险的前提

对于施工单位来说，项目最大的风险是盈亏风险，而材料价格调差是否合理是盈亏风险的一部分。实践中，施工单位为了扩大市场占有率，在承接项目时有时会对投标项目没有高标准的盈利要求，导致部分项目在承接时就处于亏损状态。若项目在承接时就亏损，合同材料调差机制又不合理，项目风险将会极大地增加。此时，施工单位应对风险有清醒、准确的认识，并做好以下策划，以降低风险：

一是抓住项目中标后的合同谈判环节，要求材料涨价风险合理分摊，在项目正式施工前降低项目风险。

二是减少施工工程量以降低风险。在无法合理分摊材料涨价风险时，对于施工单位来说，若施工过程中材料价格上涨，施工单位就会陷入"干的越多，亏损越多"的境地。所以施工单位应从风险防控的角度，预先考虑此种情况的应对措施，尽可能地降低施工投入。

三是项目施工部分的亏损应控制在一定范围内，换言之，一旦实际施工部分亏损超过一定金额（如 1000 万元），那么项目应想方设法停止施工，与业主进行谈判，要求变更合同或者解除合同。

为此，承包商对于高亏损风险项目，应提前做好工期延长、工程停工、合同解除的商务策划，一旦材料价格上涨导致承包商无法承受时，可以用工期延长的办法和业主协商停窝工损失补偿、赶工费，甚至拿工期与业主交换；如果无法与业主达成一致的，可以采用停工、解约的方式止损。

因此，承包商在承接项目时就需要对项目盈亏、项目风险有清醒的认识，只有承包商和项目部认识风险才会重视风险，才会在第一时间策划规避风险、减少损失的措施。

（二）通过合同谈判变更计价方式

承包商应充分认识施工合同在工程计价方面的基础性、决定性作用，需要抓住一切时机和条件提升合同品质、优化合同条件。实践中,很多业主在招标时往往把定标时间压在最后,业主寄希望中标后马上签约、签约后马上备案、备案后马上预售或开工。因此,承包商如果认为材料涨价风险分摊约定不合理或者因材料涨价对自身造成了极大损失的,一方面应该利用《建设工程工程量清单计价规范》、当地政策性文件、询标时间过长等有利点与业主协商变更计价,另一方面利用业主急于开工的心理与业主进行交换,最终实现变更原招标文件计价方式的目的,甚至制定新的计价方式。

(三)通过工期变化向业主申请重新计价

根据合同约定,施工单位应在合同约定的工期内完成施工,也即施工单位只承担在工期内的材料涨价风险,工期外的风险不应由施工单位承担。且《建设工程工程量清单计价规范》中也规定"因非施工单位原因导致工期延误的,计划进度日期后续工程的价格,应采用计划进度日期与实际进度日期两者的较高者"。所以施工单位在工程出现非因施工单位原因导致工程工期变长的情况时,应向业主提出申请,要求改变原合同中对施工单位不利的材料计价方式,重新计价。

(四)通过工期索赔与业主重新协商计价

根据《建设工程施工合同(示范文本)》(GF-2017-0201)的约定,当因业主原因导致延期开工达90天的,施工单位有权要求调整合同价格;当业主违约时,施工单位有权要求工期顺延,弥补损失以及支付合理的费用。所以施工单位在合同履行过程中,若业主违约,施工单位应通过工期索赔向业主要求重新计价,避免自身损失。

(五)通过解除合同逼迫业主重新计价

在施工过程中,若施工单位因合同约定不合理、材料价格大幅上涨、工期延长等原因遭受较大损失时,施工单位应及时停止施工,要求解除合同或者重新计价。对于业主来说,此时需考虑解除合同与重新计价之间的利弊得失,很可能因为解除合同后需重新招标确定新的施工单位、工期无法确定等原因答应施工单位重新计价的要求。

(六)解除施工合同减少损失

当合同中材料涨价风险分摊机制约定不合理并且已经对施工单位造成损失

时，施工单位应综合衡量各种方法对自己的影响。若继续施工只能导致损失扩大，则应该寻找理由解除合同，减少自身的损失。根据《建设工程施工合同（示范文本）》（GF－2017－0201）的约定，施工单位解除合同有以下几种情况：一是因业主原因导致延期开工达90天；二是承发包双方协商解除；三是因业主违约导致停工达28天且发包人仍不纠正其违约行为并致使合同目的不能实现。

第十四章　工程项目建设的相邻损害风险与防范

工程项目建设的相邻损害，是指邻近在建工程的不动产因为建设施工造成的损害。在建设工程施工过程中，施工单位不仅需要完成自身的施工任务以及保证自身施工的安全，还涉及对建设工程相邻建筑或者地下管网的保护。若由于施工原因造成相邻方损害，施工单位往往面临相邻方的巨额索赔或者是在建设单位对相邻方进行赔付后向施工单位追偿。由于现代城市建设越来越密集，超高层深基坑项目越来越多，以及周边设施自身老化等原因，一些在城市市区建设的项目难以避免对周边的道路、房屋、管网、基础设施等造成损害，如果施工方不能很好地预见到损失之发生，或者虽然预见到但是没有正确处理好与建设单位之间的损失分担，则极有可能发生高额赔偿。

一、针对相邻损害的相关规定

（一）法律规定

《民法典》第236条规定："妨害物权或者可能妨害物权的，权利人可以请求排除妨害或者消除危险。"

第237条规定："造成不动产或者动产毁损的，权利人可以依法请求修理、重作、更换或者恢复原状。"

第238条规定："侵害物权，造成权利人损害的，权利人可以依法请求损害赔偿，也可以依法请求承担其他民事责任。"

第239条规定："本章规定的物权保护方式，可以单独适用，也可以根据权利被侵害的情形合并适用。"

第288条规定："不动产的相邻权利人应当按照有利生产、方便生活、团结互助、公平合理的原则，正确处理相邻关系。"

第295条规定："不动产权利人挖掘土地、建造建筑物、铺设管线以及安装设备等，不得危及相邻不动产的安全。"

第1252条规定："建筑物、构筑物或者其他设施倒塌、塌陷造成他人损害的，由建设单位与施工单位承担连带责任，但是建设单位与施工单位能够证明不存在质量缺陷的除外。建设单位、施工单位赔偿后，有其他责任人的，有权向其他责任人追偿。因所有人、管理人、使用人或者第三人的原因，建筑物、构筑物或者其他设施倒塌、塌陷造成他人损害的，由所有人、管理人、使用人或者第三人承担侵权责任。"

根据上述规定可以看出，在建设工程施工过程中，若给相邻方造成损害的，受害人可以依据《民法典》"物权编"要求建设单位承担责任，也可以依据《民法典》"侵权责任编"要求施工单位承担责任。若出现倒塌造成他人损害的，由施工单位和建设单位承担连带责任。

由于城市项目建设的建设单位方的资信能力一般高于施工单位，故当发生相邻损害时，受害人一般要求建设单位方承担责任。

（二）示范文本的损害分摊原则

《建设工程施工合同（示范文本）》（GF－2017－0201）第二部分"通用合同条款"中规定：

第6.1.9.1条"发包人的安全责任"规定："发包人应负责赔偿以下各种情况造成的损失：(1)工程或工程的任何部分对土地的占用所造成的第三者财产损失；(2)由于发包人原因在施工场地及其毗邻地带造成的第三者人身伤亡和财产损失。"

第6.1.9.2条"承包人的安全责任"规定："由于承包人原因在施工场地内及其毗邻地带造成的发包人、监理人以及第三者人员伤亡和财产损失，由承包人负责赔偿。"

上述施工合同示范文本关于对外损害的责任划分，主要依据过错责任划归，即如果是建设单位原因造成的第三者财产损失、人身伤亡的，由建设单位承担责任；如果是施工单位原因造成的第三者财产损失、人身伤亡的，施工单位承担责任。

（三）约定责任分摊

由于法律上赋予受害人有权利选择向建设单位或向施工单位主张损失赔偿，而且在项目实际操作中，一旦出现相邻损害受害人多向建设单位提出赔偿。所以，在很多施工合同中，将所有对相邻方损害的最终赔付责任约定为施工单位承担。例如，合同中约定无论任何原因造成第三者财产损失、人身伤亡的，施工单位都要承担所有赔付责任。

二、相邻损害风险

(一)巨额赔偿风险

若施工单位在施工过程中对相邻方造成损害,很可能面临巨额赔偿。例如2003年7月1日凌晨4时许,上海轨道交通四号线浦东南路至南浦大桥区间隧道发生坍塌事故,导致隧道渗水,周边房屋倾斜、塌陷,地面沉降。造成直接经济损失1.5亿元。上海轨道交通四号线事故2年多之后,保险理赔终于结案。事故最终赔付协议于2005年10月12日正式签署,赔付金额超过5亿元。该案中由于购买了保险,所以由保险公司进行赔付,若未购买保险,上述赔付金额很可能需要由施工单位承担。

(二)安全事故风险

发生安全事故,很可能造成相邻方损害,如上海浦东某邻近轨道交通二号线、六号线的在建工程,因桩基施工问题导致地下水喷出,严重危害轨道交通安全,后将已施工的部分全部浇筑混凝土才止水避免损失。

(三)施工中断风险

若施工过程中发生相邻损害的受害方为居民,极有可能发生居民围堵施工项目,甚至提出巨额索赔要求,造成现场施工中断。

(四)成本增加风险

若工程项目紧邻地铁、桥梁、隧道或者其他建筑时,在施工过程中为了保护相邻方的安全,施工单位往往会采取额外措施保护相邻方安全,从而导致自身成本增加。

三、防范建议

(一)正确认识风险原因

从技术的角度避免损害发生是解决一切风险的源头,但是事实可能比预计复杂。造成对相邻不动产损害既有可能是建设单位原因,也有可能是施工单位原因,还有可能是相邻不动产自身的原因。根据侵权责任法一般归责原则——过错责任原则,谁对损害发生和损害结果存在过错,谁承担责任。建设单位的过错往往指的是设计方面的过错,而施工单位的过错是指施工方案和施工行为,施工单位编制的施工方案即使经过专家论证或建设单位认可，施工单位依然需要对其承担责任。而相邻方责任，往往指的是相邻不动产自身存在质量问题，在邻近处施工时即可导致受损。

（二）审查合同中对责任承担的分配约定

示范文本中在施工过程中对外损害的责任划分，主要依据过错责任划分。但在实践中，建设单位往往利用自身优势地位，将本应由其自身承担的责任划分给施工单位，因此，施工单位应认真审查合同中相关权责的约定。施工合同中相关责任分配主要存在于两个方面：

一方面，关于建设单位原因对相邻方损失的承担问题，即合同约定无论任何原因给他人造成损失的皆由施工单位承担责任；另一方面，施工合同中将建设单位指定分包（如桩基维护工程、桩基工程、土方工程）造成所有质量问题或损害问题由总包单位承担。

有的建设单位可能在施工合同中约定一定金额的暂列金额，用于承担施工中发生的一些不可预见的费用，但是"暂列金额"的权属归于建设单位，并非施工合同约定了暂列金额则意味着支付对相邻方的损害的价款由建设单位承担。承发包双方对损害赔偿的分担依然按照约定处理。

因此，对于在城市市区建设的项目，特别是靠近轨道交通、老旧居民楼的项目，若合同约定损害赔偿最终由施工单位承担的，上述建设单位不承担责任的约定为重大风险项，施工单位应当谨慎处理，尽量通过合同谈判的方式划清责任。

（三）施工前对可能造成损害的相邻建筑进行勘察

如上文所述，施工对相邻方的损害，既有可能是施工原因，也有可能是相邻的不动产自身存在某些质量缺陷，同时施工单位也为了防止相邻方的讹诈，施工单位应当在施工前对相邻建筑的裂缝、沉降等进行勘察、固定证据。

（四）对于风险较大的工程项目购买保险

购买保险规避风险是国际工程承包的通用办法，但是很多国内施工单位为节省保险费用，对风险存有侥幸心理，拒绝购买保险；还有一些施工单位对保险的担保理赔认识不足，导致保险没有发挥应有的作用。此部分在下文中详细阐述。

四、建设工程保险

（一）建设工程保险险种

1. 建筑工程一切险/安装工程一切险

建筑工程一切险/安装工程一切险承保内容为除外责任以外的任何自然灾害或意外事故造成的物质损坏或灭失。

2. 施工单位机械设备保险

施工单位机械设备保险可以单独投保，也可以附加于建筑工程一切险和安装工程一切险中，主要是针对特种设备的保险，如挖掘机、装载机、叉车、钻机、推土机、拖泵、塔吊、起重机械、压桩机、压路机、碎石机、破碎锤、摊铺机。

3. 第三者责任险

第三者责任险一般不单独投保，一般附加于建筑工程一切险和安装工程一切险。承保范围一般为因发生与本保险单所承保工程直接相关的意外事故引起工地内及邻近区域的第三者人身伤亡、疾病或财产损失，依法应由被保险人承担的经济赔偿责任。

4. 职业责任保险

建设工程职业责任保险是指参与工程建设的勘察、设计、监理单位由于疏忽行为、错误或过失行为而引发工程质量事故造成物质损失，依法应由其承担的经济赔偿责任，由保险公司按照合同约定负责赔偿。

5. 雇主责任险

雇主责任险是指被保险人所雇用的员工在受雇过程中从事与保险单所载明的与被保险人业务有关的工作而遭受意外或患与业务有关的国家规定的职业性疾病，所致伤、残或死亡，被保险人根据《劳动法》及劳动合同应承担的医药费用及经济赔偿责任，包括应支出的诉讼费用，由保险人在规定的赔偿限额内负责赔偿的一种保险。

6. 工程质量保险

狭义的工程质量保险，是指工程质量潜在缺陷保险（国外称 IDI），是由工程的建设单位投保，保险公司根据法律法规和保险条款约定，对在保修范围和保修期限内出现的由于工程质量潜在缺陷所导致的投保建筑物损坏，予以赔偿、维修或重置的保险。

广义的工程质量保险，是指建设工程相关方以工程质量为保险标的，由保险公司对因工程质量缺陷造成的建筑本体的损失予以赔偿、维修或重置的保险。

7. 人身意外伤害险

人身意外伤害险是指在保险合同保险责任有效期间内，被保险人从事建筑施工及与建筑施工相关的工作，或在施工现场或施工期限指定的生活区域内遭受意外伤害。根据《建筑法》（主席令第29号）第48条“建筑施工企业必须为从事危险作业的职工办理意外伤害保险，支付保险费”的规定，人身意外伤害险是施工企业必须为从事危险作业的职工购买的保险。

8. 安全生产责任险

安全生产责任险是针对高危行业开办的险别，不仅可承保因企业在生产经营过程中，发生生产安全事故所造成的伤亡或者下落不明，还可对应附加医疗费用、第三者责任及事故应急救援和善后处理费用。

9. 环境污染责任险

环境污染责任保险是以企业发生污染事故对第三者造成的损害依法应承担的赔偿责任为标的的保险。在环境污染责任保险关系中，保险人承担了被保险人因意外造成环境污染的经济赔偿和治理成本，使污染受害者在被保险人无力赔偿的情况下也能及时得到给付。

10. CIP保险（“一揽子”保险）

由建设单位或施工单位统一购买，保障范围覆盖建设单位/施工单位及所有分包商，包括劳工赔偿、雇主责任险、一般责任险、建筑工程一切险、安装工程一切险。

11. 各种保证保险

投标保证保险、履约保证保险、预付款保证保险、支付保证保险。

（二）保险公司代位求偿相关问题

1. 法律规定

《保险法》第60条针对保险人的代位求偿进行了规定：因第三者对保险标的的损害而造成保险事故的，保险人自向被保险人赔偿保险金之日起，在赔偿金额范围内代位行使被保险人对第三者请求赔偿的权利。前款规定的保险事故发生后，被保险人已经从第三者取得损害赔偿的，保险人赔偿保险金时，可以相应扣减被保险人从第三者已取得的赔偿金额。保险人依照本条第一款规定行使代位请求赔偿的权利，不影响被保险人就未取得赔偿的部分向第三者请求赔偿的权利。

第46条针对人身保险中禁止保险人代位求偿进行了规定，被保险人因第三者的行为而发生死亡、伤残或者疾病等保险事故的，保险人向被保险人或者受益人给付保险金后，不享有向第三者追偿的权利，但被保险人或者受益人仍有权向第三者请求赔偿。

根据上述两条规定可以看出,仅有在第三人对保险标的造成财产损失时,保险人在赔付被保险人后,才能向第三人追偿。

2. 建设工程保险中代位追偿的适用

根据代位求偿的相关规定可以看出,针对建设工程保险,可能在以下几种情况下会涉及:

一是施工单位投保施工单位机械设备险,被保险人为施工单位,若因施工单位外第三者(如分包商、建设单位)原因导致施工单位机械设备出现损失,在保险人向施工单位进行赔付之后,可向第三者追偿。

二是建设单位投保建设工程质量保险,被保险人为小业主/建设单位。若因建设单位外第三者(如施工单位、设计方)导致建设工程出现质量问题,在保险人向小业主/建设单位进行赔付之后,可向第三者进行追偿。

三是施工单位投保建设工程质量保险,被保险人为施工单位/建设单位,若因第三者(如分包商)导致建设工程出现质量问题,在保险人向建设单位/施工单位进行赔付之后,可向第三者追偿。

四是建设单位投保了建设工程一切险,被保险人为建设单位。若因第三者原因(如施工单位、设计单位、勘察单位)导致建设工程出现意外事故,被保险人向建设单位进行赔付之后,可向第三者追偿。

(三)建设工程保险投保的注意事项

1. 投保的主要内容

投保的主要内容包括:选择保险险种、确定保险主要内容(保险期限、赔偿限额、免赔额、确定保险条款)、选择保险公司(招投标方式或者直接议价)、保险人风险评估、签订保险合同。

2. 重视特别约定

保险合同条款中会根据每个项目的特殊性质,约定一系列特别条款(或者叫作附加条款),在适用顺序上,特别条款优先于一般条款适用,所以在投保时,若认为保险公司提供的格式条款需要修改或者不能满足项目需要,则需以特别条款的形式对保险合同进行修改和增加,以此维护自身权益。

3. 理赔程序约定清楚

一般的理赔程序为事故发生后由被保险人发出索赔通知—保险人进行事故现场勘查—被保险人填写索赔报告—被保险人提供索赔单据—签订赔付协议—完成

索赔。在签订保险合同时，投保人应将理赔程序约定清楚，将每个环节双方会涉及的证据材料、完成时限等约定清楚。

4. 约定保险人不得追偿

在上述保险人代位求偿中说到，第三人对保险标的造成财产损失时，保险人在赔付被保险人后，可向第三人追偿。所以在购买保险时，应注意相关约定，例如，施工单位得知建设单位购买建设工程一切险时，应与建设单位协商，将施工单位列为被保险人，并约定保险公司向建设单位/施工单位赔付后，无权向其他单位追偿，将最终的责任落在保险公司上。

5. 设定多个被保险人

工程项目中，建设工程一切险与第三者责任险一般由建设单位进行投保，有时建设单位也会要求施工单位进行投保，无论是建设单位还是施工单位进行投保时，均应注意设定多个被保险人，将建设单位、施工单位、分包单位均列为建设工程一切险与第三者责任险的被保险人，以此避免各个单位需就同一项目分别购买保险或者在出现保险事故时保险单位向其他参建单位追偿的情形出现。

6. 避免重复保险

《保险法》第 56 条第 4 款规定："重复保险是指投保人对同一保险标的、同一保险利益、同一保险事故分别与两个以上保险人订立保险合同，且保险金额总和超过保险价值的保险。"重复保险与保险的损失补偿功能相悖，因此，在重复保险情况下，很可能在发生保险事故后无法得到赔付，因此，重复保险风险较大，无法达到保险的目的。在建设工程领域，建设单位很可能在施工合同签订前就已经就工程项目购买了建设工程一切险与第三者责任险，但是在施工过程中，施工单位很可能因各种原因，包括但不限于建设单位购买的保险保险标的低、保险所覆盖的风险不全等，需要重新购买一份建设工程一切险与第三者责任险。在此情况下，施工单位应做好与建设单位、原建设工程一切险的保险单位的沟通，厘清原保险的范围，避免构成重复保险造成对自身的不利。

第十五章 “保证金支付”的风险识别与防范

“保证金支付”风险，是指一些社会不法分子利用“建筑市场竞争激烈、施工单位急于拿活”的心态，通过虚构工程项目开展招标，签订“合同”，骗取施工单位投标保证金、履约保证金或者骗吃骗喝。不法分子之所以屡屡得手，一方面是因为施工单位防范不严，另一方面也与近些年公安机关对经济类刑事案件侦查和打击力度不够有关。不法分子得手之后，一般会很快将款项转移或挥霍完毕，施工单位的损失难以弥补。因此，本章将详解“保证金被骗”的风险与防范。

一、行骗手法

根据《招标投标法》和《招标投标法实施条例》的规定，建设项目招标分为必须招标项目和非必须招标项目。必须招标项目的招标工作在地方招投标平台进行，要求招标人、代理人和评标人相分离。除了一些不法分子打着介绍工程的幌子行骗外，“保证金支付”风险一般出现在非必须招标项目中。随着招标投标法律法规的调整，发包人自行内部招标的项目越来越多，市场信息鱼目混珠，“保证金支付”风险不得不防。

不法分子行骗的手段多种多样，施工单位怀着对工程项目的美好渴望极易落到“陷阱”之中。不法分子一般采取的行骗手法如下：

1. 真项目假招标人。此类案件中，不法分子的身份是假的，但工程项目真实存在，不法分子通过带被害人查看真实的项目，取得被害人的信任，然后进行招标，要求被害人支付投标保证金等款项。不法分子常常通过伪造公章、伪造授权书等手段，来证明自己身份。如苏某诈骗案。某央企承包“某某新区堤岸工程项目”。苏某自称认识该央企的领导，可以牵线介绍该工程项目的分包工程给被害人承包，并提供虚假的“工程合同”等文件给被害人，骗取约 14 万元。深圳某区人民法院于 2014 年 6 月判决苏某犯诈骗罪，判处有期徒刑 3 年，缓刑 5 年，并处罚金人民币 5000 元。

2. 真招标人假项目。此类情形中，不法分子的公开身份是某公司的工作人员或项目负责人,利用其身份的便利,虚构一个工程项目或以某工程项目为幌子,开展招标活动,吸引施工单位前来投标,从而骗取投标保证金。如李某甲诈骗案。李某甲是广西某市某投资公司员工,2014 年 1 月至 7 月,李某甲虚构该投资公司有“某某民族民俗文化展示中心二期工程”项目,并多次以项目准备招标为由,先后向被害人收取投标保证金共计 16.5 万元。后李某甲自首,款项全部退还被害人。该市某区人民法院于 2015 年 7 月判决李某甲犯诈骗罪,判处有期徒刑 2 年 9 个月,缓刑 4 年,并处罚金人民币 2.5 万元。

3. 假招标人假项目。在此类案件中不法分子设立公司、虚构项目的目的就是诈骗。如某人设立“某市国际度假村发展公司”,自命为董事长兼总经理,对外声称其公司开发建设如国际机场等项目,进行招标活动,骗取施工单位的投标保证金。

4. 真项目真招标人。项目是真的,招标人也是真的开发单位,但是招标人招标的目的不是确定中标单位,而是骗取所有投标人的投标保证金或履约保证金,保证金一旦进入招标人指定账户,即被挪作他用,不予归还。投标人虽然可以通过诉讼讨债,但奈何招标人已经资不抵债。

二、风险危害

(一)保证金被骗

施工单位一旦未识别虚假工程项目而参与投标,最直接的结果就是被骗取投标保证金、履约保证金,甚至被骗取中介费、进场费等各种名目的钱款,造成直接的经济损失。

(二)保证金难以追回

当施工单位保证金被骗后,一般来说很难追回。一是在不法分子骗取施工单位保证金后,会迅速地转移或者挥霍完毕;二是保证金被骗属于经济类刑事案件,近些年公安机关对于此类案件的侦查和打击力度相对较弱;三是法院对于经济类刑事案件,一般都重视对不法分子的刑事处罚,对于案件非法所得财产的追缴力度不大。

三、案例解读

(一)一亿元保证金被骗案

该案件就是“真项目假招标人”。某置业公司有“国际金融城(西区)项目”,但尚未取得工程规划许可证。2016 年,苏某持盖有某置业公司公章的授权委托书与某建工公司洽谈合作事宜。后某建工公司与某置业公司签署了关于前述工程项目的施工总承包合同,约定施工单位支付履约保证金1亿元。某建工公司支付1亿元到某置业公司的银行账户。但该工程一直未开工。某建工公司要求某置业公司返还履约保证金,但某置业公司称施工合同、授权委托书上的公章均系伪造,收据上的财务专用章也系伪造,其从未设立过收取履约保证金的银行账号;苏某涉嫌经济犯罪。后经诉讼,一审法院支持某建工公司的请求;二审法院认定苏某有经济犯罪嫌疑,撤销一审判决,将本案移送公安机关处理。

公安机关以伪造企事业印章罪对该案立案侦查,但是却得到苏某已经于2018年死亡的消息。1亿元被骗事件,因犯罪嫌疑人的死亡而不了了之。

(二)中建某公司对某资产管理公司法律尽职调查

2016年年底深圳某公司声称有项目,邀请中建某公司与之合作。中建某公司委托笔者调查该公司。经调查发现,该公司的股东系注册于开曼群岛的离岸公司,注册资金5万美元,其股东和公司董事均为王某某一人,其个人通过投资“香港国际××投资集团有限公司”进而投资包括深圳某公司在内的8家国内单位。笔者认为:(1)从注册资本来看,深圳某公司的资信能力与项目实际需要投入的资金差异巨大;(2)深圳某公司及其关联公司的实际控制人只是1个自然人,系国内个人利用离岸公司设立了一系列皮包公司;(3)深圳某公司工商信息显示的主营业务是融资租赁,但其向中建某公司所述的项目商业模式根本不成立;(4)深圳某公司及其关联公司所声称的已投资的项目基本都属于空壳或者虚构的。因此,笔者建议中建某公司不与深圳某公司合作。根据法律尽职调查报告提供的信息,中建某公司果断拒绝参加深圳某公司的招标。

实务要点

1. 施工单位不可轻信企业公章、银行账号、施工合同。施工单位通常会轻信企业公章、银行账户不会作假,轻信盖了公章的施工合同不会作假。但实际上这些东西都有可能是假的。不法分子只要刻一枚假公司公章,招标文件、中标通知书、施工合同全能做出来;而很多地方银行为了拉储户对银行账户的开立审查不严,也给了不法分子可乘之机。

2. 施工合同只有在完成备案后才能正式履行。施工单位为获取项目违反正常操作规程,在合同没有正式备案就支付保证金,风险极大。只有在完成合同备案后,施工单位才取得合法施工单位的身份。

3. 施工单位应对发包人认真考察,应与发包人主要领导直接沟通。无论是政府投资项目还是民营投资项目,施工总承包单位的选择都是项目投资的大事,都是发包人一把手重点关注的事情,施工单位在签订合同之前,尤其是在交付大额保证金之前应当与发包人主要领导直接沟通。

4. 对于项目公司股东是注册于海外的公司,施工单位应进行详细审查。建议委托律师进行尽职调查,准确判断业主或项目的真伪,从而规避风险。

四、防范与救济

不法分子实施此类诈骗,基本套路是围绕“虚假公司”或“虚假项目”,吸引施工单位来投标,从而骗取投标保证金、履约保证金等款项。防范此类风险的关键点是对项目公司、工程项目、人员身份的调查。“保证金支付”风险的防范与救济要点如下。

(一)直接对发包人实际控制人进行拜访

对于发包人而言,选择施工单位是一项重大商业决策,一般来说需要由发包人实际控制人决定,很少由委托人直接决定。所以施工单位在承接项目时,应提出与发包人实际控制人会见。若“名义上的委托人”以各种理由推脱,拒绝施工单位会见发包人实际控制人,那么项目虚假可能性较大。

(二)重视对项目的实际考察

工程项目的实施,必须有大量的项目资料,如可行性研究报告、发改委的批文、土地使用权证、用地规划许可证、工程规划许可证等。这些批文或证照可以通过各地的政府发改部门、土地部门、规划部门查证。如果项目公司的联系人无法提供项目资料,或者提供的项目资料无法证实的,建议施工单位不要参与此类项目的招标。

(三)在合同备案后再支付履约保证金

从案例(一)中可以看出,发包人委托书、招投标文件、发包人印章、发包人银行账户、合同文件等所有文件、身份都可以造假。所以对于大额的保证金支付,施工单位应明确确定自身的施工单位身份后,再支付保证金。笔者认为,在政府部门进行的合同备案或者合同信息备案和登记,可以证明施工单位的施工单位身份,并且可以印证项目的真实性。

(四)对发包人资信进行审查

施工单位可以通过公开的查询网站,查询“项目公司”的工商登记基本信息,了解注册资本、股东背景、经营范围等,也可到工商机关查询其档案资料。对于发包人的审查重点是涉外项目的审查,因为很多招标人都是打着外资的幌子行骗,所以施工单位在承接外资企业开发的项目时,应仔细审查发包人资信,以防被骗。

(五)审查招标文件中的相关时间规定

施工单位应审查招标文件中对于开标时间、通知中标或不中标时间、投标保证金返还时间等是否有明确约定。若招标文件中未对相关时间明确约定,一是会导致施工单位不知道是否中标,二是不知道应在什么时间要求发包人索要投标保证金。若是虚假项目,会让不法分子有更多的时间去转移或者挥霍投标保证金。

(六)施工单位如发现被骗,应及时报案,请求公安机构查封资产

骗取保证金的案件一般定性为合同诈骗罪或者诈骗罪,由公安机关管辖。此类案件既涉及民事合同纠纷也涉及刑事犯罪,即刑民交叉。司法机关在处理刑民交叉案件时一般的原则是刑事优先。因此,建议施工单位不要仅仅通过民事诉讼来主张权利,同时应尽快到公安机关报案,要求公安机关传唤有关人员,查封相关账户,查清款项的流向,从而尽可能挽回损失。

根据《公安机关办理刑事案件程序规定》(公安部令第159号)的规定,“刑事案件由犯罪地的公安机关管辖。如果由犯罪嫌疑人居住地的公安机关管辖更为适宜的,可以由犯罪嫌疑人居住地的公安机关管辖。犯罪地包括犯罪行为发生地和犯罪结果发生地”。根据《公安部关于受害人居住地公安机关可否对诈骗犯罪案件立案侦查问题的批复》(公复字〔2000〕10号)的规定,“诈骗犯罪案件的犯罪结果地是指犯罪嫌疑人实际取得财产地”;“诈骗行为地、犯罪嫌疑人实际取得财产的结果发生地和犯罪嫌疑人居住地”有权对诈骗犯罪案件立案侦查。如果施工单位将投标保证金汇入某银行账号,则该银行账号的银行所在地可以视为“犯罪嫌疑人实际取得财产地”,即犯罪结果地。建议施工单位到犯罪嫌疑人开设银行账号的银行所在地的公安机关报案,方便公安机关及时查封犯罪嫌疑人的银行账号。

第十六章　承包商采购合同风险与应对

建设工程施工过程，是将人工、材料、施工机具物化成建筑物的过程。在施工的各项费用中，钢筋、混凝土等需要采购的材料、设备的价款占工程造价一半以上。因此，建筑施工材料的质量、交付进度决定了工程项目建设的质量和进度，承包商采购管理在承包商项目管理中处于重要地位。

一、采购合同的认识

采购合同在法律上称为买卖合同，是一类典型合同，不仅仅在《民法典》合同编中作为典型合同第一章进行描述，而且《民法典》第646条规定："法律对其他有偿合同有规定的，依照其规定；没有规定的，参照适用买卖合同的有关规定。"因此，买卖合同关系不仅仅是市场经济社会中最重要的交易关系，而且买卖合同的法律规则对其他有偿类合同具有补缺的作用。

买卖合同是以转移标的物所有权为主要交易内容的合同。市场经济下能够进行交易的无非所有权、使用权、服务、智力成果等。买卖合同与其他合同最重要的区别是交易的是"物的所有权"，与之相区别的有，如建设工程合同交易的是施工服务，租赁合同交易的是"物的使用权"。因此，买卖合同对承包商的主要风险是标的物交付时间与标的物的质量风险。

二、采购合同风险与应对

（一）质量与质保风险

施工材料的质量决定建筑工程的质量，承包商按照合同约定和法律规定对业主承担质量责任、保修责任，对因质量问题给第三人造成的损失承担赔偿责任。笔者曾经处理过一起纠纷，某安装公司施工的住宅项目，交付小业主投入使用后房屋安装的净水系统损坏，导致自来水淹掉整个房屋，造成损失30多万元。事故调查发现，漏水原因是净水系统安装的塑料三角阀破裂引起，塑料三角阀的采购价格为几毛钱一个。由于当初采购三角阀没有在正常的大单位采购，没有质保书，导致所有损失全由承包商承担。一个几毛钱的建筑材料尚且能够造成几十万元的损失，对于大中型的材料设备更是要严控质量。作为建设工程项目承包商，在采购过程中需要注意以下几点：

1. 重视进场质量验收。进场验收不仅仅是承包商验收，承包商还要考虑施工合同中对材料设备验收约定，提前通知业主代表、施工监理进行联合验收。

2. 重视出厂验收。进场验收主要是通过外观验收质量，真正的验收需要通过试验才能得出结果。但是试验具有滞后性，等试验结果不达标再去更换材料设备时，会打乱施工进展，影响施工进度，有时也会对承包商信誉造成影响。所以，对于一些高温高压或需要通过试验检验、破损检验的材料设备，在出厂前充分利用供应商的设备、场地和条件进行检验，确保发货的材料设备满足质量要求。

3. 及时提出质量异议。根据《民法典》的规定，买方应在合同约定的异议期内提出质量异议，合同没有约定异议期的应当在合理时间内提出，如果合同约定质量保证期没有约定质量异议期，应当在质量保证期内提出质量异议，没有约定质量保证期的异议期不超过2年，买受人在质量异议内没有提出质量异议的，视为质量合格。因此，承包商在采购时应当与卖方签订书面合同约定质量保证期。

4. 采购时要充分考量卖方资信。卖方资信反映了卖方的债务承担能力，不管合同约定的条款多完备、对采购人多有利，只要卖方不具备责任承担能力和偿债能力，合同的追责条款和质量保证条款都失去意义。故，承包商在采购时要选择正规的、成规模的供应商。

5. 约定质保期的起止时间要考虑承包商对业主的质保期限。根据法律规定，承包商就其施工的建设工程向业主承担质量保证责任。根据《建设工程质量管理条例》的规定，承包商对基础工程和主体结构在设计期限内承担终生保修责任，有防水要求的部位承担至少5年的质保责任，其他部位承担至少2年质保责任。根据施工合同一般规定，质保期限从建设工程通过竣工验收起计算。由于建设工程会因为资金、设计等各种原因工期延长，所以承包人在采购材料设备时，应约定供应商对材料设备质保期的期限不能少于承包商对业主的质保期限，供应商对材料设备质保结束时间不能早于承包商对业主的质保结束时间。

（二）交付与履约风险

承包商采购材料设备用于工程建设，因此，供应商能否按期供货，决定了承包商能否按期完成施工、履行承包商的施工合同义务。在建设工程领域，因为发包人处于绝对优势地位，故施工合同都对承包商的工期义务约定了严重的工期罚款，工程每延误一天违约金从几万元到几百万元。倘若供应商没有按期供货，势必会影响承包商工程进度，形成重大违约风险。另外，像混凝土等特殊材料都是需要经过政府备案才能在项目上使用，也就是在某些情况下如果供应商没有及时供货，承包商难以在短时间内更换供应商。

供应商的延期供货原因非常多，有的是产能低、供货慢造成；有的是供应商根本无货可供，比如某些地区在环保检查期间砂石料等地材确实没有；有的是因亏损原因故意不供货；有的是以不供货为由胁迫承包商提高价格。面对这些问题，承包商在采购时需要采取以下应对措施：

1. 选择供应商时要选择信用高、实力强的单位，而不是唯低价中标论。采用简单的选择“最低价”的方式选择供应商，并不可取。一些供应商故意低价中标，然后一旦出现市场价格变化，便以不供货的方式胁迫承包商涨价；或者当某些材料设备因市场价变化导致亏损时，故意不交付。因此，在选择供应商时要看其规模、信誉。

2. 合同中应当约定供应商延期交付违约责任。违约责任是承包商督促供应商及时供货的重要合同条款，是承包商保护自身利益的重要手段。

3. 根据材料设备的不可替代性特征，要求供应商交付履约保函或提供履约担保。对于一些通用材料设备，如果供应商没有及时供货，承包商可以选择其他供应商；但是对于某些需要在政府备案的材料设备，更换起来非常复杂。承包商要求供应商提供适当履约保函或有效担保，以此提高供应商的履约积极性，万一因供应商履约问题给承包商造成损失的，承包商可以利用担保实现权利救济。

4. 供应商要求提供预付款的，承包商应要求供应商提供预付款保函。

5. 注意保留通知供货证据。因为建设工程的特殊性，故买卖合同上一般不会要求具体供货日期，而是要求供货商在收到承包商交货通知后多少日内交付货物，所以承包商要求供应商交货时间、品种的交货通知非常重要。由于供应商地址一般距离施工项目现场较远，不可能采用书面交付签收的方式完成订货，故承包商在订货时一般采用邮件或传真的方式，在买卖合同中约定好采用邮件方式订货及双方的指定联系邮箱，在具体采购时直接发邮件，其优点在于邮件可作为往来证据。但是需要注意的是，承包商要保留好证据，不要删除邮件。

（三）收货、盘点、验收与支付风险

收到货物之后按照合同约定的付款比例支付货款，是一般市场行为。在建设工程领域存在的问题是，承包商要求供货商的分批次交货次数很多，所以款项一般都是每月盘点到货量之后支付货款，而不是简单的“一手交钱一手交货”。所以，容

易发生现场收货的情况,与到货验收合格的情况,与实际付款的情况相脱节。尤其是项目时间过长,又没有在过程中认真核对,承包商收货盘点和验收工作不认真,就容易发生付款数额与收货数量相偏离、付款与收货质量相偏离的情况,给承包商带来损失。因此建议:

1. 承包商应当在采购合同中指定收货人,约定除非承包商指令变更收货人,否则合同约定的收货人应当作为收货票据上签字的唯一授权人员。

2. 承包商要把收货单据上是否是约定收货人签字,作为承包商内部合规检查的重要部分。

3. 改变收到货物进行单向签收的模式,变更为交接单模式,即收货单据不再是送货人单方持有、收货人单方签字,而是卖方有印章买方有签字、买卖双方各自持有的模式。采购合同应附有交接书样式。

4. 财务付款时,除了审查到货签收的单据外,还要审查验收入库的单据。如果没有验收单,财务禁止付款。

5. 要养成定期对账的习惯。

(四)包装要求风险

货物包装用以保障货物在储存、运输时不发生损害,尽管承包商会对货物进行检验,并且按照检验合格的货物数量支付工程款,但是如果供货商交付的货物存在质量问题,一方面会影响施工进度,另一方面会造成买卖双方的交易摩擦。因此,承包商在购买货物时,应充分考虑交通运输对货物的毁损问题,对于易损坏、含精密部件的材料设备,以及交通条件不好的运输环境,承包商要针对包装问题提出特殊要求。

(五)发票风险

发票的主要作用在于税收抵扣和会计处理,承包商付款之后没有取得发票的,会造成增值税抵扣损失,而且发票作为一种特殊凭据,当事人难以起诉要求对方提供发票,而且在某些情况下供货方会失去开发票的能力,如账户被查封、拖欠税款、小规模纳税人超过开票额度等。针对这些问题,笔者建议:

1. 签约前承包商应当审查供应商的纳税身份,即是小规模纳税人还是一般纳税人。

2. 采购合同应当写明供货商开具发票的种类(增值税专用发票还是普通发票)和税率。

3. 合同约定清楚货物不含税价格,含税价格。如果国家税收政策发生变化,因此产生的税费损失由谁承担。

4. 合同约定“不开发票不付款”。

5. 合同约定没有开发票或开具发票不符合国家税务要求的损失补偿方式。

（六）违约金风险

违约金条款，既包括承包商违约条款，也应当包含供应商违约条款。供应商违约条款主要用于督促供应商履约，因上文已经讨论过故这里不再赘述。本章此处所述违约金风险，是指买卖合同中应约定承包人未及时支付货款的违约金。为什么合同中应当约定承包商违约责任条款呢？《最高人民法院关于审理买卖合同纠纷案件适用法律问题的解释》（法释〔2020〕17 号）第 18 条第 4 款规定：“买卖合同没有约定逾期付款违约金或者该违约金的计算方法，出卖人以买受人违约为由主张赔偿逾期付款损失，违约行为发生在 2019 年 8 月 19 日之前的，人民法院可以中国人民银行同期同类人民币贷款基准利率为基础，参照逾期罚息利率标准计算；违约行为发生在 2019 年 8 月 20 日之后的，人民法院可以违约行为发生时中国人民银行授权全国银行间同业拆借中心公布的一年期贷款市场报价利率（LPR）标准为基础，加计 30% -50% 计算逾期付款损失。”因为很多买卖合同中由于没有约定承包商逾期付款的违约责任，从导致法院直接按照银行罚息标准或者按照 LPR 加收 30% -50% 计算损失。所以建议：

1. 承包商应当在合同中约定逾期付款违约金的计算方式。

2. 承包商从保护自身利益的角度，可以将违约金约定为逾期付款按照一年期 LPR 计算违约金。因为一年期 LPR 是目前法律界认可的、具有普遍性的逾期付款的赔偿方式，即使合同约定违约金比例低于一年期 LRP，当事人也可以以要求利息损失赔偿的方式获得利息。故约定过低没有意义，约定过高对承包商不利，约定为一年期 LPR 正合适。

（七）纠纷管辖

纠纷管辖是指当承包商与供应商发生争议时，由哪个机构进行裁决处理。根据《民事诉讼法》的规定，采购合同既可以约定仲裁机构仲裁，也可以约定法院管辖。如果没有约定，根据《民事诉讼法》的规定适用合同履行地或被告住所地人民法院管辖。被告住所地法院，顾名思义，就是被告方所在地法院（所在地一般是指被告单位注册地）；关于合同履行地，根据《最高人民法院关于适用〈中华人民共和国民事诉讼法〉的解释》(法释〔2015〕5 号)[①]第 18 条的规定,合同约定履行地点的,以约定的履行地点为合同履行地。合同对履行地点没有约定或者约定不明确,争议标的为给付货币的,接收货币一方所在地为合同履行地;交付不动产的,不动产所在地为合同履行地;其他标的,履行义务一方所在地为合同履行地。即时结清的合同,交易行为地为合同履行地。合同没有实际履行,当事人双方住所地都不在合同约定的履行地的,由被告住所地人民法院管辖。由于建设工程中的采购一般都是动产非及时结清的买卖关系,故当因承包商欠付价款引起的诉讼,合同履行地没有约定情况下应为供应商的住所地,即原告所在地。由于我国的司法建设和信用建设尚未达到很高水平,在一些地方存在一些关系案、勾兑案,故法院的选择对承包商利益非常重要。另外,根据目前法院要求,除了需要保守秘密的案件外法院裁决文书应当网上公示,大量的判决书公示公开,会泄露企业秘密,也会影响企业商业信用。为了防止争议解决带来风险,笔者认为:

1. 约定仲裁优于约定管辖。仲裁约定不受地域限制,只要当事人认可仲裁机构的信誉就可以约定,仲裁的特点是一裁终局,可以节省纠纷处理费用、缩短纠纷处理时间;仲裁裁决不公开,有利于保守承包商信誉。

2. 约定管辖优于不约定管辖。根据《民事诉讼法》规定只要与采购合同之签订和履行存在实质性关联的法院都可以在合同中约定为管辖法院;如果合同没有约定管辖的,如上所述就有可能由供应商所在法院管辖,对承包商不利。

(八)商标侵权风险

建设工程领域低价竞争,承包商低价中标后,也同样低价采购降低成本;而且,业主指定品牌也同样存在低价认价的情况。供应商低价取得承包商的订单后,受利益驱动,容易以次充好、贴牌生产。特别是一些有品牌要求的材料设备,很多供应商往往只采购小部分正品,其余大部分都是贴牌,而承包商和业主因为给出的价格低所以很多情况下对贴牌检查很不严格,本着能用就行的原则对贴牌设备视而不见。贴牌的材料设备并非绝对的不能使用,也不代表质保期内一定发生质量问题,但是贴牌行为本身就侵犯了商标所有人的商标权。一旦商标权人发现工程使用的材料设备侵犯了自己的商标权,就会提起诉讼,要求停止使用侵权产品、追求侵权人责任,虽然承包商没有侵权行为,没有参与或合谋制作贴牌产品,但是由于工程采用的贴牌产品需要更换,这就给承包商带来不小损失。

---

① 已于 2020 年修正。

对于通过经销商采购的品牌商品，由经销商提供品牌持有人的委托文书是必需的，即品牌持有人授权经销商出售产品。但实际上品牌持有人和经销商之间也是合作关系，这种授权文书根本起不到对品牌持有人的约束力，品牌持有人与经销商之间是授权关系，而非委托关系，更非卖方。所以，笔者建议，取得买卖合同签订之前，经销商应提供其与品牌持有人的委托文书，即品牌持有人委托经销商以经销商自己的名义代表品牌持有人签订合同、交付产品。这样，实质上将品牌持有人和经销商主体责任一体化，在最大程度上避免因商标权人和授权经销商之间的内讧，损害承包商利益。为防止委托书造假，需要求公证确认委托书的真实性。

第十七章　临时用地违法的风险与防范

施工行为原则上应当在建设用地红线以内进行，但是由于施工场地狭小等原因，有时候施工单位会临时占用红线外土地用于设置临时办公用房、预制场、搅拌场、钢筋加工场、材料堆场、施工及运输便道、弃土堆场等。由于我国对土地利用实行严格的管理措施，故临时用地容易发生违法情形。一旦发生，施工单位轻则被政府处罚，重则出现不良信用记录，甚至某些责任人员会被追究刑事责任。本章拟就临时用地违法风险及风险防范进行阐述。

一、临时用地违法的风险

（一）行政处罚风险

行政处罚，主要是指施工单位没有按照国家规定程序以及土地的用途利用土地，或者土地利用后没有及时完成清理、恢复原状的工作，导致被国土等部门处罚。其主要处罚事项包括：

1. 根据《土地管理法》的规定，临时用地需要取得县级以上人民政府土地行政主管部门的批准；如使用城市规划区内土地，还需先行取得规划主管部门同意；取得批准后，施工单位还需与土地行政主管部门或集体经济组织签订临时使用土地合同。

2. 根据《土地管理法》的规定，非法占用土地的，或者临时使用土地期满拒不归还的，土地行政主管部门有权给予责令退还、恢复土地原状、罚款等行政处罚。

3. 根据《城乡规划法》的规定，未经批准进行临时建设的，或者未按照批准内容进行临时建设的，或者临时建筑物、构筑物超过批准期限不拆除的，规划主管部门有权给予限期拆除、罚款等行政处罚。

4. 根据《海域使用管理法》的规定，未经批准或者骗取批准，非法占用海域的，责令退还非法占用的海域，恢复海域原状，没收违法所得，并处非法占用海域期间内该海域面积应缴纳的海域使用金5倍以上15倍以下的罚款；对未经批准或者骗取批准，进行围海、填海活动的，并处非法占用海域期间内该海域面积应缴纳的海域使用金10倍以上20倍以下的罚款。

根据以上规定,施工单位申请临时用地,一是要取得政府主管部门的许可或批准,二是要与土地权利人签订临时用地合同。如果未依法申请并签订合同,或者未按批准内容进行建设,则属于违法用地的行为,将面临责令退还、恢复原状、罚款等行政处罚的风险。

(二)失信公示风险

根据《企业信息公示暂行条例》(国务院令第 654 号)第 6 条、第 7 条、第 18 条的规定,政府部门在其履行职责过程中产生的行政处罚信息应当公示;政府部门可通过企业信用信息公示系统或其他系统公示行政处罚信息;在政府采购、工程招投标、国有土地出让、授予荣誉称号等工作中,企业的行政处罚信息是政府部门的重要考量因素。

根据以上规定,施工单位如受到行政处罚,政府部门将公示处罚信息,并对施工单位的招投标、评优评奖等产生不良的影响。而且,很多工程招标中,招标人会将施工单位在一定期限内未受行政处罚作为投标人的条件之一。施工单位一旦受到行政处罚,会影响自身的投标资格,可能无法参与部分工程的投标。

(三)刑事责任风险

《刑法》第 342 条规定:“违反土地管理法规,非法占用耕地、林地等农用地,改变被占用土地用途,数量较大,造成耕地、林地等农用地大量毁坏的,处五年以下有期徒刑或者拘役,并处或者单处罚金。”该条规定的罪名为“非法占用耕地罪”,其中“数量较大”,是指非法占用基本农田 5 亩以上或者基本农田以外的耕地 10 亩以上。因此,如果非法占用的土地属于耕地、林地等农用地,达到数量较大的标准,则相关责任人存在承担刑事责任的风险。

二、临时用地规定

(一)一般临时用地

临时用地一般是指建设项目施工或地质勘查需要短期使用的国有土地或集体土地。施工需要短期临时使用土地的,可以申请使用临时用地。关于临时用地的法律规定如下:

1.《土地管理法》第 57 条规定:“建设项目施工和地质勘查需要临时使用国有土地或者农民集体所有的土地的,由县级以上人民政府土地行政主管部门批准。其中,在城市规划区内的临时用地,在报批前,应当先经有关城市规划行政主管部门同意。土地使用者应当根据土地权属，与有关土地行政主管部门或者农村集体经济组织、村民委员会签订临时使用土地合同，并按照合同的约定支付临时使用土地补偿费。临时使用土地的使用者应当按照临时使用土地合同约定的用途使用土地，并不得修建永久性建筑物。临时使用土地期限一般不超过二年。"第 77 条规定："未经批准或者采取欺骗手段骗取批准，非法占用土地的，由县级以上人民政府自然资源主管部门责令退还非法占用的土地，对违反土地利用总体规划擅自将农用地改为建设用地的，限期拆除在非法占用的土地上新建的建筑物和其他设施，恢复土地原状，对符合土地利用总体规划的，没收在非法占用的土地上新建的建筑物和其他设施，可以并处罚款；对非法占用土地单位的直接负责的主管人员和其他直接责任人员，依法给予处分；构成犯罪的，依法追究刑事责任。"第 81 条规定："依法收回国有土地使用权当事人拒不交出土地的，临时使用土地期满拒不归还的，或者不按照批准的用途使用国有土地的，由县级以上人民政府自然资源主管部门责令交还土地，处以罚款。"

2.《土地管理法实施条例》第 28 条规定："建设项目施工和地质勘查需要临时占用耕地的，土地使用者应当自临时用地期满之日起 1 年内恢复种植条件。"第 35 条规定："在临时使用的土地上修建永久性建筑物、构筑物的，由县级以上人民政府土地行政主管部门责令限期拆除；逾期不拆除的，由作出处罚决定的机关依法申请人民法院强制执行。"

3.《城乡规划法》第 44 条规定："在城市、镇规划区内进行临时建设的，应当经城市、县人民政府城乡规划主管部门批准。临时建设影响近期建设规划或者控制性详细规划的实施以及交通、市容、安全等的，不得批准。临时建设应当在批准的使用期限内自行拆除。临时建设和临时用地规划管理的具体办法，由省、自治区、直辖市人民政府制定。"第 66 条规定："建设单位或者个人有下列行为之一的，由所在地城市、县人民政府城乡规划主管部门责令限期拆除，可以并处临时建设工程造价一倍以下的罚款：(一)未经批准进行临时建设的；(二)未按照批准内容进行临时建设的；(三)临时建筑物、构筑物超过批准期限不拆除的。"

(二)围海造地规定

有的建设项目临海，如在附近海域建设临时码头运输材料、设备、渣土等，则需要申请海域使用权。《海域使用管理法》第 2 条规定，"在中华人民共和国内水、领海持续使用特定海域三个月以上的排他性用海活动，适用本法"；第 3 条规定，"海域属于国家所有，国务院代表国家行使海域所有权。任何单位或者个人不得侵占、买卖或者以其他形式非法转让海域。单位和个人使用海域,必须依法取得海域使用权”;第16条规定,“单位和个人可以向县级以上人民政府海洋行政主管部门申请使用海域”;第42条规定,“未经批准或者骗取批准,非法占用海域的,责令退还非法占用的海域,恢复海域原状,没收违法所得,并处非法占用海域期间内该海域面积应缴纳的海域使用金五倍以上十五倍以下的罚款;对未经批准或者骗取批准,进行围海、填海活动的,并处非法占用海域期间内该海域面积应缴纳的海域使用金十倍以上二十倍以下的罚款”。

三、风险防范措施

(一)识别临时用地责任

施工单位应根据招标文件和施工合同判断建设单位是否有义务提供临时用地。如果建设单位有义务提供的,应当由建设单位提供临时用地。《建设工程施工合同(示范文本)》(GF-2017-0201)通用合同条款第8.8.1条规定“需要临时占地的,应由发包人办理申请手续并承担相应费用”;第2.1条规定“发包人应遵守法律,并办理法律规定由其办理……临时占用土地等许可和批准”。该示范文本表明,办理临时占用土地许可的责任人是建设单位;如建设单位未按约定办理临时用地许可,施工单位有权要求顺延工期并索赔由此增加的费用和合理利润。笔者建议,如果建设单位未办理临时用地许可,施工单位应及时通知建设单位现场不具备开工条件,要求建设单位在正式开工前办理临时用地许可,并就逾期开工提出工期和费用索赔。

实践中,并非所有施工合同都约定临时设施和临时用地由建设单位提供,也有招标文件或者合同规定临时用地由施工单位自行负责解决的,此种情形下施工单位要特别注意租用临时用地的风险事宜。

还有一种情况,尽管合同中约定建设单位提供临时用地,但是在实际履行中建设单位只是提供一笔资金,具体临时用地的租赁问题由承包商自行解决;或是建设单位向承包商提供用地线索,由承包商自行办理用地手续的情况。因此,承包商在签订合同时要认真识别提供临时用地的义务方,如果合同约定承包商自行解决的,先行考察工地附近适于作为临时用地的土地位置、土地性质以及临时使用土地补偿费的标准等,在投标报价中予以计算费用;如施工单位临时占用的土地为耕地,根据《土地复垦条例》的规定,土地复垦为临时使用土地单位的法定义务,施工单位在报价中还要考虑土地复垦的费用。

(二)识别临时用地性质

根据《土地管理法》的规定,我国土地分为国有土地和农民集体所有土地。如土地性质为国有土地,施工单位取得临时用地许可,并与土地管理部门或国有土地使用权人签订临时使用土地合同,则风险较小。如施工单位临时使用农民集体所有的土地,尤其是占用耕地作为临时用地,则风险较大,因此原则上不允许耕地作为临时建设用地,如果临时使用耕地的,需注意应在临时用地期满1年内恢复种植条件。由于临时使用集体土地,施工单位是与农村集体经济组织或村民委员会签订临时使用土地合同,可能发生村民个人阻挠施工的情形,因此,律师建议施工单位将承包土地的农民个人与村委会同时列为合同主体,签订临时使用土地合同。

(三)按照程序办理使用许可

1. 临时用地需依法取得批准

如临时用地为国有土地,需要先取得规划主管部门的同意,再报土地管理部门批准。如使用农民集体所有的土地,需要报土地管理部门批准。临时使用土地的期限一般不超过2年,如超过2年,则需要重新办理审批手续。

2. 特殊土地的先行审查意见

部分地方政府对于临时用地为林地、公路控制范围土地、水利工程控制范围土地等特殊土地规定了需要先行取得有关部门同意。如《浙江省临时用地管理办法》第7条规定:“申请临时使用林地的,提交林业行政主管部门审核同意的文件;临时使用公路两侧控制范围内土地的,提交交通或公路行政主管部门的审查意见;临时使用水利工程控制范围内土地的,提交水利行政主管部门的审查意见;临时使用农村承包土地的,提交承包经营权人意见征求情况材料。”因此,建议施工单位在考察临时用地时向当地土地主管部门了解相关土地的性质、权属,并根据地方规定先行向相关主管部门申请并取得同意。

3. 注意基本农田特别保护

施工单位还要特别注意国家对基本农田的特殊保护。虽然法律法规没有规定临时使用基本农田的审批程序,但根据国土资源部耕地保护司在官网上的公开回复可知:确需临时占用基本农田的,需由省级国土资源部门批准。各地对基本农田作为临时用地的审批规定也不尽相同,如《浙江省临时用地管理办法》规定,涉及基本农田5亩以上的,需报设区市国土资源行政主管部门备案。因此,建议施工单位向当地土地主管部门了解基本农田范围,选择临时用地应避开基本农田,如实在无法避开的,应按当地政府规定的程序报批。

第十八章　无证施工的风险与应对

在建筑市场,经常出现“无证施工”的状态,究其原因,一方面是发包人急于动工,急于将建设项目早日投入使用;另一方面也存在政府手续繁杂、施工手续办理滞后的客观情况。从承包人的角度看,为了服务客户,有时“无证施工”也是无奈之举。本章从承包人的角度阐释“无证施工”的法律风险及风险防范。

一、施工证书

通常我们所讲的证书是指建设工程施工许可证。但是,从项目立项到建设的过程看,施工许可证只是施工许可的末端证书,在此之前其他证书也有重要价值。

根据《土地管理法》《城乡规划法》《建筑法》等法律以及施工行业的相关管理规定,进行房地产开发或基础设施项目开发,需要取得国有土地使用权证、建设用地规划许可证、建设工程规划许可证和建设工程施工许可证。

国有土地使用权证书是发包人拥有开发建设用地的证明,是后续工程项目规划与建设的前提条件,从法律角度看,没有土地证书就没有后续的工程规划和施工证书;另外,我国施工行业一直本着“先规划、后施工”的原则,即发包人必须先取得建设工程规划许可证,才能取得施工许可证。因此,在讨论无证施工这一话题中,不可避免的同时讨论用地许可、建设工程规划许可。随着国家招标投标法关于必须招标项目范围的收紧,之前大量必须招标项目变为发包人自行招标或者直接签约,由此导致很多施工合同在签订时发包人没有取得上述证书。而没有取得上述证书的合同效力也非全部无效,由此衍生出无证施工情况下的系列风险问题。

二、风险种类

无证施工的风险包括:

(一)不良记录通报风险

《建筑工程施工许可管理办法》第 12 条规定:“对于未取得施工许可证或者为

规避办理施工许可证将工程项目分解后擅自施工的，由有管辖权的发证机关责令停止施工，限期改正，对建设单位处工程合同价款1%以上2%以下罚款；对施工单位处3万元以下罚款。”第15条规定：“依照本办法规定，给予单位罚款处罚的，对单位直接负责的主管人员和其他直接责任人员处单位罚款数额5%以上10%以下罚款。单位及相关责任人受到处罚的，作为不良行为记录予以通报。”

根据《建筑市场信用管理暂行办法》（建市〔2017〕241号）的规定，承包人受到县级以上住房城乡建设主管部门行政处罚的信息，将作为不良信用信息在各省级建筑市场监管一体化工作平台上公开，公开期限一般为6个月至3年。目前，各省均陆续出台相应的建筑市场信用管理办法，设立本省的建筑市场信用信息网上平台，承包人的信用信息均在网上公开。根据《建筑市场信用管理暂行办法》的规定，不良信用信息是建筑市场信用评价的内容之一，不良信用信息的公开将对承包人资质资格准入、工程招标投标、工程担保与保险、评优表彰等工作产生负面影响。

（二）工期延误损失风险

《最高人民法院关于审理建设工程施工合同纠纷案件适用法律问题的解释（一）》（法释〔2020〕25号）第8条规定：当事人对建设工程开工日期有争议的，人民法院应当分别按照以下情形予以认定：（一）开工日期为发包人或者监理人发出的开工通知载明的开工日期；开工通知发出后，尚不具备开工条件的，以开工条件具备的时间为开工日期；因承包人原因导致开工时间推迟的，以开工通知载明的时间为开工日期。（二）承包人经发包人同意已经实际进场施工的，以实际进场施工时间为开工日期。（三）发包人或者监理人未发出开工通知，亦无相关证据证明实际开工日期的，应当综合考虑开工报告、合同、施工许可证、竣工验收报告或者竣工验收备案表等载明的时间，并结合是否具备开工条件的事实，认定开工日期。根据该规定，人民法院在认定开工时间上以发包人同意的实际进场施工为准，与是否取得施工许可无关。

未取得施工许可证的情况下，很多地方政府禁止土方外运、禁止塔吊等大型施工机械进场，承包人不能正常进行大规模的施工，工效降低，影响进度。而且无证施工本身属于违法施工，地方政府随时有可能勒令停工，甚至断水断电，项目无法施工，最终导致工期延误。

出现工期延误情形，必然导致承包人出现停窝工损失。如果承包人办理好索赔，取得发包人工期顺延的许可和费用补偿，则承包人的损失将得到弥补。但现在施工合同中经常约定索赔逾期失效，一旦承包人未在合同约定的期限内提出索赔，则会导致承包人承担停窝工损失,甚至可能承担工期违约责任。

(三)合同不能继续履行情况下已施工部分的亏损风险

施工证书迟迟不能完善,一般都是项目自身存在重大问题,比如土地没有办理出让、土地出让金没有缴纳完毕、建设项目不符合规划需要等,这些项目手续不完善,难以融资,项目停工风险很大。

根据《最高人民法院关于审理建设工程施工合同纠纷案件适用法律问题的解释(一)》(法释〔2020〕25 号)第 3 条的规定,未取得建设工程规划许可证的施工合同无效。如果因施工合同纠纷进入诉讼或仲裁程序,没有工程规划许可证的施工合同会被法院或仲裁机构认定为无效。如果施工合同约定的计价方式对承包人有利,因未取得工程规划许可证被认定合同无效,可能导致承包人无法取得合同预期利益。再者,承包人在报价时经常采用不平衡报价,工程前期土方报价亏损后期盈利,如果合同被认定无效,而施工没有完工,可能导致承包人无法弥补前期亏损。

(四)垫资款回收风险

如果发包人无法完成土地出让手续,不能办理土地使用权过户手续,没有取得国有土地使用权证,则承包人实际上是在非发包人的土地上进行施工。如果出现发包人无力支付工程款的情形,承包人无法通过处置在建工程来回收工程款。

三、风险应对

笔者认为,承包人应该严格按照国家规定依法合规生产经营,不得无证施工。但是由于建筑市场存在的不规范弊端,以及最高人民法院的司法解释也没有全盘否认未取得建设工程规划许可证的施工合同效力,且最高人民法院的司法解释亦将在未取得施工许可证情况下承包人的开工行为认定为合同工期的开始时间,故笔者对承包人无证施工情况下规避经济风险提出以下建议。

(一)对于未取得土地使用权证的项目

对于未取得国有土地使用权证的项目,建议承包人不要进场施工。在目前的国内市场,成熟且有经验的发包人一般能够及时足额支付土地出让金。未取得建设用地还要进行开发的,一般都是发包人资信不佳、规模较小,拖欠支付工程款的可能性很大。一旦承发包双方发生纠纷,承包人无法对在建工程进行拍卖处分,也难以享有建设工程价款优先受偿权，承包人垫付的工程价款将难以收回。

特殊情况下承包人需要在未取得权属的建设用地上施工的，也应该对发包人的资信能力、项目本身进行评估，对于口碑好的、发包人开发的有前景的项目，才可以先行施工。

（二）对于未取得建设工程规划许可证的项目

《城乡规划法》第 64 条规定："未取得建设工程规划许可证或者未按照建设工程规划许可证的规定进行建设的，由县级以上地方人民政府城乡规划主管部门责令停止建设；尚可采取改正措施消除对规划实施的影响的，限期改正，处建设工程造价百分之五以上百分之十以下的罚款；无法采取改正措施消除影响的，限期拆除，不能拆除的，没收实物或者违法收入，可以并处建设工程造价百分之十以下的罚款。"因此，未取得建设工程规划许可证的项目有可能完成手续继续施工，也有可能因为无法解决规划手续问题而停工，直到合同解除或被认定为合同无效。

对于此类项目，承包人要对项目的盈利进行分析。如果前期工程是盈利状态，而且发包人资信和开发能力良好，能够取得建设工程规划许可证，则项目风险较小，承包人可以签订合同、进场施工。如果项目前期施工部分亏损，或发包人资信和开发能力不好，则建议承包人不要进场施工。

（三）对于未取得建设工程施工许可证的项目

未取得施工许可证的最大问题是项目不能正常施工，干干停停，不仅耽误时间还给承包人带来管理成本增加等停窝工损失。一旦处理不好，还会面临发包人的工期压力，甚至被发包人追究工期逾期违约责任。

由于《最高人民法院关于审理建设工程施工合同纠纷案件适用法律问题的解释（一）》（法释〔2020〕25 号）规定了经发包人认可的实际进场施工时间作为工程开工时间，而施工合同中一般约定开工时间以发包人或施工监理签发的开工指令载明的日期作为开工日期。所以，当建设项目没有取得施工许可证的情况下，除非发包人强烈要求，否则不要贸然施工。

即使发包人强烈要求承包人进场施工，也要注重：（1）要求发包人认可承包人因政府处罚不能施工产生的停窝工损失并顺延工期；（2）有些施工合同以现场全部工程单体的形象进度作为付款节点，如果因无证施工导致施工现场不能全面展开的情况下，承包人应要求发包人按照现场实际情况重新约定付款节点，避免因无法施工的工程部分影响其他已经完工且达到付款节点的工程款回收;(3)对于无证施工期间发生的停窝工损失应及时向发包人申请办理工期顺延签证和费用索赔签证;(4)对于资信条件不好的发包人,或者合同条件不好的项目,承包人应考虑拒绝发包人的进场施工要求。

第十九章　施工单位安全事故风险与应对

据江苏省住建厅官网消息,2019 年 3 月 21 日 13 时 46 分左右,由国内某大型施工单位施工总承包,江苏苏维工程管理有限公司监理的扬州市经济技术开发区中航宝胜海洋工程电缆项目 101a 号交联立塔、101b 号交联悬链楼新建工程工地,发生一起附着式升降脚手架坍塌事故,致 6 人死亡、5 人受伤,该脚手架承包运营单位为业主指定。该事故中对该施工单位的处罚为“上述施工总承包单位和专业承包单位的安全生产条件已降低,按照有关规定自今日起在江苏省内不得承揽新的工程项目”。因此,该施工单位无法在江苏省内承接新的项目。

由此可以看出,发生安全事故对于施工单位来说并不是简单的赔钱了事,而是可能被限制投标、限制生产,甚至吊销资质。面对错综复杂的工程发包市场,以及建设单位甚至地方政府插手的复杂分包关系,无疑给施工总承包单位的安全生产管理带来巨大风险。

一、安全事故的风险

(一)安全生产许可证暂扣、吊销风险

住建部颁发的《建筑施工企业安全生产许可证动态监管暂行办法》(建质〔2008〕121 号)第 14 条规定:“依据本办法第十三条进行复核,对企业降低安全生产条件的,颁发管理机关应当依法给予企业暂扣安全生产许可证的处罚;属情节特别严重的或者发生特别重大事故的,依法吊销安全生产许可证。暂扣安全生产许可证处罚视事故发生级别和安全生产条件降低情况,按下列标准执行:(一)发生一般事故的,暂扣安全生产许可证 30 至 60 日。(二)发生较大事故的,暂扣安全生产许可证 60 至 90 日。(三)发生重大事故的,暂扣安全生产许可证 90 至 120 日。”

该办法第 15 条规定:“建筑施工企业在 12 个月内第二次发生生产安全事故的,视事故级别和安全生产条件降低情况,分别按下列标准进行处罚:(一)发生一般事故的,暂扣时限为在上一次暂扣时限的基础上再增加 30 日。(二)发生较大事故的,暂扣时限为在上一次暂扣时限的基础上再增加 60 日。(三)发生重大事故的,

或按本条(一)、(二)处罚暂扣时限超过120日的,吊销安全生产许可证。12个月内同一企业连续发生三次生产安全事故的,吊销安全生产许可证。”

根据上述规定,施工单位在发生安全事故后,可能会被相关部门暂扣甚至吊销安全生产许可证,严重影响企业生产运营。

(二)限制投标风险

国家发改委等18部门联合印发的《关于对安全生产领域失信生产经营单位及其有关人员开展联合惩戒的合作备忘录》(发改财金〔2016〕1001号)以及《对安全生产领域失信行为开展联合惩戒的实施办法》(安监总办〔2017〕49号)规定,在发生安全事故后,政府主管部门有权限制施工单位参与建设工程招投标,即拉入当地建设工程“黑名单”。本章开头所述案件对施工单位的处罚即属于此种情况。

《建筑施工企业安全生产许可证动态监管暂行办法》规定,发生安全事故后,施工单位将被暂扣安全生产许可证甚至吊销安全生产许可证。建筑施工企业安全生产许可证被暂扣期间,企业在全国范围内不得承揽新的工程项目。

根据上述规定,发生安全事故后,除了有可能被吊销或暂扣安全生产许可证外,还有可能被地方政府列入“黑名单”甚至在全国范围内被限制投标。

(三)信用不良风险

在实践中,发生安全事故很可能导致施工单位增加信用档案中的不良记录。当一个企业信用不良时,影响是方方面面的:一是限制或者禁止参与投标,即使可以投标,投标时往往处于劣势,很可能不符合招标人要求的投标资格,从而失去投标的部分评分;二是融资、贷款等日常经营活动受限;三是企业负责人任职将受限。

(四)经济损失风险

发生安全事故对于施工单位来说,经济损失包含多个方面:

一是现场人员伤亡涉及的赔偿、物资以及机械设备的损害、工程本身的损害以及修复的费用等。

二是发生安全事故会被当地主管部门处以罚款。《安全生产法》第109条规定:“发生生产安全事故,对负有责任的生产经营单位除要求其依法承担相应的赔偿等责任外,由安全生产监督管理部门依照下列规定处以罚款:(一)发生一般事故的,处二十万元以上五十万元以下的罚款;(二)发生较大事故的,处五十万元以上一百万元以下的罚款;(三)发生重大事故的,处一百万元以上五百万元以下的罚款;(四)发生特别重大事故的,处五百万元以上一千万元以下的罚款;情节特别严重的,处一千万元以上二千万元以下的罚款。”

三是发生安全事故可能会被当地主管部门勒令停工,由此造成工期延误,现场人员停窝工等经济损失。《建筑施工企业安全生产许可证动态监管暂行办法》第18条规定:“建筑施工企业安全生产许可证被暂扣期间,企业在全国范围内不得承揽新的工程项目。发生问题或事故的工程项目停工整改,经工程所在地有关建设主管部门核查合格后方可继续施工。”

四是发生大的安全事故后,企业信誉降低,无法承揽新的工程,造成无法估计的经济损失等。

(五)刑事责任风险

《刑法》第134条“重大责任事故罪”规定:“在生产、作业中违反有关安全管理的规定,因而发生重大伤亡事故或者造成其他严重后果的,处三年以下有期徒刑或者拘役;情节特别恶劣的,处三年以上七年以下有期徒刑。”第137条“工程重大安全事故罪”规定:“建设单位、设计单位、施工单位、工程监理单位违反国家规定,降低工程质量标准,造成重大安全事故的,对直接责任人员,处五年以下有期徒刑或者拘役,并处罚金;后果特别严重的,处五年以上十年以下有期徒刑,并处罚金。”

根据该条规定,发生安全事故后,相关人员很可能因触犯刑法而承担刑事责任。

(六)责任人个人处分风险

《建设工程安全生产管理条例》第66条规定:“违反本条例的规定,施工单位的主要负责人、项目负责人未履行安全生产管理职责的,责令限期改正;逾期未改正的,责令施工单位停业整顿;造成重大安全事故、重大伤亡事故或者其他严重后果,构成犯罪的,依照刑法有关规定追究刑事责任。作业人员不服管理、违反规章制度和操作规程冒险作业造成重大伤亡事故或者其他严重后果,构成犯罪的,依照刑法有关规定追究刑事责任。施工单位的主要负责人、项目负责人有前款违法行为,尚不够刑事处罚的,处2万元以上20万元以下的罚款或者按照管理权限给予撤职处分;自刑罚执行完毕或者受处分之日起,5年内不得担任任何施工单位的主要负责人、项目负责人。”

根据上述规定,在发生安全事故后,施工单位责任人很可能受到相应处分。

二、案例解读

(一)江西丰城发电厂坍塌特别重大事故

2016年11月24日,江西丰城发电厂三期扩建工程发生冷却塔施工平台坍塌特别重大事故,造成73人死亡、2人受伤,直接经济损失10,197.2万元。

事故直接原因:经调查认定,事故的直接原因是施工单位在7号冷却塔第50节筒壁混凝土强度不足的情况下,违规拆除第50节模板,致使第50节筒壁混凝土失去模板支护,不足以承受上部荷载,从底部最薄弱处开始坍塌,造成第50节及以上筒壁混凝土和模架体系连续倾塌坠落。坠落物冲击与筒壁内侧连接的平桥附着拉索,导致平桥也整体倒塌。

工程相关各方:发包方为丰城三期发电厂,工程总承包(EPC)方为中南电力设计院,7号冷却塔施工单位为河北亿能公司,监理为上海斯耐迪公司。

施工单位承担责任的原因:(1)安全生产管理机制不健全;(2)对项目部管理不力;(3)现场施工混乱;(4)安全技术措施存在严重漏洞;(5)拆模等关键工序管理失控。

对施工单位的处罚:(1)6人被追究刑事责任,包括河北亿能公司法定代表人、董事长、项目部执行经理、项目部总工程师、项目部工程部部长、项目部质检部部长、项目部安监部部长;(2)吊销建筑工程施工总承包一级资质;(3)吊销安全生产许可证;(4)给予2000万元罚款。

实务要点1

施工单位要勇于拒绝业主不合理的抢工要求

《建设工程质量管理条例》(国务院令第714号)第10条规定:"建设工程发包单位不得迫使承包方以低于成本的价格竞标,不得任意压缩合理工期。"《建设工程安全生产管理条例》第7条规定:"建设单位不得对勘察、设计、施工、工程监理等单位提出不符合建设工程安全生产法律、法规和强制性标准规定的要求,不得压缩合同约定的工期。"根据上述规定,施工单位在业主方压缩工期时,可以以工程安全和质量为由予以拒绝。施工单位应认识到,业主方关注进度,但是施工单位才是安全管理的第一责任人。业主方常常利用其发包人优势,要求施工单位冒险作业,追求严重不合理的施工进度。对此，施工单位要有风险意识，要站在可持续发展的角度看问题，要拒绝业主的超过合理工期、存在安全隐患的抢工要求。该案例中坍塌事故的直接原因就是为了抢工期而违规拆除模板，承包方为满足业主的不合理要求，不仅让几十名工人失去生命，也把自己关进监狱。

（二）常熟万达生产安全事故

2018年5月6日12时许，常熟市万达商业广场负一楼地下停车场空调冷却水管突然发生掉落，压中下方途经的一辆汽车及边上的一名洗车工，事故造成3人死亡。

事故直接原因：膨胀螺栓选用和安装错误导致3号支吊架强度不足，致使空调冷却水管道坍塌，砸中一辆正在驶入停车场的汽车和位于管道下方的“传奇赛道”洗车店，导致汽车内2名乘客和洗车店1名员工共3人死亡。

合同签订情况：业主与施工单位签订总包合同，总包合同中施工范围含暖通工程（暂估专业工程，该事故因该工程施工不合格导致）。施工过程中，为配合当地监管要求，施工单位与暖通专业工程分包单位签订了一份仅用于备案的分包合同，该合同仅用于备案，业主、施工单位、暖通工程分包单位签订另外一份用于实际履行的分包合同。

施工单位承担责任的原因：未将建设单位直接指定暖通工程施工分包单位的情况，报告当地住建部门。履行总包义务不到位，未对暖通工程施工单位实施统一管理。

对施工单位的处罚为：不符合《建筑工程施工转包违法分包等违法行为认定查处管理办法（试行）》第12条要求，建议住建部门对施工单位的不良行为记入信用档案。

实务要点2

施工单位要加强指定分包工程的管控

该案例发生安全事故的直接原因在于指定分包单位施工错误，由此可以看出施工单位在对指定分包单位进行管理时，应做到与自施工程管理无差别，不能因为是业主指定分包就觉得自己没有管理责任，实际上只要在总包的承包范围之内，施工单位都要对安全生产负管理责任，同样，一旦发生安全事故，施工单位也要承担责任。

（三）某大型建工公司基坑坍塌事故

某建工公司负责施工总承包的项目在施工过程中发生深基坑坍塌事故，未造成人员伤亡，但造成直接经济损失数千万元。

实务要点3

该事故为施工工程质量事故，属于工程生产安全事故，其处理一般按《生产安全事故报告和调查处理条例》进行处理，处理流程一般为事故报告、事故调查、事故处理三个阶段。

一是关于事故等级认定。安全生产事故根据人员伤亡或经济损失金额，可以分为特别重大事故、重大事故、较大事故、一般事故。本次基坑坍塌事故未造成人员伤亡，因此事故等级取决于事故调查组对直接经济损失的认定。

二是关于事故调查组。事故发生后，人民政府依法组织事故调查组进行调查：事故调查组负责分析事故的直接原因和间接原因，认定事故的性质和事故责任，并依法提出对事故责任单位和责任人员的处理建议。事故调查组的级别是根据事故等级组成的，重大事故由省级人民政府负责组织事故调查组，较大事故由设区的市级人民政府负责组织事故调查组，一般事故由县级人民政府负责组织调查组；未造成人员伤亡的一般事故，县级人民政府可以委托事故发生单位组织事故调查组进行调查。根据事故调查组的级别以及是否成立调查组，可以预判可能的事故等级。

三是关于责任单位和责任人的处理。事故调查组提交事故调查报告后，由负责调查的人民政府作出批复。各有关行政机关（主要是安监部门、住建部门）根据人民政府对调查报告的批复，依法对事故相关责任者实施行政处罚；涉嫌犯罪的，由司法机关追究刑事责任。根据相关法律法规的规定，结合事故等级和具体情节，可以预判事故责任单位、责任人员需承担的责任。

四是关于工程恢复。本次发生事故的是深基坑工程。根据有关规定，在应急抢险结束后，建设单位应当组织勘察、设计、施工、监理等单位制订工程恢复方案，并对应急抢险工作进行后评估。而且作为深基坑工程，其施工方案包括工程恢复方案都应经过专家论证会论证。

三、安全事故的风险防范

（一）从思想上重视安全生产

安全生产是企业的底线管理，是施工企业可持续发展的必要条件，安全生产的管控能力是企业的核心竞争力。安全事故发生，不仅仅让若干个家庭陷入不幸，也给企业带来严重损失，甚至致使企业被禁标、停业或关闭。因此，企业必须要从思想上重视安全生产。对于施工单位来说，不能觉得不在自己的承包范围之内就不管，不能觉得不是自己的签约队伍就不管，不能觉得业主的事情与自己无关就不管。施工单位应从思想上转变，重视安全生产，做好施工现场的安全生产管理工作。

（二）抓好安全生产薄弱环节

笔者根据多年工作经验，总结容易发生安全事故的管理薄弱环节如下：

1. 场地内洞口的临边防护。施工单位在处理施工场地内部洞口时，有时会因为洞口较为偏远、隐蔽，认为不会有人经过，不会产生危险，从而未对洞口做相应的临边防护。但是真实世界远比项目经理想象的丰富多彩，笔者曾参与处理过一起案件，隔壁工地的一位工人为了盗窃当事人项目工地物资，故意选择无人地带行走，结果掉进没有防护的管道井里面，最终施工单位因未尽到合理的安全防护义务承担了部分责任。

2. 特种设备、车辆作业。施工单位针对特种设备、车辆作业时，往往仅考虑了特种设备单位的资质、人员、证件等，认为特种设备、车辆相关单位具备了相应的资质、人员、证件就能保证特种设备、车辆作业的安全，从而忽视了特种设备、车辆在作业时的管理、检修，导致发生安全事故。比如，常见的有塔吊断裂、倒塌砸死砸伤地面工作人员，施工电梯冒顶导致施工电梯内的人员伤亡，运输车辆在施工场地内撞死施工工人或者卸货时发生安全事故，打混凝土时运输管道爆裂造成人员伤亡等。

3. 低楼层作业时缺乏安全防护。施工单位在进行高楼层或者超高楼层作业时，安全防护往往做得较为到位，较少发生安全事故。但是，在实践中，施工单位在进行低楼层作业时，往往认为风险较小，不易发生安全事故，从而疏于对施工人员的安全防护，导致安全事故发生，笔者见过多起在距离地位 2 米左右施工时，坠落地面伤亡的安全事故。

4. 工作收尾或者项目结束时疏忽大意导致安全事故。一天的工作结束或者项目临近结束，项目管理人员和施工人员常常沉浸于下班或者项目结束的快乐氛围中，从而放松警惕，不注意安全事故的防范，从而导致安全事故频发。比如，施工塔吊和脚手架拆除时发生事故,项目临时围墙拆除时发生安全事故,当天工作结束时从脚手架下来时发生安全事故等。

5. 交叉作业时发生安全事故。交叉作业时容易发生安全事故的原因在对于一些业主指定分包专业工程和业主平行发包专业工程,施工单位往往认为自身不负安全责任,从而导致安全管理松散,安全事故频发。

(三)认识安全生产责任边界

《建设工程安全生产管理条例》第 24 条第 1 款、第 3 款规定:“建设工程实行施工总承包的,由总承包单位对施工现场的安全生产负总责。总承包单位依法将建设工程分包给其他单位的,分包合同中应当明确各自的安全生产方面的权利、义务。总承包单位和分包单位对分包工程的安全生产承担连带责任。”

根据上述规定,施工单位是项目安全生产第一责任人,对于总包范围内的项目,全部负有安全保障责任。但在实践中,施工单位往往忽略业主指定分包工程的安全,认为与自身无关。这种认识是错误的,施工单位应清楚安全生产责任边界,做好总包范围内所有工程的安全防护工作。

(四)加强施工现场管控工作

在施工过程中,很可能存在不在总承包范围内,但是需要进入施工现场施工的单位,比如业主平行发包单位。对此,施工单位必须与业主、业主平行发包单位签订安全生产协议书,明确平行发包单位安全生产责任不在施工单位身上,否则,该单位不能进场施工。

(五)现场及时交接

对于长期停工项目,施工单位应与业主办理施工现场的移交手续,将现场的安全防护责任移交给业主。若业主不配合办理移交手续,那么施工单位一是要做到对施工现场的保护,禁止他人进入;二是要禁止业主另行委托的其他单位进场施工。

(六)厘清特殊设备的管理责任

特殊设备包含甲供设备以及特种设备(塔吊、施工电梯等)。在实践中,一部分安全事故是由于特殊设备导致的。因此,施工单位应厘清特殊设备的管理责任:

一是对于甲供设备。施工单位往往认为甲供设备的质量与自身无关,由甲供设备导致的安全事故也与自身无关,这一认识是错误的。甲供设备由谁进行管理、质量责任由谁承担都需要根据总包合同约定。一般来说,若甲供设备由施工单位负责安装,那么当业主将甲供设备运进现场交接给施工单位后,施工单位就需要承担管理责任;若甲供设备由业主负责采购、安装、保管以及运行,在此情况下,施工单位应与业主划清甲供设备的管理责任,由业主或者业主指定单位进行管理,施工单位不负有管理责任。

二是对于特种设备(塔吊、施工电梯)。住建部颁发的《建筑起重机械备案登记办法》第 11 条规定,从事建筑起重机械(起重机械包含塔吊和施工电梯)安装、拆卸活动的单位办理建筑起重机械安装(拆卸)告知手续前,应当将建筑起重机械备案证明、企业资质、特种作业人员证书等报送施工总承包单位、监理单位审核。第 14 条规定:“建筑起重机械使用单位在建筑起重机械安装验收合格之日起 30 日内,向工程所在地县级以上地方人民政府建设主管部门(以下简称‘使用登记机关’)办理使用登记。”

根据上述规定,施工单位一是需要审慎的审核建筑起重机械安装、拆卸单位的资质以及相关材料,以防因审核不严导致发生安全事故后承担责任;二是若特种设备的使用单位为施工单位,那么施工单位应负责管理,发生安全事故后由施工单位承担相应责任;三是特种设备的使用单位是业主指定分包单位或者业主平行发包单位,施工单位应做好审核工作,并与使用单位签订安全使用协议,明确施工单位不对因使用单位造成的安全事故负责。

(七)建立健全安全生产制度

施工单位应建立健全安全生产制度,包括总包安全交底制度、分包施工安全交底、工人安全教育制度、工人安全施工交底制度等一系列制度,并在施工现场配备安全员,负责项目安全生产的监督。在建立相关制度后,要严格落实,将安全生产放在第一位。

(八)重视复议诉讼扭转处罚

发生安全事故后,政府相关部门往往会出具调查报告,确定业主、施工单位、分包单位、监理单位、项目经理等各自的责任与处罚。实践中很多施工单位收到调查报告或者行政处罚后,即使调查报告或者行政处罚事实认定错误、处罚力度不合理,也会接受调查报告或者行政处罚,从而导致自身遭受不应遭受的损失。

《行政复议法》第 9 条规定:“公民、法人或者其他组织认为具体行政行为侵犯其合法权益的,可以自知道该具体行政行为之日起六十日内提出行政复议申请。”《行政诉讼法》第2条规定:“公民、法人或者其他组织认为行政机关和行政机关工作人员的行政行为侵犯其合法权益,有权依照本法向人民法院提起诉讼。”根据上述规定,在政府相关部门出具的调查报告或者行政处罚与事实不符或者行政处罚力度不合理时,施工单位应重视提起复议或者诉讼,维护自身权益。如2016年,重庆某总包单位承建了某高速公路项目,并将部分土石方工程分包给磐诺公司,磐诺公司在运输中,驾驶员在自行修理车辆过程中后挡板突然脱落,导致驾驶员和帮忙修车的人员因重物打击当场死亡。济南市政府成立了由济南市安监局、济南市公安局等部门为成员的事故调查组,开展事故调查工作。经过工作,调查组作出《调查报告》,《调查报告》认定涉案事故是一起企业安全主体责任不落实,安全教育培训不到位,现场安全管理不到位,从业人员安全意识淡薄,导致的安全生产责任事故。《调查报告》中,还以重庆某总包单位违反《安全生产法》《生产安全事故报告和调查处理条例》《建设工程安全生产管理条例》等相关规定为由,建议由济阳县安监局对重庆某总包单位处以400万元罚款。后济南市安监局作出《关于报送的请示》,并将该请示及作为附件的《调查报告》一并上报济南市政府。济南市政府作出《济南市人民政府关于济东高速三标段“3·8”物体打击一般事故调查报告的批复》,主要内容为:“市安监局:你局《关于报送〈济东高速三标段‘3·8’物体打击一般事故调查报告〉的请示》(济安监发〔2016〕73号)收悉,经研究,现批复如下:一、同意《济东高速三标段‘3·8’体打击一般事故调查报告》对事故的分析定性及防范整改意见。二、同意《调查报告》对事故有关责任人员和单位的处理,落实事故防范和整改措施。”重庆某总包单位收到报告批复后,认为济南市人民政府的行为程序上严重违法、认定事实错误、案件定性不当、适用法律错误,先向省政府申请复议但被驳回,驳回后向济南市中院提起诉讼,请求法院撤销报告批复。后经法院审理,法院认为涉案《调查报告》存在组成人员不合法,认定事实不清,超出法定期限的情形,故报告批复依法应予撤销。判决如下:(1)撤销被告济南市人民政府2016年12月22日作出的济政字〔2016〕74号《济南市人民政府关于济东高速三标段“3.8”物体打击一般事故调查报告的批复》;(2)责令被告济南市人民政府于本判决生效之日起法定期限内重新作出行政行为。该施工单位合理运用自身权利,及时提起诉讼,维护了自身合法权益。

第二十章　环保政策对工程项目的风险与应对

2017 年开始的环保风暴,对传统粗放型经营的建筑施工行业造成极大影响,原料减产、项目停工、扬尘治理等导致施工成本大幅上升。因成本压力迫使施工单位不得不将环保带来的费用转嫁给建设单位,由此双方产生争议。

一、环保政策对工程项目造成的风险

环保政策是一个笼统的概念,主要表现为各级地方政府为了完成环保目标或者迎接环保检查,从而作出的影响工程项目施工的政府命令,包含致使工程项目停工的停止原材料生产、停止交通运输、停止渣土运输、停止生产等停工类命令和提高执法力度从而导致施工费用成本增加类命令,如加大巡查力度、加大扬尘治理力度等。在实践中,这些政府命令既可以以书面方式出现,也可以以口头方式出现。环保政策对项目施工造成的风险为:

(一)工期延长

环保政策无论是直接要求工程项目停工还是提高执法力度,都会在一定程度上影响项目施工进度,导致项目工期延长。对于建设单位来说,工期延长意味着未来预期收益的延后,包括预售节点延后、交房节点延后、出租节点延后、使用节点延后等;对于施工单位来说,工期延长意味着成本增加,包含管理费成本、材料租赁成本、机械租赁成本等。

(二)施工费用增加

环保政策导致项目工期延长会导致施工费用增加,一方面是工期延长导致人工费、机械租赁费以及管理费等费用增加;另一方面是在当前环境下,工期延长意味着材料价格、人工费用上涨,从而导致整个项目的成本增加。

(三)停窝工损失增加

若项目因环保政策停工,会导致工程项目停窝工损失增加,包含人员停窝工损失、机械租赁费增加、周转料具费用增加等。

二、环保政策的属性与分类

《环境保护法》(主席令第9号)第60条规定:“企业事业单位和其他生产经营者超过污染物排放标准或者超过重点污染物排放总量控制指标排放污染物的,县级以上人民政府环境保护主管部门可以责令其采取限制生产、停产整治等措施;情节严重的,报经有批准权的人民政府批准,责令停业、关闭”;《大气污染防治法》(主席令第16号)第96条规定:“县级以上地方人民政府应当依据重污染天气的预警等级,及时启动应急预案,根据应急需要可以采取责令有关企业停产或者限产、限制部分机动车行驶、禁止燃放烟花爆竹、停止工地土石方作业和建筑物拆除施工、停止露天烧烤、停止幼儿园和学校组织的户外活动、组织开展人工影响天气作业等应急措施。”

因此环保政策并不是“政策”层面的东西,而是有实实在在的法律规定,法律授权地方政府根据实际情况决定某些行业、某些企业的限产、停产。所以,笔者认为,环保政策的本质属于政府的“行政行为”。政府行政行为项下责任分摊问题,恰好击中我国施工行业计价的薄弱点。

为了更加清晰地阐述行政行为下的责任分摊,笔者将环保政策做简单分类,即分成无法预见的环保命令和可以预见的环保要求加以分析。

(一)可以预见的环保要求

可以预见的环保要求分为两类:一类是企业应当遵守的文明施工措施不到位、扬尘控制不达标、污染物排放不达标、违法生产、违法夜间施工、违法土方外运等;另一类是地方政府为了环保达标而提高的环保检查力度。

笔者认为,除非施工合同有明确约定,对于可以预见的环保要求给施工单位造成的工期和费用损失,应当由施工单位承担。

但是,若建设单位指令施工单位施工,则增加的安全文明施工措施费用应由建设单位承担。若建设单位指令施工单位违法施工,施工单位有权拒绝,如果没有拒绝而导致行政处罚的,该处罚不能转嫁给建设单位。

(二)无法预见的环保命令

可以预见的环保命令导致的损失由谁承担一般来说较为清晰,可以结合施工过程中的履约证据,根据过错原则进行归责。但在实践中,环保命令往往是不可预见的，如政府为了迎接环保检查要求项目停工，或政府为了控制大气污染要求某个区域所有项目停工，或政府直接阻断混凝土供应等。笔者认为，无法预见的环保命令可以分为以下两种：

1. 一般商业风险范围之内的环保命令

若环保命令导致项目短期停工或者对项目影响较小，那么该环保命令属于一般商业风险。此时，风险由谁承担应根据合同约定处理，此时施工单位与建设单位应审查合同中的相关约定，如工期顺延情形相关约定、第三人导致的停工如何处理相关约定、人材机调差约定、停工解除合同的约定、工程停工损失计算约定、工程复工后的费用计算约定等。

2. 超过一般商业风险的环保命令

若因环保命令导致工程长期停工或者建筑相关材料价格大涨，超过一般商业风险，此时，环保命令应视为情势变更。关于情势变更的理解与适用，笔者在下文予以详述。

三、情势变更的理解与适用

（一）情势变更的定义

《民法典》第533条及《最高人民法院关于适用〈中华人民共和国合同法〉若干问题的解释（二）》（法释〔2009〕5号，以下简称《合同法司法解释二》）第26条都对情势变更原则作出了规定，即“合同成立后，合同的基础条件发生了当事人在订立合同时无法预见的、不属于商业风险的重大变化，继续履行合同对于当事人一方明显不公平的，受不利影响的当事人可以与对方重新协商；在合理期限内协商不成的，当事人可以请求人民法院或者仲裁机构变更或者解除合同。人民法院或者仲裁机构应当结合案件的实际情况，根据公平原则变更或者解除合同。”

（二）案件审理中情势变更的适用条件和程序

根据《合同法司法解释二》对情势变更原则的规定和最高人民法院法官就《合同法司法解释二》关于情势变更原则规定的理解与适用（最高人民法院曹守晔法官发表在《法律适用》2009年第8期，第44～49页）的解读可以看出，适用情势变更原则需符合以下几个条件：（1）现实性上，应有情势变更的事实，也就是合同赖以存在的客观情况确实发生变化。（2）突发性上，情势变更，须为当事人所不能预见的。（3）原因上，情势变更的发生不可归责于双方当事人。也就是由不可抗力、正常商业风险以外的其他意外事故所引起。（4）时间上，情势变更的事实发生于合同成立之后，履行完毕之前。(5)后果上，继续维持合同效力，则会对一方当事人显失公平。曹守晔法官指出以下情形可以认定为情势变更：(1)物价飞涨(需要量化)；(2)合同基础丧失(如合同标的物灭失)；(3)汇率大幅度变化；(4)国家经济贸易环保政策。情势变更事件主要表现为影响合同履行的社会经济形势的剧变，如物价暴涨、严重通货膨胀、金融危机等。

在适用程序上，曹守晔法官指出，对于情势变更要做到程序严格、慎重适用：一是法院不依职权直接适用，法院应按照当事人的请求，根据公平和诚实信用原则并结合案件的实际情况进行确定，而不能依职权直接进行认定。二是先协商，再调解。三是对必须适用情势变更原则进行裁判的个案，根据《最高人民法院关于正确适用〈中华人民共和国合同法〉若干问题的解释(二)服务党和国家的工作大局的通知》，应当由高级人民法院审核。必要时高级人民法院应报请最高人民法院审核。

(三)施工履约过程中情势变更的应用

从《民法典》和《合同法司法解释二》对情势变更的定义上分析，除了《民法典》消除了《合同法司法解释二》中情势变更与不可抗力的对立因素外，其他内容基本一致。因此，我们仍然应从最高人民法院关于情势变更的描述中理解项目施工过程中情势变更的使用：

1. 情势变更可能导致的结果是工期延长、重新计价与解除合同

工期延长较易理解，重新计价与解除合同即根据《合同法司法解释二》第26条的规定，当事人可以请求法院变更或者解除合同。但是笔者认为，"重新计价"与"合同解除"之间存在因果关系，即情势变更发生后当事人首先应当就重新计价问题进行协商，当协商结果无法达成一致后才可以解除合同。

2. 情势变更引起的调整价格权利与解除合同权利应当在合理期间内行使

权利行使应当具有及时性以保证交易稳定，如请求权中的诉讼时效制度、形成权的除斥期间制度。《民法典》第541条规定："撤销权自债权人知道或者应当知道撤销事由之日起一年内行使。自债务人的行为发生之日起五年内没有行使撤销权的，该撤销权消灭。"第564条规定："法律规定或者当事人约定解除权行使期限，期限届满当事人不行使的，该权利消灭。法律没有规定或者当事人没有约定解除权行使期限，自解除权人知道或者应当知道解除事由之日起一年内不行使，或者经对方催告后在合理期限内不行使的，该权利消灭。"

对于情势变更所引起的重新议价和解除合同也应当有时间上的控制。"重新议价"权利应当在情势变更事实发生后、价格影响的分部分项工程未施工完毕之前

行使,因为虽然情势变更引起价格上涨,但是施工单位依然有权利选择是否与建设单位协商价格,前述期间内施工单位申请调整价格的,建设单位有权利选择“重新议价”还是“解除合同”,若受影响的工程施工完毕施工单位才向建设单位提出“重新议价”的,在本质上剥夺了建设单位“解除合同”的权利。“合同解除”权利应当在“重新议价”不能达成一致意见后、受影响的工程施工完毕之前行使。

根据上述分析可以看出,若环保政策导致继续履行合同对一方当事人显失公平或者明显不能实现合同目的时,则属于情势变更。因此,若工程项目在施工过程中遇到了此类环保命令,施工单位可以以情势变更为由,与建设单位协商变更合同,要求建设单位调整合同价格或者弥补施工单位损失;若无法达成一致意见,施工单位可以要求解除合同。

四、风险应对

(一)充分利用合同约定解决问题

情势变更原则的适用条件和适用程序上都极为严苛,因此,在有合同约定的情况下利用合同约定解决环保政策带来的损失问题比直接援引情势变更原则更为合适。如《建设工程施工合同(示范文本)》(GF－2017－0201)通用条款第7.8.6条约定:“暂停施工持续84天以上不复工的,且不属于第7.8.2项承包人原因引起的暂停施工及第17条不可抗力约定的情形,并影响到整个工程以及合同目的实现的,承包人有权提出价格调整要求,或者解除合同。”以及第7.3.2条约定:“因发包人原因造成监理人未能在计划开工日期之日起90天内发出开工通知的,承包人有权提出价格调整要求,或者解除合同。”若因环保政策原因导致工程长期停工(超过84天)或者延期开工(超过90天)时,施工单位可以援引示范文本上述约定,要求建设单位调整合同价格或者解除合同。

(二)合同中充分考虑环保政策影响

当前环保政策越来越严,因此施工单位在与建设单位签订合同时,应充分考虑环保政策给费用和工期造成的影响,对风险进行合理分摊,在合同中明确约定环保政策导致的风险分摊,例如,环保政策影响停工的工期顺延问题;停工后材料价格上涨的调差问题;停工导致的损失问题等。

(三)及时向建设单位申请调整合同价格

在现有法律条文中,针对无法预见的环保政策造成的损失由谁承担没有明确规定，并且援引情势变更需要在情势变更情形出现之后及时与建设单位协商。因此，在出现无法预见的环保政策影响施工时，施工单位应及时向建设单位申请调整合同价格。

（四）亏损项目可以利用情势变更解除合同

若项目亏损，无法扭亏为盈，且继续施工会导致亏损变大。若此时出现情势变更，施工单位应抓住机会，与建设单位协商调整合同价格，无法达成一致时果断提出要求解除合同，减少亏损。

（五）尽量将政府命令转化为业主指令

若因环保政策导致工程需要停工，施工单位应尽量将其转化为业主指令：

一是让当地政府或者主管部门将停工通知发给建设单位，不要直接发给施工单位，由建设单位向施工单位发出停工指令。由于施工单位是按图施工、按指令施工。因此，在建设单位未发出停工指令时，施工单位不得擅自停工。若建设单位发出停工指令后，施工单位则可以向建设单位报送工期索赔、费用索赔以及因此导致的材料价格调差。

二是若当地政府或者主管部门直接要求工程停工，并未发出明确的通知。此时，施工单位应向建设单位发函，要求建设单位明确如何处理，在得到建设单位的指令后，按照建设单位的要求进行处理，以此规避自身责任。

（六）环保政策影响施工时尽量协商解决问题

由于环保政策是否属于情势变更在实践中难以明确，若想通过诉讼（仲裁）方式确定则较为困难（个案适用情势变更原则应当由高级人民法院审核，必要时高级人民法院应报请最高人民法院审核）。因此，在建设工程施工过程中碰到环保政策时，施工单位应尽量避免通过诉讼（仲裁）方式解决，而是通过与业主进行协商谈判，签订补充协议或者其他方式解决问题。

第二十一章　独立保函的风险与应对

随着国家施工行业的规范化,保函将逐渐取代现金作为施工行业中投标、履约和质量维修的担保,保函担保减轻了施工单位的资金压力,有利于建筑行业的规范化、可持续发展。但是施工单位在开具保函的时候,要分清开具保函的类型是一般保函,还是独立保函,因为这两者是完全不同“分量”的担保,开具独立保函对施工单位来说风险极大。对此本章讲解独立保函的风险与应对。

一、独立保函的认识

独立保函,又称见索即付保函。当施工单位向业主开具独立保函时,只要业主在保函有效期内向银行提出索赔,银行就必须先行把保函金额赔付给业主。然后银行再向施工单位追偿这笔费用。

以前国内很多银行对独立保函的独立性不认可,但是随着2016年《最高人民法院关于审理独立保函纠纷案件若干问题的规定》(法释〔2016〕24号)的颁布,国内独立保函的见索即付效力被正式认定。根据《最高人民法院关于审理独立保函纠纷案件若干问题的规定》之规定,独立保函是指银行或非银行金融机构作为开立人,以书面形式向受益人出具的,同意在受益人请求付款并提交符合保函要求的单据时,向其支付特定款项或在保函最高金额内付款的承诺。在施工领域,保函申请人一般是施工单位,开立人是银行,受益人是业主。

与传统的一般保证和连带责任保证不同,独立保函独立于基础交易关系,即独立于业主与施工单位的建设工程合同关系,只要业主提交了符合保函规定的单据,银行就必须在保函规定的期限内无条件付款。且银行只能对业主提交的单据是否符合保函规定进行形式审查,无权调查施工单位是否真实违约,也不能援引施工单位在施工合同中的抗辩权对抗业主。

虽然《最高人民法院关于审理独立保函纠纷案件若干问题的规定》规定了施工单位在业主存在保函欺诈情形时可以申请保函止付、提起保函欺诈诉讼,但因保函兑付时间短、举证责任大、法院审理谨慎等原因,实践中能够成功止付的案例相对较少。

正是因为独立保函的上述特点，独立保函无疑降低了施工单位在施工过程中的谈判地位，增加了施工单位被业主恶意索赔风险。

二、独立保函的风险

（一）恶意兑付风险

恶意兑付风险是指在施工单位没有违约的情形下，业主故意兑付保函的风险。实践中，业主往往要求施工单位提交见索即付保函（即独立保函），要求保函中载明施工单位如有违约行为，银行在收到业主提交的保函索赔申请文件后就应立即无条件支付相应款项。银行兑付保函只需对业主提交的单据是否符合保函规定进行形式审查。因此，即使施工单位没有违约，但业主想让施工单位退场、让施工单位在某些地方让步或者达到自身某些目的，也会恶意兑付保函，由此向施工单位施压。在业主恶意兑付保函后，由于是见索即付保函，施工单位将很难阻止银行兑付。

（二）丧失谈判地位风险

在独立保函开具后，由于业主和施工单位地位不平等等原因，业主很可能在过程中寻找施工单位违约的情形，并以兑付保函相威胁，从而逼迫施工单位认可业主的工期要求、价款要求、质量要求、新的保函要求等，施工单位难以反抗。

（三）失信与丧失现金流风险

实践中，施工单位通常会选择有业务往来的合作银行作为保函的开立人。合作银行基于施工单位的历史信用及施工单位的存款，通常不会要求施工单位额外提供保证金。但是，一旦业主向银行申请兑付保函，为保障自己的追索权可以实现，银行通常会要求施工单位在银行存入等额现金作为保证金，否则就会降低施工单位在该银行的信贷额度，严重影响施工单位在银行的信用度。并且，若施工单位为了保障自身在银行的信用度，将等额现金存入银行。如此，保函项下款项不仅将被业主提取，与保函金额等额的现金也将无法使用。实践中，履约保函的金额动辄几千万元，一旦业主要求全额提取保函，施工单位将面临巨额现金被提取或冻结，企业现金流将面临巨大的压力。

三、风险防范和应对

（一）审慎选择保函格式

在施工合同中未约定保函格式或者未约定要求施工单位必须开具独立保函的

情形时,施工单位应避免开具独立保函,而是选择开具一般保函,以免增加自身风险。

(二)对业主资信进行审查

在保函开具前,应对业主的资信进行审查,包含业主的注册资金、在行业内的地位、业主涉诉情况、土地出让金缴纳情况以及过往履约情况,并注重对业主是否有恶意提取保函行为的调查。在业主资信不良或者业主有恶意提取保函记录时,应拒绝开具独立保函,而是通过协商谈判,要求开具一般保函。

(三)对独立保函相关约定进行审查

在开具独立保函时,施工单位应注重合同中对保函担保内容的相关约定进行审查,一般包含以下内容:

一是对施工单位的违约责任和赔偿责任进行审查。若违约责任极不合理或者赔偿责任过重,那么施工单位在开具保函前应清楚很可能在履约过程中业主很可能以施工单位违约为由,提取保函。

二是对保函没收责任条款进行审查。有的业主会在合同中约定,当施工单位出现某些情形时,业主有权没收保函,即保函项下所有金额归业主所有。此种约定风险极大,在有相关约定时,施工单位一方面要做到不要出现相关违约情形,另一方面应尽量通过谈判或者协商,更改相关约定。

三是对续开保函责任条款进行审查。续开保函条款审查应注意:续开保函时间、续开保函格式、续开保函金额等。

(四)约定提取保函单据

根据《最高人民法院关于审理独立保函纠纷案件若干问题的规定》第 1 条的规定,业主向银行请求付款时,需向银行提交符合保函要求的单据。该等单据包括但不限于付款请求书、违约声明、第三方签发的文件、法院判决、仲裁裁决、汇票、发票等表明发生付款到期事件的书面文件。

因此,施工单位应尽量争取有条件的保函,即在保函中约定业主提取保函时应提交的单据数量越多、获取难度越大越好。如要求业主在提起保函索赔申请时应提供施工单位违约的证明材料;或约定业主提取保函后应先将提取的款项交付第三方,待业主与施工单位争议解决后再确定是否交付业主;也可以约定业主提交保函索赔申请与银行兑付保函之间有一定的时间,以便为施工单位组织证据、向法院申请止付、提起保函欺诈诉讼，甚至就争议问题提起诉讼，或申请财产保全争取时间。

（五）及时提起保函欺诈诉讼

《最高人民法院关于审理独立保函纠纷案件若干问题的规定》第 12 条规定："具有下列情形之一的，人民法院应当认定构成独立保函欺诈：（一）受益人与保函申请人或其他人串通，虚构基础交易的；（二）受益人提交的第三方单据系伪造或内容虚假的；（三）法院判决或仲裁裁决认定基础交易债务人没有付款或赔偿责任的；（四）受益人确认基础交易债务已得到完全履行或者确认独立保函载明的付款到期事件并未发生的；（五）受益人明知其没有付款请求权仍滥用该权利的其他情形。"其中最为重要也是施工单位适用最多的是第（五）种情形。通常提起保函欺诈诉讼，应当以业主为被告，保函开立人为第三人，向法院申请确认业主保函索赔行为构成保函欺诈，判令银行终止向业主支付保函项下款项。

在保函欺诈诉讼中，应注意保函欺诈的管辖法院，根据《最高人民法院关于审理独立保函纠纷案件若干问题的规定》第 13 条的规定，申请保函中止支付应向开立人住所地或其他对独立保函欺诈纠纷案件具有管辖权的人民法院提出。第 21 条规定，独立保函申请中止支付及独立保函欺诈纠纷案件由独立保函的开立人住所地或被告住所地人民法院管辖，当事人书面协议由其他法院管辖或提交仲裁的除外。

因施工单位较多选择己方所在地合作银行作为保函开立人，因此，施工单位通常会选择向银行住所地人民法院申请止付和提起诉讼。需要特别提示的是，根据《最高人民法院关于上海金融法院案件管辖的规定》（法释〔2018〕14 号）的规定，上海金融法院管辖上海市辖区内应由中级人民法院受理的下列第一审金融民商事案件：……（二）独立保函、保理、私募基金、非银行支付机构网络支付、网络借贷、互联网股权众筹等新型金融民商事纠纷。因此，在上海提起独立保函欺诈诉讼，在本应由中级人民法院受理的情形下，应向上海金融法院提起诉讼。

（六）及时申请保函止付

如果业主向银行申请兑付保函，施工单位应第一时间审查保函文件的内容，确定业主提取保函的条件和管辖法院，并积极与银行沟通，获取业主提交的保函索赔文件，了解业主提取保函的理由和提交的单据。并向银行表明该保函兑付存在争议，业主系保函欺诈，施工单位已经向法院申请支付并起诉，请求银行配合法院的诉讼工作,暂不兑付保函,尽可能拖延保函被兑付的时间。然后,向业主和地方政府发函,阐明业主兑付保函没有事实和法律依据,并表明业主提取保函的可能性后果,给业主施压,并请地方政府介入从中斡旋。同时,施工单位应积极组织证据,及时向法院申请止付并提起保函欺诈诉讼。

(七)注重过程资料的管理

《最高人民法院关于审理独立保函纠纷案件若干问题的规定》第 14 条规定,法院裁定“中止支付保函”的证明标准为“独立保函欺诈存在高度可能性”;第 20 条规定,法院判决“终止支付保函”的证明标准需达到“能够排除合理怀疑地认定构成独立保函欺诈”。因该两项证明标准均非常高,施工单位的举证责任之重,举证难度之大可想而知。因此,施工单位在履约过程中应注重施工资料的管理,及时上报索赔、签证,固定业主违约的相关证据,收集己方的履约证据。一方面在业主意欲提取保函时可以和业主据理力争,另一方面在业主启动保函索赔时可及时向法院申请止付或提起保函欺诈诉讼。此外,施工单位还应注意与开立人(银行)保持积极的联系和沟通,确保第一时间了解业主提取保函的信息,并尽可能延长保函兑付的期限。

第二十二章　承包商投标报价常见错误及应对措施

在建设工程项目中,招投标文件是施工合同签订的重要组成部分,投标报价是承包商投标的重要组成部分,因此投标报价不仅仅决定承包商能否中标,更决定项目盈亏。但是,很多承包商在投标报价时,或受制于投标时间过短,或受制于对建设项目当地市场不熟悉,或受制于业务能力,存在很多疏漏或错误,为后期履约留下隐患,甚至直接造成亏损。本章所述的投标报价常见错误与低价中标无关,而是指在投标价格不变情况下投标人容易出现的错误及应对建议。

一、投标人自己投标选择设备品牌采购价格过高

《招标投标法》第 20 条规定:“招标文件不得要求或者标明特定的生产供应者以及含有倾向或者排斥潜在投标人的其他内容”;《工程建设项目施工招标投标办法》(发改委等九部委令第 23 号)第 26 条第 2 款规定:“招标文件中规定的各项技术标准均不得要求或标明某一特定的专利、商标、名称、设计、原产地或生产供应者,不得含有倾向或者排斥潜在投标人的其他内容。如果必须引用某一生产供应者的技术标准才能准确或清楚地说明拟招标项目的技术标准时,则应当在参照后面加上‘或相当于’的字样”。”根据上述规定,在实际招标时,招标人一般会向投标人提供三个可供选择的品牌并且在招标文件中指出投标人在投标时可以选择其他不低于三个品牌技术标准的设备品牌。投标人容易出现的错误是没有提前对招标人给出的三个品牌的购买价格进行询价,而是片面地、随意地选择了其中一个品牌进行报价。但实际上招标人之所以选择三个品牌往往是因为这三个品牌的供应商与招标人或设计人存在某些联系,无论哪个单位中标或者哪个中标单位选择的哪个品牌产品,招标人(或招标人中的某些人)会迅速通知该品牌持有人。如此一来,中标人对该品牌的采购变成唯一来源采购,承包人如果采购该品牌产品基本上等着“被宰”,如果不采购该品牌产品,就存在对业主的违约;如果强行变更设备,则除了变更后的设备难以得到业主的计量付款外,还可能产生因为施

工质量问题被投诉、罚款或承担违约金等后果。

实务要点1

1. 投标之前先询价，通过询价锁定品牌设备价格，甚至可以与相应供应商单位签订合作协议书，尽可能的锁定价格，降低中标之后供应商高价报价的可能性。

2. 建立自己的供应商体系，在投标中选择常年合作品牌，如果招标人没有提供常年合作品牌供选择，则投标中根据招标文件要求招标人另外提供其他品牌。

3. 在询标、签约或签约后，对业主要求承包商提供采购某一品牌承诺的，承包商需要提前和品牌供应商就价格问题达成一致，而后才能承诺，不能盲目向业主出具相应承诺书。

二、业主利用承包商的不平衡报价给承包商造成损失

不平衡报价是承包商常用的报价技巧，做法是将利润藏于不会发生变更的、前期施工的部分，目的是确保投标利益实现、先期实现现金回笼。但是，在投标价格是固定的情况下，有报价高的就必然有报价低的，如果报价高的部分被变更掉、原有报价不能利用，或者报价低的部分工程量增加，往往导致承包商亏损。例如，业主提供的招标图纸中有混凝土砌块墙，也有轻质板墙，投标人报价时混凝土砌块墙单价低，而轻质板墙单价高，施工中业主将混凝土砌块墙变更为轻质板墙，从而导致承包商受到损失。

实务要点2

1. 承包商报价前先研究施工合同对变更的计价原则。例如，《建设工程施工合同(示范文本)》(GF-2017-0201)通用条款10.4.1变更估价原则：(1)已标价工程量清单或预算书有相同项目的，按照相同项目单价认定；(2)已标价工程量清单或预算书中无相同项目，但有类似项目的，参照类似项目的单价认定；(3)变更导致实际完成的变更工程量与已标价工程量清单或预算书中列明的该项目工程量的变化幅度超过15%的，或已标价工程量清单或预算书中无相同项目及类似项目单价的，按照合理的成本与利润构成的原则，由合同当事人按照第4.4款〔商定或确定〕确定变更工作的单价。按照此条款约定变更导致的实际工程量与清单量相差15%的，对变更部分的计价不再执行已有单价或参照相似单价，而是对变更部分按照成

本加酬金的原则计价。但是如果专用条款将该第(3)点变更为上述第(1)、(2)点，或者直接去掉，则对于承包商是重大风险。

2. 对业主提供的施工图进行审查，对可能减少部分的分部分项价格报低，对可能增加的分部分项价格报高。

三、承包商计量规则认识错误

建设工程计价主要包括清单计价和定额计价两种情形，清单计价和定额计价的计量方式是不同的，定额计价在计量规则中考虑做法和措施的问题，而清单的计量主要考虑实物工作量的问题。而且，即使是清单计价也存在《建设工程工程量清单计价规范》(GB 50500－2008)与《建设工程工程量清单计价规范》(GB 50500－2013)的差别，也存在国家清单规则与地方清单计量规则的不同。例如，电缆长度计量，根据《建设工程工程量清单计价规范》(GB 50500－2008)应当按照施工图纸长度计量，而《建设工程工程量清单计价规范》(GB 50500－2013)则除了按照图纸计算外还要额外增加预留长度。

实务要点3

1. 分清投标中的定额计价和清单报价的关系。很多招标人为了同口径比较投标人的报价，往往在招标文件中规定投标人按照某某定额计价，按照业主给付的清单报价，在此情况下业主与承包商约定的计价方式为清单计价，承包人在按照定额计算完价格后，要按照清单计量规则反算出清单的单位价格，合同签订后施工中实际计算工程量应当按照清单计量规则执行。

2. 有的施工合同对计量规则的约定并非套用清单或定额的规则，而是在合同中约定某些分部分项工程量的计算规则，对此承包商在报价的时候首先要研究合同中是否有特别约定，其次才是合同约定的计量规则。

3. 有的合同约定的是平方米单价包干，此时承包商要研究建筑面积计算规则，根据项目建筑形态特点准确预估建筑面积，当然业主也可能在招标文件中直接约定某些部位不计算建筑面积。

四、分部分项工程包干时包干价格对应的工程量认识错误

建设工程计价原则上应当由业主提供施工图及清单，承包商进行报价，即图纸变更造成价格变动和清单准确性由业主负责。但是由于施工行业竞争激烈，很多

业主将工程量的变化的风险也交给承包商。如与地下地质情况紧密相关的桩基工程、维护工程，业主将其以总价包干的方式发包给承包商施工，并且不承担地质勘察报告准确性的责任，如此一旦地下存在勘查报告中没有发现的暗河、建筑垃圾及历史遗留下来的地下障碍物等，会造成施工费用大幅上涨，承包商面临损失；还有就是常见的措施费的总价包干时，也会出现类似情形。

实务要点4

1. 闭口包干项目在过程中价格很难调整，因此承包商在投标报价时应认真审查招标文件中关于闭口包干项目的约定。

2. 对于约定闭口包干的分部分项工程审查工程量是否清晰，业主对其提供的地质勘察资料和地下障碍物资料的真实性、准确性、完整性是否承担责任，如果对应的工程量不清晰，且业主对其提供的资料不承担责任，则该闭口包干价格属于重大风险；如果对应工程量不清晰，但是业主对提供基础资料的真实性和完整性承担责任的，承包人中标后可以考虑采用索赔的方式弥补损失。

3. 对于重大项目或者包干风险较大的项目，承包人在投标前有必要自行勘测或者根据其他历史资料、历史数据进行分析，确保报价亏损处于可控范围之内。

五、单价分析表中的利润和管理费占比过低

根据工程量清单计价规范，承包商对分部分项工程量的报价为综合单价，包括人工费、材料费、施工机具使用费、管理费、利润和风险费等，关于综合单价中各费用所占的比例，有时体现在承包商投标文件中的单价分析表中，有时候招标人不强制要求承包人提供单价分析表时无法区分综合单价的构成。在当前的市场，经常因为业主的场地移交、图纸提供、工程款支付、平行发包等原因造成工期延长，工期延长会导致承包商管理费增加；也因为业主将本属于承包人承包范围内的工程另行发包给其他单位施工，合同内承包内容减少会导致可得利润减少。虽然业主原因工期延长或工程量减少给承包商造成损失，但是由于实际损失难以计量且难以用证据加以证明，因此用投标价中的管理费和利润比例容易更有说服力，但是很多承包商报价时将管理费和利润在单价分析表中所占比例压得很低，通常不到2%，在后期的索赔中基本用不上。

实务要点5

1. 笔者认为，在投标报价中决定是否中标的价格是总价，综合单价中各项费用的占比对能否中标的影响力不大，因此，可以提高单价分析表中利润和管理费的占比，对是否中标没有影响，但是有利于后期与业主的索赔。

2. 对于业主没有要求提供单价分析表的，承包商可以考虑自行编制表格体现管理费和利润在分部分项工程费中占比，为后期索赔奠定基础。

六、设计变更计价采用信息价加定额下浮式计算

"低价中标、高价索赔"是承包商常用的商务策略，其中的"高价索赔"除了对业主的工期费用索赔外，施工方也经常采用变更的方式去变更某些分部分项工程单价，以提高效益或降低亏损。但是承包商在投标报价时要注意业主是否对变更后工程计价有特别约定，如果合同中约定变更后的计价仍然按照定额下浮式的计价方式，且定额下浮的比例非常高，则意味着即使工程变更也改变不了计价不利的局面，因为变更后执行的是定额下浮，有可能更亏。

实务要点6

招标文件的合同条件中，如约定变更后的计价按照定额下浮式的计价方式，且定额下浮的比例非常高的，承包商最好不要低价竞争，因为中标后难以通过变更进行二次经营。

七、对项目所在地市场价格与信息价格之间的关系认识错误

承包人进行投标的项目有可能是熟悉的市场区域，也有可能是陌生的市场区域，按照一般操作流程承包商应当先询价后报价。但是由于招标人设定的投标日期短，部分投标人员没有进行市场询价就按照其个人理解的市场价和信息价的下浮比例进行报价，忽视地区之间的差异，造成中标亏损。

实务要点7

1. 对于陌生的市场区域，承包人应谨慎进入。

2. 承包商在投标前，要对当地市场价格进行询价，避免盲目投标。

八、总价包干项目未进行清单工程量与图纸工程量对比

尽管工程量清单计价规范规定项目计价应当以单价包干为原则，业主对工程量清单的准确性、完整性负责，但是由于施工价格采用市场竞争的方式定价，故对于业主要求采用总价合同甚至固定总价合同的，法律上并不禁止。总价合同在法律上是有效的。很多业主为了规避风险，虽然招标时提供施工图纸和工程量清单，但是合同文件中明确承包商的报价为闭口包干总价，总价包干的承包范围包括图纸量和清单量，但实际上清单量小于图纸量，甚至有很多缺项。如果承包商在投标前不能计算出图纸量并与清单量进行核对，或者单纯地相信业主给出的清单量，就无法知道项目实际需要完成的工程量。中标签订合同之后，对清单量少于图纸量的差额部分，损失全部由承包商承担。

实务要点 8

1. 固定总价属于重大风险合同，除非属于工期短、利润高、风险可控的项目之外，承包人应尽量避免签订固定总价合同。

2. 对于固定总价合同，承包人在投标前应当计算工程量，在工程量与业主给出的工程量差异巨大时，要求业主澄清，更改计价方式，避免自身亏损。

以上八点是笔者在工作中发现的承包商投标报价中经常出现的问题，在实践中，承包商出现的问题并非仅仅以上八点，还存在诸如计量单位错误、标点符号错误、小数点位置错误、违反规范强制性规定导致废标等错误。笔者撰写此文是希望施工企业能提升自身报价水平，避免在投标报价时因自身错误导致陷入不利境地，从而导致项目亏损、与业主发生纠纷。

九、措施费包干风险

很多工程的招标文件中规定措施费包干。措施费是指为完成工程项目施工，发生于该工程施工前和施工过程中非工程实体项目的费用。对于措施费包干，业主在招标文本中规定有以下三种情形：一是措施费总价包死，不因任何情形而调整；二是措施费单价包干，不因任何情形而调整；三是措施费总价包干，除新增工程量导致模板、脚手架工程量变化可调整外，其余情形不予调整。措施费包干一般包括全部风险费用，虽然这种无限风险的约定有悖于清单计价规则，但清单计价规则不属于效力性强制规定，该种约定依然有效。措施费包干对于承包商

而言属于重大风险项。包干意味着无论人才机价格如何波动，项目施工范围如何变动，包干价均不调整；因工程变更、价格波动导致的措施费增加由承包商承担。

实务要点9

1.承包商在投标时注意区分包干是总价措施费，还是单价措施费，以及对应的风险范围。

2.承包商应注意包干对应的施工范围与工期，建议在投标时明确包干的对应的施工范围、工期。任何包干价都有包干的范围，一般而言，包干的范围应该是招标时的图纸范围，在招标图范围内措施费包干；包干对应的工期为合同约定的计划工期。如果实际施工的图纸范围与招标图纸范围有变化，则突破了包干对应的施工范围，增加部分应另行计算措施费；如果实际施工的工期较计划工期由于业主原因延长，而工期延长导致人材机价格上涨，应调整措施费。

第二十三章　建设工程结算协议的风险与应对

《最高人民法院关于审理建设工程施工合同纠纷案件适用法律问题的解释（一）》（法释〔2020〕25号）第29条规定："当事人在诉讼前已经对建设工程价款结算达成协议，诉讼中一方当事人申请对工程造价进行鉴定的，人民法院不予准许。"该条明确了当施工单位与建设单位对工程价款结算达成协议之后，在诉讼中不得就工程造价进行鉴定，人民法院应按照当事人达成的结算协议认定工程价款。由此条可以看出结算协议的重要性，但是在实践中，有的施工单位不重视结算协议的具体内容，从而盲目签订对其不利的结算协议，承担不利后果。

一、结算协议的性质及法律效力

（一）结算协议的性质

在实践中，建设工程的结算，不管是以签订结算协议的形式还是以结算审定单的形式，都是施工单位（承包人）和建设单位（发包人）之间多次协商和相互妥协的结果。根据《建设工程施工合同（示范文本）》（GF-2017-0201）通用条款第14条"竣工结算"的相关规定，结算的程序为：

1. 承包人在工程竣工验收合格后28天内向发包人和监理人提交竣工结算申请单，并提交完整的结算资料。竣工结算申请单的内容应包括竣工结算合同价格、发包人已支付承包人的款项；应扣留的质量保证金；发包人应支付承包人的合同价款。

2. 监理人在收到竣工结算申请单后14天内完成核查并报送发包人，发包人在收到监理人提交的经审核的竣工结算申请单后14天内完成审批。

3. 监理人或发包人对竣工结算申请单有异议的，有权要求承包人进行修正和提供补充资料，承包人应提交修正后的竣工结算申请单。

4. 发包人在收到承包人提交竣工结算申请书后28天内未完成审批且未提出异议的，视为发包人认可承包人提交的竣工结算申请单。

根据《建设工程施工合同（示范文本）》（GF-2017-0201）的规定，结算的程序为施工单位报出结算，业主进行审核，然后双方就争议项进行协商，再确定最终结算。该结算金额为业主就该工程应支付给施工单位的所有金额，包括签证、索赔、业主应扣款项等。因此，结算协议并非仅就工程本身价格进行结算，而是施工单位与建设单位达成的就工程价款、工期责任、质量责任、索赔等“一揽子”事项的新的协议，所以结算协议应是一个独立的合同。在结算协议签订后，双方应严格按照协议履行。

（二）结算协议的效力

结算协议既然为一个独立的合同，那么它的法律效力如何？

1.《合同法司法解释二》第12条规定：当事人在诉讼前已经对建设工程价款结算达成协议，诉讼中一方当事人申请对工程造价进行鉴定的，人民法院不予准许。

2.《民法典》第793条规定：“建设工程施工合同无效，但是建设工程经验收合格的，可以参照合同关于工程价款的约定折价补偿承包人。建设工程施工合同无效，且建设工程经验收不合格的，按照以下情形处理：（一）修复后的建设工程经验收合格的，发包人可以请求承包人承担修复费用；（二）修复后的建设工程经验收不合格的，承包人无权请求参照合同关于工程价款的约定折价补偿。发包人对因建设工程不合格造成的损失有过错的，应当承担相应的责任。”

3.《北京市高级人民法院关于审理建设工程施工合同纠纷案件若干疑难问题的解答》第7点规定：当事人在诉讼前已就工程价款的结算达成协议，一方在诉讼中要求重新结算的，不予支持，但结算协议被法院或仲裁机构认定为无效或撤销的除外。

建设工程施工合同无效，但工程经竣工验收合格，当事人一方以施工合同无效为由要求确认结算协议无效的，不予支持。

4.《江苏省高级人民法院关于审理建设工程施工合同纠纷案件若干问题的解答》第9条规定：建设工程施工合同无效的，不影响竣工结算条款。

由上述规定可以看出，当施工合同无效时，只要工程竣工验收合格，则结算协议的效力不受施工合同影响，所以结算协议在其自身不存在法定被撤销情形和无效的情形时，结算协议有效。

二、结算协议的风险

（一）索赔权丧失风险

在没有特别约定的情况下，结算协议的金额包含索赔金额。但结算是一个漫长的过程，很多施工单位为了快速回款，会要求就双方无争议部分先行确定结算，有争议部分再行协商。若施工单位不注重结算协议具体内容的约定，未明确该结算不包含索赔，就意味着在出现争议时，若施工单位无法拿出确切证据证明结算不包含索赔，就会认定结算金额已包含索赔，导致施工单位索赔权丧失，对自己造成损失。

（二）质量责任风险

质量责任风险主要是指两类：一是针对未竣工项目，因合同解除或者其他特殊原因，施工单位退出该项目，从而签订结算协议。对于该类结算协议签订后，工程后续需要由其他施工单位施工，施工现场不处于施工单位管控之下，而施工单位仍承担着自身已完成部分的质量责任，就有可能出现因后续施工单位导致施工单位已完工程的质量问题，使施工单位承担质量责任。二是在未验收先行交付的情况下，若结算协议中未明确交付工程质量合格，若出现纠纷，建设单位往往以质量问题提出反诉，使施工单位承担质量责任。

（三）分包付款风险

分包付款风险分为两类：一是施工单位为了减轻自身付款压力，往往会在分包合同中约定"背靠背"支付条款，当结算协议签订后，分包即有理由相信建设单位会向施工单位按照结算协议付款，从而向施工单位请款，若业主不按照结算协议约定支付，施工单位就会承担很大的资金压力；二是结算金额未就分部分项工程作明确的细分，而对于指定分包工程，施工单位需做"中间转付"，若指定分包单位要求的结算款与建设单位支付给施工单位的结算款不一致，且结算协议中未单列该分包工程的结算额，施工单位很可能陷入和指定分包的纠纷之中，造成自身损失。

三、案例解读

（一）杭州某开发商和施工单位纠纷案

2014 年 12 月，杭州某开发商和施工单位就某商业综合体项目签订了《项目施工合同》，后施工单位进场施工。在施工过程中，因开发商未付工程款、项目长期停窝工等各种原因，开发商与施工单位于 2016 年 11 月达成解约协议，并签订结算协议，约定：开发商支付施工单位工程款、停窝工损失等共计 4000 万元；分三次支付，最后一期为 2017 年 12 月前支付、违约责任中约定"在本协议履行期间，如施工单位原分包商闹事，阻碍工程继续施工、导致工程停工的，施工单位按每天 20 万元支付违约金"。结算协议签订后，施工单位撤场，但开发商未按照结算协议支付工程款，施工单位故起诉。

诉讼中,开发商以施工单位施工部分质量不合格、施工单位原分包商闹事为由提出反诉,金额近2000万元。

(二)黄山公司和施工单位纠纷案

2014年5月,黄山公司与施工单位签订某道路施工合同,在合同签订后,施工单位进场施工,并于2015年4月完成施工。后双方进入结算协商阶段,在商谈过程中,由于该工程存在一些质量问题,双方口头达成一致协议,以降低结算额抵销质量维修责任,最终双方确定的结算额为1400万元,但是在正式的《结算协议》中,并未就质量问题作出书面约定。

结算协议签订后,黄山公司并未按照协议约定支付价款,故施工单位起诉,在诉讼过程中,黄山公司以该工程存在质量问题提出反诉,反诉金额高于本诉金额,后经双方协商,黄山公司放弃反诉,该案调解。

实务要点

上述两个案例是笔者经手的,给笔者留下了很深的印象。因为当结算协议签订后,若建设单位不提反诉或者质量鉴定,案件就是一个简单欠款纠纷。但上述两个案件建设单位都提出了反诉,导致案件审理时间延长,施工单位回款时间变长。究其原因,是因为施工单位在签订结算协议时,不注重协议的内容,只关心结算金额所导致,对此,笔者提示以下两点:

1. 对于中途退出的项目,不做能力范围之外的承诺。案例(一)中,当施工单位中途退场时,向业主承诺因分包分供闹事导致停工的,支付20万元/天的违约金。施工单位理应意识到,当施工单位退场后,现场不处于自己的管控范围之内,现场是否停工、是否因施工单位原分包商闹事停工、停工的时间等施工单位都无法控制。当施工单位起诉后,业主以此反诉1000余万元,经分析,其中因分包闹事导致的停工几乎不存在。该案还处于诉讼之中,具体结果尚不敢断定,但可以看出施工单位在签订结算协议时,未意识到该约定不合理,不应向业主承诺,或者仅承诺若有闹事情况发生,施工单位协调处理。

2. 质量问题应约定清晰。上述两个案例都因为结算协议约定不清晰导致建设单位提出反诉,但是实际上,施工单位本可以在结算协议中就该问题约定清晰,避免业主提质量反诉。案例(一)中,建设单位提出的质量反诉部分,虽由施工单位施工，但是施工单位并未施工完毕，有部门为后续施工单位施工，也即施工单位根本无法掌控该部分的质量问题，施工单位正确的做法应是与业主就已完工程进行质量验收或者以降低结算款要求业主免除维修责任；案例（二）中，施工单位本已因质量问题作出让利，且双方达成一致，但因未以书面形式确定，导致诉讼时对方提出反诉。

四、风险防范与应对

施工单位如何才能防范结算协议中的风险，结算协议应如何签订？笔者认为，施工单位签订结算协议时，应考虑以下八点：

（一）考虑质量问题

施工单位在结算协议中应该写明工程已经质量验收合格，或者放弃一部分自身权利要求业主放弃追求施工单位质量责任，一是因为质量跟工程款请求权挂钩，《民法典》第793条规定，在建设工程施工合同无效，但是建设工程经验收合格的，可以参照合同关于工程价款的约定折价补偿承包人，所以施工单位在签订结算协议时，应明确该工程质量验收合格；二是质量与诉讼鉴定挂钩，当工程质量不合格时，若出现诉讼纠纷，业主就会以此提出反诉，诉讼时间就会延长，从而损害施工单位的利益；三是若是结算协议中不写质量问题，那么在工程未验收先交付的情况下，质量是否合格就会成为一个双方争议点，很可能导致施工单位承担对自身不利后果。

（二）考虑工期问题

结算协议是建设单位与施工单位相互协商、相互妥协后，综合考虑质量、工期、索赔等问题确定下来的。对于施工单位来说，若工程存在工期延误且合同中约定有工期违约责任的情况，且工期违约责任方为施工单位或者责任不明晰，施工单位应要求在结算协议中明确业主放弃对施工单位的索赔或者双方相互放弃对工期责任的索赔，以此明确工期责任问题。

（三）考虑施工单位索赔问题

结算难的最主要原因是建设单位很难同意施工单位的索赔，因此施工单位应在签订结算协议时应充分考虑索赔问题，一是需要考虑如何向建设单位索赔，索赔以什么形式报送有利于建设单位接受；二是当双方就索赔无法达成一致时，施工单位应要求与建设单位就无争议部分先行结算，以便工程款的回收，但是，在签订该种结算协议时，应逐个列明另行结算的双方争议点，以免出现混淆情况，引发纠纷。

（四）考虑业主索赔问题

上述案例（一）中，施工单位承诺若因施工单位原分包分供商闹事导致工程停工的，支付20万元/天的违约金，导致在诉讼中建设单位以此提出反诉。因此，施工单位与建设单位签订结算协议时，应充分考虑建设单位索赔问题，建设单位索赔包含工期、质量、工程交付、施工单位撤场、临时建筑的清理、工程资料的交付、分包闹事等。若未考虑业主的索赔，轻易作出承诺，很可能导致施工单位遭受损失。

（五）考虑业主扣款问题

当结算协议签订后，建设单位应向施工单位支付所有的结算金额，但在实践中，有时会出现当结算协议签订后，建设单位仍会扣减一部分费用，如水电费、审计费等。出现此种情况的原因是双方对此约定不明，所以施工单位在签订结算协议时，应与建设单位明确，除质保金外，建设单位不得扣留其他任何款项，也不得扣减任何款项。

（六）考虑保修责任问题

签订结算协议后，施工单位仍承担着保修义务，但有的结算是在施工单位让利后，建设单位免除施工单位的保修责任情形下签订的，如上述案例（二）。所以出现此种情况时，施工单位应要求在结算协议中明确，以免出现纠纷。

（七）考虑已完工程量问题

结算协议与已完工程量挂钩，特别是针对未完工即退场结算项目，若双方未明确施工单位已完工程量，只有一个结算金额，那么建设单位很可能以结算协议未按照合同约定、非当事人真实意思表示等理由否认结算协议，从而产生争议。

（八）考虑分包付款问题

结算协议与分包结算、付款相关。特别是针对建设单位指定分包，若结算协议中未明确各分部分项工程的金额，很可能导致指定分包要求的结算额与建设单位向施工单位支付的该部分结算额不一致，从而使施工单位陷入与分包的纠纷之中，所以施工单位应要求在结算中明确各分部分项工程的结算额。

第二十四章　联合体投标法律风险及风险防范

联合体投标，是指两个及以上的法人单位或其他组织以一个投标人的身份参与投标的行为。我国的《招标投标法》《政府采购法》均认可联合体投标方式，很多大型施工项目和政府采购项目，招标人在招标文件或公告中明确认可联合体投标。尽管根据法律规定，联合体成员对合同相对方承担连带责任，但是由于成员的资信水平不同、企业规模不同、合同利益不同，故联合体一方坑害另一方权益的事情屡见不鲜。

联合体投标大致可以分为三种模式：一是总包单位与分包单位联合投标；二是投资人与施工单位联合投标，如BT、PPP项目；三是设计单位与施工单位联合投标，即EPC项目。不同模式联合投标的法律风险略有不同，但也存在共性风险。

一、联合体投标的风险

（一）连带责任风险

《建筑法》第27条规定："大型建筑工程或者结构复杂的建筑工程，可以由两个以上的承包单位联合共同承包。共同承包的各方对承包合同的履行承担连带责任。"《招标投标法》第31条规定："联合体中标的，联合体各方应当共同与招标人签订合同，就中标项目向招标人承担连带责任。"《政府采购法》第24条规定："联合体各方应当共同与采购人签订采购合同，就采购合同约定的事项对采购人承担连带责任。"

根据上述规定，联合体投标系由联合体各方共同作为合同一方与建设单位签订施工合同，并就合同的履行共同对建设单位承担连带责任。如中标后联合体一方放弃签订合同，另一方所缴纳的投标保证金也将被没收；因联合体一方原因导致工程质量不符合约定、工期逾期，或发生重大安全事故的，另一方需向建设单位承担连带责任。

（二）内部纠纷风险

因联合体各方企业管理文化不同，如未事先明确双方的权责，当工程范围增加、工程延期、成本增加、设计变更等事件发生时，如果联合体内部缺乏必要的交流机制和沟通渠道，极易造成联合体成员间发生纠纷。特别是有些联合体成员的上级单位对联合体成员和联合体控制过多，审批手续多。在意见和利益相左的情况下，沟通成本过高容易造成效率降低、成本增加，甚至直接影响联合体成员之间的合作，引发联合体内部之间的纠纷。

（三）资信不良风险

联合体一方资信风险是指作为联合体一方资信不良，在施工过程中出现资信问题，由此导致施工单位难以顺利回收工程款，从而损害施工单位利益。

（四）中途退出风险

实践中，联合体一方特别是投资方可能会因项目前景不佳或融资成本增大等原因中途退场。此时，施工单位为避免项目被建设单位强制接管、提前终止或对建设单位承担巨额违约金等原因，不得不自行垫资施工，由此导致施工单位承担巨额的垫资成本、融资成本以及资金压力。

（五）设计与施工脱离风险

设计单位与施工单位联合投标的模式下，由于设计费用、设计工期会在合同中单独约定，设计单位在进行设计时极有可能不考虑施工单位的施工成本、施工所需工期，甚至工程质量，由此导致施工单位成本不可控，很可能使施工单位亏损。

（六）分包单位反索赔风险

分包单位反索赔风险是由于在总包单位与分包单位联合投标模式中，分包单位一般为建设单位关联单位或者专业性很强的分包单位，且项目资源一般多来源于分包。在中标后，建设单位会与总包签订总包合同，总包再与分包签订合同。由于项目资料来源于该分包，分包单位往往会在分包合同中设置对总包单位较为苛刻的条款以维护自身利益，如果总包单位仍然按照惯常思路对分包单位进行管理，不重视对分包单位的及时履约，就容易导致分包单位反索赔。

笔者曾经处理过一个案件，项目资源来源于分包单位，分包单位与总包单位组成联合体中标后，分包单位担心总包单位收到建设单位支付的工程款后不及时向其付款，故在分包合同中约定了高额的逾期付款违约金。但总包单位在过程中并未扭转管理思路,仍然按照惯常做法严格控制对分包的付款,最终导致分包单位反索赔,支付了400多万元逾期付款违约金。

二、案例解读

(一)中铁某公司与“合作单位”纠纷案

2018年,中铁某公司(以下简称中铁)在郑州与当地一家公司(以下简称合作单位)就共同投标某地铁项目达成口头协议,约定在项目中标后,由中铁负责项目的安装工程,合作单位负责项目的精装修工程,后因资质及投标资格等问题,由中铁负责投标。项目中标后,由中铁与建设单位签订合同,中铁和合作单位按照口头约定以分工方式进行项目建设,合作单位施工部分工程款由建设单位支付至中铁后,中铁扣减管理费后支付给合作单位。为了避免违法分包等原因,中铁未直接与合作单位签订工作界面划分以及合作单位施工部分的计价结算方式协议,而是将合作单位施工部分拆分成1个劳务合同和18个采购合同,并且合同单价高于中铁与建设单位签订的合同单价。后在项目施工过程中,合作单位将自身施工的亏损部分,以“人手不够”“项目亏损”等原因拒绝施工,中铁由于与合作单位之间没有书面协议,又作为总包单位,迫于建设单位的压力和避免违约等原因,只能施工,由此导致自身亏损。

后来,在律师的介入下,通过一系列的方法让合作单位自认了工程款的结算方式,并固定了合作单位的施工范围,极大地减少了中铁的损失。

(二)中冶某公司与联合体投资方纠纷案

2012年,中冶某公司(以下简称中冶)与福建某投资公司(由4个自然人设立,注册资本不足合同总价的20%,以下简称投资方)组成联合体投标某BT项目,后中标。在合同及联合体协议中,由中冶承担施工责任,投资方承担项目投融资责任,建设单位将所有的项目回购款支付给投资方,由投资方进行分配,后来项目建设完成,进入结算阶段。此时,中冶发现投资方涉诉且失联,并且项目应收回购款已经被投资方质押给银行,由此导致中冶工程款无法回收,造成极大损失。

实务要点

上述两个案例都是笔者经手的案例,案例(一)属于总包单位与分包单位联合投标,案例(二)属于投资人与施工单位的联合投标,两个案例中涉及的风险既有共

性也有特性,笔者简单提示以下几点:

一是对于联合体相对方的资信要仔细审核,以免联合体相对方资信不良导致自身损失。上述两个案例中的联合体相对方资信都存在极大问题,案例(一)中联合体相对方实力不足,根本无法独立完成精装修工程;案例(二)中的联合体相对方由自然人设立,注册资本极少,且无大型项目经验,资信严重不良。联合体相对方资信不良会导致在合作期间,相对方拖施工单位后腿,甚至直接导致施工单位遭受损失。因此,施工单位在进行联合体投标或者联合体进行项目建设时,要注重审核联合体相对方的资信,发现资信不良时应要求对方增加信用,否则应更换联合体相对方。

二是在进行联合体合作时,应尽量控制项目回款。案例(二)中施工单位遭受巨大损失的原因就在于失去了对项目回款的控制权,而是将项目回款交由联合体对方进行支配,由此导致被对方"坑害",导致自身遭受巨大损失。施工单位进行联合体合作时,应尽量控制项目回款,要求建设单位将项目回款直接支付至施工单位,由施工单位进行支配。若联合体对方不接受由施工单位进行支配,也应由施工单位和联合体相对方共同设立监管账户,对项目回款进行监管并加以控制,拒绝由联合体相对方单独控制项目回款。

三是联合体之间要签订书面协议。案例(一)中施工单位与合作方之间由于没有书面协议,导致在出现争议时,施工单位无法约束合作方,并且部分争议难有证据证明各方观点。因此,施工单位和合作方之间要签订书面协议,约定好各方权利义务,并约定相应的违约权利约束合作方。如此一来,在出现争议时,施工单位才有理由和证据去要求合作方按照协议履行自身义务,在合作方违约时,才能要求合作方承担相应的违约责任。

三、风险防范与应对

(一)增强自身设计能力

《房屋建筑和市政基础设施项目工程总承包管理办法》(建市规〔2019〕12 号)第 10 条规定:"工程总承包单位应当同时具有与工程规模相适应的工程设计资质和施工资质,或者由具有相应资质的设计单位和施工单位组成联合体。工程总承包单位应当具有相应的项目管理体系和项目管理能力、财务和风险承担能力,以及与发包工程相类似的设计、施工或者总承包业绩。设计单位和施工单位组成联合体的,应当根据项目的特点和复杂程度,合理确定牵头单位,并在联合体协议中明确联合体成员单位的责任和权利。联合体各方应当共同与建设单位签订工程总承包合同,就工程总承包项目承担连带责任。”在设计—施工联合体中,设计对施工单位弥足重要,施工单位的成本、工期、施工方案几乎都与设计相关。因此,施工单位应尽量增强自身设计能力,取得设计资质。由此在工程总承包项目中,就不用受设计单位的掣肘,从而增加自身的成本控制,增大自己的盈利空间。

(二)联合体内部权责约定明晰

施工单位应在联合体协议中将联合体成员内部职责、分工及责任承担约定明晰,联合体内部权责明晰是保证联合体正常运转的前提,也是在联合体一方出现违约或者资信问题情形时,施工单位保证自己权益的重要依据。通常,联合体协议至少应包括以下几个方面的内容:

1. 各方权利、义务、合作责任的分担,应确保各方的工作界面划分明确、合理,联合体内部关系及责任清晰。

2. 项目管理模式。对内,应约定联合体各方派驻项目的代表及其分工,及定期沟通的方式,确保联合体内部的协调机制有效运作;对外,应约定联合体项目部的各种规章制度和工作程序,统一代表联合体各方对外联系工作、指挥协调。

3. 资金、设备、材料周转管理制度,以确保施工组织有序、高效,工程款支付公开透明。

4. 管理费用的分摊比例与投入方式。

5. 合理分配联合体的法律及经营风险。

6. 合理划分联合体的保证责任,如投标保证金、履约保证金、预付款保证金、质量保证金及工程保险等。

7. 联合体内部纠纷的处理程序及应急预案。

(三)增强对工程款的控制程度

施工单位应尽量在联合体中起主导作用,由此增强对工程款的控制程度,尽量约定由建设单位将工程款支付给施工单位,由施工单位进行分配或者联合体设立共管账户进行工程款的收支,从而增强对工程款的监控渠道和控制程度。

(四)审慎审查另一方资信情况

在组成联合体前,施工单位可以通过调查联合体另一方的工商内档资料查询该公司的注册资本及注册资本的实际缴纳情况,并通过启信宝、企查查、中国裁判文书网、最高人民法院失信被执行人名单、信用中国,甚至百度等方式调查联合体另一方资信状况。此外,施工单位应对联合体另一方的背景情况、技术水平、垫资能力、以往项目经验进行充分的调查,慎重选择能与自己形成技术或资源优势互补的合作伙伴。

(五)退出机制、后果约定明确

为防止联合体合作方中途退出,导致施工单位被迫垫资施工或者承担不利后果,施工单位应与联合体合作方约定好一方中途退出机制以及中途退出应承担的后果,可事先要求合作方按比例提供相应的保函、保证金,并明确约定合作方提前退场的机制及擅自提前退场的违约责任。

(六)避免分包反索赔

在总包单位与分包单位联合投标模式下,如果项目资源来源于分包单位,因分包合同条款通常会约定得较为严苛,总包单位应当注意审查分包合同的各项约定。在对分包单位进行管理的过程中,应尤为注意分包合同项下己方的履约情况,尽可能避免分包单位的反索赔。

第二十五章　联合招标的风险与防范

联合招标项目多出现于施工合同的暂估价部分。根据《建设工程施工合同(示范文本)》(GF－2017－0201)第10.7条的规定,若施工合同中暂估价部分属于必须招标项目,招标方式可以是施工总承包单位单独招标或者是联合招标;根据《建设工程工程量清单计价规范》第9.9.4条的规定,暂估价部分的招标方式可以是施工总承包单位单独招标或者是建设单位单独招标。实践中,对暂估价部分的招标,以建设单位单独招标为主,联合招标比较少见,总承包单位单独招标的几乎没有。但是,《房屋建筑和市政基础设施工程施工分包管理办法》禁止发包人指定分包,因此很多地方也倾向采用联合招标的方式确定暂估价部分专业施工总承包单位。但是联合招标究竟如何操作、如何"联合"？目前缺少标准化的做法,经常出现名义上是联合招标本质上还是建设单位单独招标的情况,给施工总承包单位带来不少风险。

一、施工总承包单位对联合招标的错误认识

在实践中,施工总承包单位深受指定分包的"毒害",在仅收取固定比例的总包服务费的情况下,承担着指定分包的付款责任、安全责任、进度质量责任。因此,很多施工总承包单位期望通过各种方式规避指定分包带来的风险,其中经常采用的方式之一便是针对指定分包工程,与建设单位联合招标,意图从源头控制指定分包的风险。

施工总承包单位通过联合招标控制指定分包风险这一想法是美好的。如果施工总承包单位能通过联合招标,控制指定分包工程的施工总承包单位、工程计价、工程付款、违约责任以及更加便于总包管理的合同条件等,那么联合招标对于施工总承包单位是有利的。因此,很多施工总承包单位在总包合同中未约定对指定分包工程联合招标的情形下,也与建设单位进行谈判或者沟通,要求与建设单位就指定分包工程进行联合招标。

然而,通过联合招标并不能起到施工总承包单位预想的规避风险效果。一方面,针对指定分包工程,施工总承包单位只收取总包服务费,指定分包的计价、付款、

合同条件几乎都与施工总承包单位无关，更有甚者专业分包合同中直接规定分包单位的履约保证金由建设单位收取，分包单位违约的违约金归于建设单位，但施工总承包单位承担分包单位的违约后果；另一方面，针对指定分包工程的联合招标，其价格、合同条件、付款以及最终的中标，最终都由建设单位决定，施工总承包单位在其中只是扮演了一个走流程的角色与最终签订分包合同的角色，并未对指定分包工程的招标起到预想中的效果。

基于上述分析，律师认为对于指定分包工程，施工总承包单位不仅应谨慎与建设单位联合招标，且在一定情况下，施工总承包单位应通过一定的运作，将指定分包工程变成由建设单位单独招标，以此来避免联合招标带来的风险。

二、联合招标的风险

（一）加重施工总承包单位责任

《最高人民法院关于审理建设工程施工合同纠纷案件适用法律问题的解释（一）》（法释〔2020〕25号）第13条规定："发包人具有下列情形之一，造成建设工程质量缺陷，应当承担过错责任：……（三）直接指定分包人分包专业工程。承包人有过错的，也应当承担相应的过错责任。"

根据上述规定，施工总承包单位对于指定分包工程的质量问题，承担过错责任。但是若在联合招标的情形下，指定分包不属于该规定中的"直接指定分包人分包专业工程"，而变成施工总承包单位的自有分包，根据《建筑法》第55条的规定："建筑工程实行总承包的，工程质量由工程总承包单位负责，总承包单位将建筑工程分包给其他单位的，应当对分包工程的质量与分包单位承担连带责任"，工程总承包单位对分包工程质量问题承担连带责任。如此一来，施工总承包单位对于该分包工程质量问题，由过错责任变成了连带责任，加重了施工总承包单位的责任。

虽然司法解释中未对工期责任进行规定，但是司法实践中承担责任的原则与质量责任是一致的。因此，联合招标加重施工总承包单位责任。

（二）丧失索赔权利

在纯粹的指定分包模式下（即建设单位直接指定或者建设单位招标确定），施工总承包单位可以以指定分包进出场延误、工期延误、不配合竣工验收等理由向建设单位索赔或免除己方的工期责任，但是在联合招标模式下，指定分包单位的确定，从程序到实体总包单位全程参与，此情况下除非总包单位的管理的计划性很强，否则很难从指定分包的身上找到建设单位责任，当确因指定分包的原因导致工期滞后时，承包人难以据此向建设单位索赔，甚至连要求建设单位更换专业单位的权利都已丧失。

（三）施工总承包单位无法参与投标

《建设工程工程量清单计价规范》第 9.9.4 条规定：发包人在招标工程量清单中给定暂估价的专业工程，依法必须招标的，应当由发承包双方依法组织招标选择专业分包人，并接受有管辖权的建设工程招标投标管理机构的监督，还应符合下列要求：(1)除合同另有约定外，承包人不参加投标的专业工程发包招标，应由承包人作为招标人，但拟定的招标文件、评标工作、评标结果应报送发包人批准。与组织招标工作有关的费用应当被认为已经包括在承包人的签约合同价中。(2)承包人参加投标的专业工程发包招标，应由发包人作为招标人，与组织招标工作有关的费用由发包人承担。同等条件下，应优先选择承包人中标。

根据上述规定可以看出，对于指定分包的招标，其招标人是可以由建设单位和施工总承包单位自己确定的，并且施工总承包单位在符合条件的情况下可以参与指定分包工程的投标。若施工总承包单位一味的追求联合招标，那么也就意味着对于施工总承包单位可以参与投标的指定分包工程，施工总承包单位放弃了投标，也就放弃了该部分工程的施工利润。

三、风险防范

（一）根据项目具体情况决定是否联合招标

很多施工总承包单位在考虑联合招标时，都未认识到联合招标的风险，仅认为联合招标能降低指定分包的风险。但是联合招标对于施工总承包单位来说，有一定风险，所以对于指定分包是否联合招标，施工总承包单位应有自己的判断，不能一味地追求联合招标，而要从多个方面仔细考虑：

一是对于指定分包工程，施工总承包单位自身有相应资质，那么施工总承包单位应拒绝联合招标，并与建设单位协商，让自己参与投标并尽力中标，以获得该部分工程的施工利润。且施工总承包单位中标指定分包工程，对于项目的整体进度管控、各个分包单位之间的协调都更加有利。

二是施工总承包单位不能投标指定分包工程时，施工总承包单位要考虑由建设单位单独招标、单独确定中标单位，然后向施工总承包单位发出指令确定指定分包单位。如此一来，施工总承包单位对于指定分包工程质量问题仅承担过错责任，并且指定分包单位在施工过程中对施工总承包单位或者项目造成损失时，施工总承包单位可以向建设单位索赔。

三是有的建设单位仅关心指定分包合同价格，其余的不作过多要求，那么施工总承包单位在联合招标中有很大的决策权，施工总承包单位应利用该机会，控制指定分包的付款、进出场、违约责任等，以此降低指定分包的风险。

四是总包合同中明确约定对于指定分包工程由建设单位和施工总承包单位联合招标，施工总承包单位要做的一是明确自身在招标过程中的责任，二是尽量深度参与联合招标。

（二）深度参与联合招标

施工总承包单位在接受联合招标时，应尽力深度参与招标过程，尽量在招标阶段控制指定分包风险，包括：

一是尽量在招标文件中加入施工总承包单位自身使用的合同文本或者施工总承包单位为该项目指定分包工程拟定的合同文本，通过控制指定分包合同文本降低指定分包的风险；

二是要控制指定分包的付款，由于是联合招标，那么应明确指定分包的工程款由建设单位直接支付或者“背靠背”支付，减轻施工总承包单位的付款责任；

三是要控制指定分包的进出场时间，指定分包的进出场时间不仅关系到指定分包工程，而且还关系到其他工程的进展以及施工总承包单位对于项目的整体规划，所以施工总承包单位应在联合招标时明确指定分包的进出场时间；

四是明确施工总承包单位在指定分包工程部分承担的责任，由于施工总承包单位只收取总包服务费，那么施工总承包单位对于指定分包工程的质量、工期等只承担管理责任而非直接责任，在指定分包工期、质量出现问题时，应由指定分包单位直接向建设单位承担责任，施工总承包单位承担过错责任。

（三）明确施工总承包单位在联合招标的作用

施工总承包单位若无法做到控制招标，或者无法深度参与招标，但是总包合同约定联合招标或者建设单位要求联合招标，施工总承包单位应与建设单位签订书面协议，明确施工总承包单位在联合招标中的作用，明确招标文件、评标工作、评标结果都由建设单位确定，施工总承包单位不参与决策，只是辅助建设单位完成招标，以此来确定该指定分包工程是由建设单位指定分包，非施工总承包单位自有分包，以免在后续施工中，当指定分包单位施工出现问题时，建设单位以指定分包单位是由施工总承包单位招标确定为由推脱自身责任。

（四）尽量签订三方合同

联合招标确定指定分包单位后，施工总承包单位应要求建设单位与施工总承包单位、指定分包单位签订三方合同，在三方合同中明确各方的权利和义务，明确施工总承包单位只承担配合和管理责任，指定分包的履约、计价、过程报量、结算都直接与建设单位发生关系，与施工总承包单位无关。

第二十六章　指定分包的风险与防范

指定分包作为一种特殊的分包模式，其合法性、合理性备受争议。且在指定分包模式中，与施工单位所收取的总承包服务费相比较，施工单位所承担的风险明显不合理，施工单位深受其害。本章拟从施工单位的角度阐述指定分包的风险和应对方式。

一、"错位"的指定分包

（一）法律对指定分包的相关规定

《民法典》第5条规定："民事主体从事民事活动，应当遵循自愿原则，按照自己的意思设立、变更、终止民事法律关系。"

《房屋建筑和市政基础设施工程施工分包管理办法》第7条规定："建设单位不得直接指定分包工程承包人。任何单位和个人不得对依法实施的分包活动进行干预。"

《工程建设项目施工招标投标办法》第66条规定："招标人不得直接指定分包人。"

《住房和城乡建设部关于进一步加强建筑市场监管工作的意见》（建市〔2011〕86号）规定："（四）禁止建设单位指定工程分包单位。承包单位对其承包范围内的部分专业工程依法进行分包时，建设单位不得指定分包单位，不得要求承包单位购入其指定的建筑材料、构配件和设备，不得采用与总承包单位、分包单位签订'三方协议'的方式变相指定分包单位。"

根据上述规定，指定分包是一种违法行为。除非建设单位在招标文件中明确指定分包单位和合同条件，并作为施工单位的投标基础，否则若保留施工中发包人指定分包权利，则应当认为该指定分包与施工单位的合同缔约自由原则相抵触。因此，建设单位不得直接指定分包工程承包人，指定分包是一种违法行为。

（二）FIDIC合同中对于指定分包的规定

我国现行在合同中关于指定分包的规定多出自或者借鉴于FIDIC合同。1999

版FIDIC红皮书合同通用条件第5条规定了指定分包商问题，包括指定分包商的定义、承包商拒绝雇用指定分包商的理由、对指定分包商的付款和雇主直接向指定分包商付款的情况。

FIDIC合同允许指定分包的存在，且指定分包商的地位与其他分包商相同。但是，FIDIC合同为施工单位设置了相应的保护条款，例如：

1. 如施工单位有理由相信分包商没有足够的能力、资源或资金实力，可以拒绝与建设单位指定的分包单位签订合同；

2. 如分包合同没有规定，指定分包单位应保障承包商免于承担由分包商的任何疏忽导致的责任；

3. 如分包合同没有规定，指定分包商对所分包工程，应该承担分包工程范围的义务和责任，使承包商可以免除其在分包工程项下的义务和责任，以及保障承包商免于由于分包商没能按照合同实施分包工程而导致的所有义务和责任。

FIDIC合同规定，施工单位有合理理由时，可以拒绝指定分包。但在国内借鉴时，却多变为对于建设单位的指定分包，施工单位不得拒绝。

（三）我国的指定分包模式

在《建设工程工程量清单计价规范》（GB 50500－2013）中，指定分包工程在合同中属于暂估价，根据《建设工程工程量清单计价规范》第9.9.4条的规定："发包人在招标工程量清单中给定暂估价的专业工程，依法必须招标的，应当由发承包双方依法组织招标选择专业分包人，并接受有管辖权的建设工程招标投标管理机构的监督，还应符合下列要求：(1)除合同另有约定外，承包人不参加投标的专业工程发包招标，应由承包人作为招标人，但拟定的招标文件、评标工作、评标结果应报送发包人批准。与组织招标工作有关的费用应当被认为已经包括在承包人的签约合同价（投标总报价）中。(2)承包人参加投标的专业工程发包招标，应由发包人作为招标人，与组织招标工作有关的费用由发包人承担。同等条件下，应优先选择承包人中标。"

根据上述规定可以看出，指定分包所有内容的决定权都在业主手中。在实践中，在指定分包工程中，包括施工范围、计价方式、工程款的支付、工程的结算等，都由业主与指定分包单位确定，施工单位只是与指定分包单位签订合同，在指定分包施工过程中协助指定分包完成施工，收取一定比例的总包服务费而已。

由此可以看出，我国对于指定分包的应用存在极大的问题。一是指定分包是否合法存在疑问，虽然相关法律规定不允许指定分包，但是又未认定指定分包为违法分包，导致出现指定分包时，没有相应的处罚措施；二是如果允许指定分包的存在，那么应以何种方式存在？指定分包、建设单位、施工单位的权利义务又应该如何界定？

造成上述问题的原因，一是我国的法律界、工程界对指定分包存在认识误区，认为指定分包的合同双方应是施工单位与指定分包单位，但这种认识忽略了我国指定分包的特殊模式。实践中，指定分包的付款条件、款项支付方式、指定分包单位和施工单位的权利义务，甚至指定分包合同的全部内容，都是由建设单位与指定分包单位确定，施工单位只收取总包服务费或者总包管理费。我国的指定分包模式事实上更像平行发包，因此，指定分包合同的签约主体为建设单位和指定分包单位更为妥当。二是指定分包有违反《民法典》合同编缔约自由原则之嫌，相关约定是否有效存在争议。笔者倾向认为，指定分包的相关约定无效，施工单位不应受其约束，但是目前我国司法实践中鲜有法官或仲裁员认识到这个问题。

二、指定分包造成权利义务不对等

我国现有的指定分包模式是极其畸形的，施工单位在指定分包模式下处于一个极其尴尬的地位。施工单位无法确定指定分包的内容，但是从法律层面，指定分包又属于施工单位的分包，处于其管控范围内，由此造成施工单位权利义务不对等。这种不对等主要体现于施工单位在指定分包模式中收取的总包管理费很少，但却承担着为指定分包单位提供施工界面、施工条件，及指定分包工程验收等一系列工作，同时承担着支付责任、进度质量和安全责任等风险。

三、指定分包的风险

（一）支付责任风险

在实践中，指定分包单位的工程款一般是由建设单位支付给施工单位，施工单位扣除应扣款项后，再支付给指定分包单位。施工单位为了降低自身付款风险，一般会约定“分包工程款需待建设单位支付后，再行支付”的“背靠背”条款。但是，从合同相对性角度来说，即使合同中约定了分包工程款“背靠背支付”，施工单位仍然承担着支付工程款的责任，若因建设单位破产或其他原因导致建设单位没有能力支付，法院和仲裁机构仍会千方百计寻找各种理由让施工单位承担对指定分包单位工程款支付责任。

（二）进度质量风险

《最高人民法院关于审理建设工程施工合同纠纷案件适用法律问题的解释

(一)》(法释〔2020〕25 号)第 13 条第 1 款规定:“发包人具有下列情形之一,造成建设工程质量缺陷,应当承担过错责任:……(三)直接指定分包人分包专业工程。”第 2 款规定:承包人有过错的,也应当承担相应的过错责任。

根据该规定,当指定分包单位造成建设工程质量缺陷时,因施工单位对于指定分包单位具有管理义务,很可能承担相应的过错责任。

此外,因指定分包单位由建设单位直接指定,其进场时间、施工进度施工单位很难管控。如因指定分包单位原因造成现场施工进度变慢甚至停工,且施工单位无法证明原因在建设单位或指定分包,很可能就要承担工程进度风险。

(三)安全责任风险

《建设工程安全生产管理条例》(国务院令第 393 号)第 24 条规定:“建设工程实行施工总承包的,由总承包单位对施工现场的安全生产负总责。总承包单位和分包单位对分包工程的安全生产承担连带责任。”众所周知,发生安全事故对于施工单位来说,是致命的,因为在安全事故发生后,施工单位除了被处以罚款之外,很可能停业整顿、降低企业资质,相关负责人被追究刑事责任。

指定分包工程由于是由建设单位直接指定分包单位施工,施工单位很可能对于其疏于管理,现场的安全防范全由指定分包单位自行管控,因此,增加了现场发生安全事故的风险。

(四)项目停工风险

《公路建设监督管理办法》第 41 条、《江苏省公路工程施工分包管理实施细则》第 21 条、《江西省交通运输厅关于印发省级行政权力清单的通知》第 96 条、《西藏自治区公路条例》第 58 条均规定,建设单位指定分包的,可暂停项目执行,责令限期改正。因此,对于指定分包的公路项目,存在项目停工的风险。

四、案例解读

(一)业主与桩基单位、施工单位等施工合同纠纷案

2002 年 12 月,桩基单位承接了业主发包的案涉项目钻孔及沉管灌注桩工程。2003 年 1 月,业主与施工单位订立了建设工程施工合同,该合同中第 2 条的工程承包范围明确施工图范围内所有土建、桩基、水电安装及场外附属工程等内容;专用条款中明确,本工程发包人同意承包人分包的工程为桩基工程,分包施工单位为桩基单位。

2005年4月，业主起诉要求桩基单位赔偿经济损失。在审理中，质量鉴定单位进行了桩基工程质量鉴定，明确：桩基质量不合格；造成以上质量的根本原因是桩基施工单位的技术能力及质量控制方面出现问题，其施工行为与桩基质量问题之间存在明显的因果关系。

审理过程中，桩基单位要求追加施工单位、监理单位为本案被告。

法院观点：施工单位作为总承包人，对业主直接指定分包人的行为并未提出异议，且在履行合同义务时，已认可了桩基单位的实际施工行为，故可以认定施工单位与桩基单位建立了事实上的桩基分包合同关系，施工单位对桩基工程的质量问题也应承担相应责任。根据《建筑法》第29条第2款的规定，施工单位和桩基单位就桩基工程质量问题应对业主承担连带责任，原判认定施工单位与桩基单位共同承担50%的赔偿责任也属合理。

判决结果：施工单位与桩基单位就桩基工程质量问题对业主共同承担50%的赔偿责任。

（二）钢结构公司与杰联公司施工合同纠纷案

2014年1月，杰联公司（甲方）与钢结构公司（乙方）签订《钢结构工程分包合同》一份，约定：应业主要求，确定乙方为钢结构系统工程的指定分包单位；第5.2.6条和第5.2.7条约定整体项目通过竣工验收后，支付至竣工结算款的95%，该费用的支付前提是待甲方收到业主方付款后1周内支付给乙方。合同签订后，钢结构公司按约完成了相应的施工义务。

杰联公司观点：原、被告之间约定的付款条件尚未成就，分包合同约定，原告系业主方指定分包单位，有关分包工程款的支付应当适用相应的背靠背条款，即需待业主支付以后才能相应转付。

法院观点：在本案诉争工程已经通过竣工验收的情况下，原告有权要求被告杰联公司按照合同约定支付相应的工程价款。关于被告辩称的付款条件尚未成就，原告需待业主支付以后才能相应转付工程款的辩解意见，被告自述建设方已经向其支付了大约90.4%的结算款项，被告因其他原因导致和建设方的纠纷而要求原告继续予以等待不具合理性，被告没有理由就95%的工程款部分拒绝支付，本院对被告的上述辩解意见不予采纳。

判决结果：杰联公司向钢结构公司支付工程款及逾期付款利息。

实务要点

以上两个案件都是指定分包相关的案例，案例(一)中，施工单位与桩基单位之间并未签订合同，但是因总包合同中包含桩基工程，且在总包合同确定桩基单位为指定分包单位时，施工单位未提出异议，施工单位因此承担了桩基质量问题50%的责任；案例(二)是合同中约定了“背靠背”条款，但是法院仍然判决施工单位向指定分包单位支付工程款。据此，笔者提示以下几点：

一是对于业主已经单独发包的工程，施工单位应拒绝将其纳入总包合同内，以避免对单独发包的工程承担质量责任。案例(一)中，桩基工程已经由业主单独发包，但是施工单位在签订总包合同时，仍将桩基工程纳入总包范围内，并接受桩基单位作为指定分包单位。最终因桩基工程质量问题，施工单位承担了50%的赔偿责任。

二是在合同中约定“背靠背”条款时，若业主在过程中未支付相应工程款，应向业主发函甚至起诉要求业主尽快按照合同约定支付相应工程款，否则，法院很可能会认为施工单位阻碍合同条件的成就，从而判定施工单位向指定分包单位支付工程款。

三是在对指定分包付款的约定，应明确具体，不能仅仅约定“背靠背”条款，而是需要就工程款的支付时间、支付比例、支付方式，业主未支付时的处理方式等明确约定，否则，在业主未支付工程款时，施工单位很难以“背靠背”条款作为抗辩理由。

五、风险防范和应对

(一)根据业主资信决定是否接受指定分包

指定分包模式下，施工单位最大的风险是承担着向指定分包支付工程款的义务，所以，建设单位资信是否良好、是否能够依约及时足额支付工程款极为重要。施工单位在签订合同前，应资信审核建设单位资信状况。

若建设单位资信良好，那么指定分包单位的工程款支付有保障，只要指定分包工程质量合格，施工单位就可以获得一笔管理费，增加自身的营业收入。此时，施工单位可以将指定分包工程纳入施工合同范围。

若建设单位资信较弱，资金支付能力差，也就意味着对于指定分包的工程款支付也就没有保障。若在施工过程中建设单位资金链断裂甚至破产，就会导致由施工单位向指定分包单位支付工程款。所以，在建设单位资信较弱的情况下，施工单位应与建设单位协商，要求将指定分包工程直接发包，让建设单位与指定分包签订合同，工程款由建设单位直接向指定分包单位支付，施工单位只收取总包配合费（非管理费），以此降低施工单位风险。

（二）仔细考察指定分包资质和履约能力

《建筑法》第26条规定，承包建筑工程的单位应当持有依法取得的资质证书，并在其资质等级许可的业务范围内承揽工程。

《建设工程质量管理条例》第7条规定，建设单位应当将工程发包给具有相应资质等级的单位。

《最高人民法院关于审理建设工程施工合同纠纷案件适用法律问题的解释（一）》（法释〔2020〕25号）第1条规定："建设工程施工合同具有下列情形之一的，应当依据民法典第一百五十三条第一款的规定，认定无效：（一）承包人未取得建筑业企业资质或者超越资质等级的；……"

由上述规定可以看出，单位承接工程需要具备相应的资质，若不具备相应资质承接工程的，合同无效。所以在建设单位确定指定分包单位后，施工单位应审核指定分包单位，若发现指定分包单位没有承接相应工程的资质，应书面向建设单位提出异议，要求建设单位更换指定分包单位或者由施工单位自行选择分包单位，以此避免合同无效。

当建设单位确定指定分包单位后，施工单位不能盲目按照建设单位的要求签订分包合同，而是要仔细审核指定分包单位的履约能力，包括其人员配置是否能够达到施工要求、是否有足够的垫资施工能力、是否有完成分包工程的能力、过往履约情况是否良好、公司经营情况是否良好等。若施工单位发现指定分包单位很可能不具备足够的履约能力，应向建设单位发函说明情况，要求建设单位更换指定分包单位或者更换分包模式，并说明若建设单位拒绝更换，因此导致的对工程不利的后果均由建设单位和指定分包单位承担。

（三）加强指定分包的管理

施工单位对于指定分包单位，要与自有单位一样，加强管理，不能放任不管，只收取总包管理费。对指定分包的管理是多方面的，包括但不限于：

1. 加强对指定分包合同的管理。一是在可能的情况下，要与建设单位、指定分包单位签订三方合同，在三方合同中明确各方的权利与义务；二是若指定分包非由施工单位招标，那么施工单位应与建设单位协商，要求对招标文件进行审核，并提出自己的意见与要求。

2. 加强对指定分包的进度管理。对于指定分包的进度，施工单位应要求指定分包单位严格按照合同执行，当指定分包单位施工进度达不到合同约定或者因指定分包进度过慢影响施工单位进度时，施工单位一方面需根据指定分包合同，对指定分包进行处罚；另一方面应向建设单位发函，要求其对因指定分包进度缓慢造成的后果和损失承担责任。

3. 加强对指定分包的安全管理。施工单位应将指定分包单位纳入自身安全管理体系，与指定分包单位签订安全管理责任书，降低安全事故发生的概率，从而降低自身风险。

4. 加强对指定分包的质量管理。根据司法解释，对于建设单位指定分包的工程，施工单位承担过错责任。因此，施工单位若发现指定分包工程质量存在问题，应分别向指定分包单位和建设单位发函，避免因指定分包工程质量问题承担责任。

5. 加强对指定分包的工程款支付管理。因指定分包的工程款最终支付责任是施工单位，所以施工单位不能仅仅扮演一个转付工程款的角色，而应对指定分包的报量、工程款的请款、最终结算进行审核，在建设单位支付后，扣除应扣款后向指定分包支付。

6. 加强对指定分包过程资料的管理。施工单位在过程中应注重收集指定分包的资料，包括建设单位要求施工单位与指定分包单位签订合同的指令、过程中针对指定分包的来往函件、会议资料、履约资料等。

（四）明确指定分包合同重要条款

为了避免指定分包工程在履约过程中出现争议，施工单位在与指定分包单位签订合同时，需要对指定分包合同的支付条款、索赔条款、过程资料审核条款、结算条款进行明确，以此明确自身在指定分包工程中承担的责任。若指定分包文本为业主拟定不可更改，施工单位应通过与指定分包单位签订补充协议等方式明确下列合同条款：

1. 关于工程款支付，应明确约定，“施工单位只有在收到业主或雇主支付的指定分包工程款时，施工单位才负有转付工程款义务。否则，施工单位不负有支付工程款的义务”。

2. 关于施工单位逾期支付工程款，指定分包单位的索赔条款，应约定，“因业主或雇主原因致使施工单位无法按照合同约定支付工程款的，指定分包单位承诺：由此造成的损失，在业主或雇主欠付工程进度款的范围内，分包方同意只向业主或雇主索赔，与施工单位无关”。

3. 关于过程履约资料审核，应约定，“施工单位在指定分包方提交的任何文件上签名时，仅表示收到该文件并非对文件内容的确认，不作为结算以及过程付款的依据。若该文件为签证或任何与合同价款、工期、工程范围相关，那么签证无论所涉金额大小、或涉工期调整的、或引起工程范围扩大或缩小的、或工程质量标准的提高或降低的工程签证，除应以合同约定的总包方人员签字外，还须经业主或雇主盖章后，方为有效签证，否则不作为结算依据”。

（五）重视对指定分包的索赔与反索赔

当指定分包出现质量问题、工期问题、影响现场施工进度等违约行为时，施工单位应积极向指定分包索赔。因为在指定分包工程上，施工单位一般只是收取很低的管理费，但是在总包合同中很可能约定由施工单位和指定分包单位就施工的分包工程承担连带责任，所以当指定分包单位违约时，施工单位要积极地向指定分包单位索赔，以免因指定分包单位的违约从而造成自身的损失。

指定分包对于工程的索赔对象应是建设单位，但是因为是由施工单位作为分包工程的发包人，所以在出现索赔事项时，指定分包单位很可能向施工单位进行索赔。此时，对于指定分包的索赔，施工单位应慎重处理，并坚持一个原则，即涉及费用和事实的认定，都应由建设单位确定，施工单位不予确定。以免造成在施工单位确认指定分包索赔后，建设单位不予确定，从而造成施工单位自身承担责任的情形。

（六）谨慎解除合同

因为指定分包单位有其特殊性，所以对于指定分包单位解除合同的，施工单位应谨慎。指定分包解除合同分两种：

一是建设单位发出指令，要求施工单位与指定分包单位解除合同。在此情况下，施工单位应做好：(1)要求业主签发关于要求施工单位解除与分包单位施工合同的书面指令；(2)在对指定分包之违约行为是否构成合同解除进行证据收集和法律分析后，决定是否解除与指定分包单位合同；(3)施工单位要对合同解除及善后工作的相关费用支出进行详尽统计并保留各项证据，以便于向建设单位提出费用索赔。

二是指定分包单位行为影响施工单位进度，施工单位不得不解除合同的情况下，施工单位应做到：(1)向建设单位发出联系函，向其说明指定分包单位的违约事实及解除合同的必要性，并请建设单位同意；(2)若建设单位同意解除合同，因该分包单位是由建设单位指定，所以可以将工程工期延误、费用增加归责于建设单位，施工单位应向建设单位提出索赔；(3)若建设单位不同意，那么施工单位应要求建设单位发出明确的指令，并向建设单位索赔因此遭受的损失。

第二十七章　政府投资项目“未批先建”的法律风险浅析

《全国人大常委会关于批准2015年中央决算的决议》(2016年7月2日第十二届全国人民代表大会常务委员会第二十一次会议通过)中指出“(三)保障性安居工程跟踪审计情况……审批绿色通道政策执行不到位,加之监管不严格,1339个市县有4287个项目(占抽查项目的29%)存在未批先建、非法占地、未依法招投标等问题”。据此可以看出,在政府投资项目中,一些地方政府为了自身业绩或者追求工程进度,往往在项目完成开工前审批事项前即要求相关单位进行建设,导致出现“未批先建”违规现象。根据《建筑法》《建设工程质量管理条例》《政府投资条例》等相关法律法规的规定,政府投资项目在开工前应完成一系列的审批手续,若未完成则可能遭受一定的处罚。那么,政府投资项目在开工前应该取得哪些批准,“未批先建”存在哪些风险。本章笔者根据相关法律规定,结合自身实践,对政府投资项目“未批先建”的法律风险进行浅要解析。

一、“未批先建”的含义

2019年7月1日正式实施的《政府投资条例》第20条第1款规定:“政府投资项目开工建设,应当符合本条例和有关法律、行政法规规定的建设条件;不符合规定的建设条件的,不得开工建设。”

国务院办公厅在《转发发展改革委、监察部等部门关于解决当前政府投资工程建设中带有普遍性问题意见的通知》(国办发〔2010〕41号)规定:“一、规范工程建设决策行为,重点解决未批先建、违规审批等问题……(二)切实履行职责,严格执行建设审批程序。各级政府有关部门要按照国家有关规定,加强审批管理,强化对项目规划依据、节能评估、项目用地预审、环境影响评价、水土保持方案等条件的审核。不符合国家产业政策、发展建设规划、市场准入标准等相关规定以及有关手续不完备的项目,不得开工建设,金融机构不得发放贷款。严格禁止未批先建。”

根据上述规定可以看出,“未批先建”是指政府投资项目在开工前,未按照《建筑法》《建设工程质量管理条例》《城乡规划法》《政府投资条例》《环境影响评价法》等法律法规的规定办理相关审批手续，在不符合相关法律法规的规定下即开工建设的行为。

二、开工前应取得的批准

国务院办公厅《关于全面开展工程建设项目审批制度改革的实施意见》（国办发〔2019〕11 号）中规定：“（六）合理划分审批阶段。将工程建设项目审批流程主要划分为立项用地规划许可、工程建设许可、施工许可、竣工验收四个阶段。其中，立项用地规划许可阶段主要包括项目审批核准、选址意见书核发、用地预审、用地规划许可证核发等。工程建设许可阶段主要包括设计方案审查、建设工程规划许可证核发等。施工许可阶段主要包括设计审核确认、施工许可证核发等。竣工验收阶段主要包括规划、土地、消防、人防、档案等验收及竣工验收备案等。”

《政府投资条例》第 10 条第 1 款规定：“除涉及国家秘密的项目外，投资主管部门和其他有关部门应当通过投资项目在线审批监管平台（以下简称在线平台），使用在线平台生成的项目代码办理政府投资项目审批手续。”

发改委、住建部等 15 部委联合发布的《关于印发全国投资项目在线审批监管平台投资审批管理事项统一名称和申请材料清单的通知》（发改投资〔2019〕268 号）中明确规定了在线平台审批的事项清单，其中政府投资项目在开工前应完成或取得批准的重要程序包括以下事项：（1）政府投资项目建议书审批；（2）政府投资项目可行性研究报告审批；（3）政府投资项目初步设计审批；（4）建设项目用地预审；（5）选址意见书；（6）建设项目环境影响评价审批；（7）节能审查；（8）生产建设项目水土保持方案审批；（9）建设用地（含临时用地）规划许可证核发；（10）乡村建设规划许可证核发；（11）建设工程规划类许可证核发；（12）建设工程消防设计审核；（13）建筑工程施工许可证核发等。

根据上述规定，政府投资项目在开工前应完成或取得批准的重要审批程序可以分为：（1）立项用地规划许可程序，其中主要包含政府投资项目建议书审批、可行性研究报告审批、初步设计审批、建设用地（含临时用地）规划许可证核发；（2）工程建设许可程序，主要内容为建设工程规划类许可证核发；（3）施工许可程序，主要内容为建筑工程施工许可证核发；（4）其他审批程序，主要内容为建设项目环境影响评价审批等。

三、“未批先建”法律风险

上文说到，针对政府投资项目在开工前应完成或取得批准的重要审批程序可以分为立项用地规划许可程序、工程建设许可程序、施工许可程序、其他审批程序四类,那么针对该四类需要完成的审批程序有哪些具体规定,违反相关规定有哪些法律风险呢?

(一)立项用地规划许可程序

1. 相关规定

《政府投资条例》第 9 条第 1 款规定,政府采取……投资的项目(以下统称政府投资项目),项目单位应当编制项目建议书、可行性研究报告、初步设计,按照政府投资管理权限和规定的程序,报投资主管部门或者其他有关部门审批。

《政府投资条例》第 11 条第 1 款规定,投资主管部门或者其他有关部门应当根据国民经济和社会发展规划、相关领域专项规划、产业政策等,从下列方面对政府投资项目进行审查,作出是否批准的决定:(1)项目建议书提出的项目建设的必要性;(2)可行性研究报告分析的项目的技术经济可行性、社会效益以及项目资金等主要建设条件的落实情况;(3)初步设计及其提出的投资概算是否符合可行性研究报告批复以及国家有关标准和规范的要求;(4)依照法律、行政法规和国家有关规定应当审查的其他事项。

《城乡规划法》第 37 条规定:"在城市、镇规划区内以划拨方式提供国有土地使用权的建设项目,经有关部门批准、核准、备案后,建设单位应当向城市、县人民政府城乡规划主管部门提出建设用地规划许可申请,由城市、县人民政府城乡规划主管部门依据控制性详细规划核定建设用地的位置、面积、允许建设的范围,核发建设用地规划许可证。"

《城乡规划法》第 38 条规定:"以出让方式取得国有土地使用权的建设项目,建设单位在取得建设项目的批准、核准、备案文件和签订国有土地使用权出让合同后,向城市、县人民政府城乡规划主管部门领取建设用地规划许可证。"

根据上述规定可以看出,政府投资项目在开工建设前,需要对项目建议书、可行性研究报告、初步设计进行审批,并取得建设工程用地规划许可证。

2. 法律风险

《政府投资条例》第 34 条规定:"项目单位有下列情形之一的,责令改正,根据具体情况,暂停、停止拨付资金或者收回已拨付的资金,暂停或者停止建设活动,对负有责任的领导人员和直接责任人员依法给予处分:(一)未经批准或者不符合规定的建设条件开工建设政府投资项目……"

根据上述规定,若政府投资项目未完成立项用地规划许可程序的,可能遭受如下处罚:(1)暂停、停止拨付资金或收回已经拨付的资金;(2)暂停或者停止建设活动;(3)对相关人员给予处分。

(二)工程建设许可程序

1. 相关规定

《城乡规划法》第 40 条规定:“在城市、镇规划区内进行建筑物、构筑物、道路、管线和其他工程建设的,建设单位或者个人应当向城市、县人民政府城乡规划主管部门或者省、自治区、直辖市人民政府确定的镇人民政府申请办理建设工程规划许可证。”

《城乡规划法》第 41 条规定:“在乡、村庄规划区内进行乡镇企业、乡村公共设施和公益事业建设的,建设单位或者个人应当向乡、镇人民政府提出申请,由乡、镇人民政府报城市、县人民政府城乡规划主管部门核发乡村建设规划许可证。”

根据上述规定,在城市、镇规划区内进行工程建设,需要取得建设工程规划许可证,在乡、村规划区内进行建设的,需要取得乡村建设规划许可证。

2. 法律风险

(1)合同无效

《最高人民法院关于审理建设工程施工合同纠纷案件适用法律问题的解释(一)》(法释〔2020〕25 号)第 3 条第 1 款规定:“当事人以发包人未取得建设工程规划许可证等规划审批手续为由,请求确认建设工程施工合同无效的,人民法院应予支持,但发包人在起诉前取得建设工程规划许可证等规划审批手续的除外。”

根据该条可以看出,若建设单位未取得建设工程规划许可证且在起诉前未补正的,施工合同无效。

(2)工程停工、限期拆除、高额罚款等

《城乡规划法》第 64 条规定:“未取得建设工程规划许可证或者未按照建设工程规划许可证的规定进行建设的,由县级以上地方人民政府城乡规划主管部门责令停止建设;尚可采取改正措施消除对规划实施的影响的,限期改正,处建设工程造价百分之五以上百分之十以下的罚款;无法采取改正措施消除影响的,限期拆除,不能拆除的,没收实物或者违法收入,可以并处建设工程造价百分之十以下的罚款。”

根据上述规定,若建设单位未取得建设工程规划许可证,根据具体情节,可以处以工程停工、要求限期改正、要求限期拆除、没收实物或者违法收入,并处以高额罚款。

(三)施工许可程序

1. 相关规定

《建筑法》第7条规定:"建筑工程开工前,建设单位应当按照国家有关规定向工程所在地县级以上人民政府建设行政主管部门申请领取施工许可证;但是,国务院建设行政主管部门确定的限额以下的小型工程除外。按照国务院规定的权限和程序批准开工报告的建筑工程,不再领取施工许可证。"

《建筑工程施工许可管理办法》第2条规定:"在中华人民共和国境内从事各类房屋建筑及其附属设施的建造、装修装饰和与其配套的线路、管道、设备的安装,以及城镇市政基础设施工程的施工,建设单位在开工前应当依照本办法的规定,向工程所在地的县级以上地方人民政府住房城乡建设主管部门(以下简称发证机关)申请领取施工许可证。工程投资额在30万元以下或者建筑面积在300平方米以下的建筑工程,可以不申请办理施工许可证。省、自治区、直辖市人民政府住房城乡建设主管部门可以根据当地的实际情况,对限额进行调整,并报国务院住房城乡建设主管部门备案。按照国务院规定的权限和程序批准开工报告的建筑工程,不再领取施工许可证。"

《建筑工程施工许可管理办法》第3条规定:"本办法规定应当申请领取施工许可证的建筑工程未取得施工许可证的,一律不得开工。"

根据上述规定,除按照国务院规定的权限和程序批准开工报告的建筑工程和小额工程不需要申请施工许可证之外,所有工程在开工前都需要取得施工许可证。

2. 法律风险

(1)项目停工、罚款

《建筑法》第64条规定:"违反本法规定,未取得施工许可证或者开工报告未经批准擅自施工的,责令改正,对不符合开工条件的责令停止施工,可以处以罚款。"

《建设工程质量管理条例》第57条规定:"违反本条例规定,建设单位未取得施工许可证或者开工报告未经批准,擅自施工的,责令停止施工,限期改正,处工程合同价款百分之一以上百分之二以下的罚款。"

根据上述规定,未取得施工许可证即开始施工的,由相应的主管部分责令项目停工,并处以一定金额的罚款。

《建筑工程施工许可管理办法》第12条规定:"对于未取得施工许可证或者为规避办理施工许可证将工程项目分解后擅自施工的,由有管辖权的发证机关责令停止施工,限期改正,对建设单位处工程合同价款1%以上2%以下罚款;对施工单位处 3 万元以下罚款。”

(2)单位人员罚款、通报

《建筑工程施工许可管理办法》第 15 条规定:“依照本办法规定,给予单位罚款处罚的,对单位直接负责的主管人员和其他直接责任人员处单位罚款数额 5% 以上 10% 以下罚款。单位及相关责任人受到处罚的,作为不良行为记录予以通报。”

根据上述规定及《建筑工程施工许可管理办法》第 12 条的规定,对于未取得施工许可证即开始施工的,单位直接负责的主管人员很可能遭受罚款,并且会作为不良行为记录予以通报。

(四)其他审批程序

1. 相关规定

《环境影响评价法》第 16 条规定:“国家根据建设项目对环境的影响程度,对建设项目的环境影响评价实行分类管理。建设单位应当按照下列规定组织编制环境影响报告书、环境影响报告表或者填报环境影响登记表(以下统称环境影响评价文件):(一)可能造成重大环境影响的,应当编制环境影响报告书,对产生的环境影响进行全面评价;(二)可能造成轻度环境影响的,应当编制环境影响报告表,对产生的环境影响进行分析或者专项评价;(三)对环境影响很小、不需要进行环境影响评价的,应当填报环境影响登记表。”

《环境影响评价法》第 25 条规定:“建设项目的环境影响评价文件未依法经审批部门审查或者审查后未予批准的,建设单位不得开工建设。”

根据上述规定,建设单位在开工建设前,根据项目实际情况,编制环境影响报告书或者编制环境影响报告表或者填报环境影响登记表,并经过审批部门审查,未经审查或者审查未予通过的,不能开工建设。

2. 法律风险

《环境影响评价法》第 31 条规定:“建设单位未依法报批建设项目环境影响报告书、报告表,或者未依照本法第二十四条的规定重新报批或者报请重新审核环境影响报告书、报告表,擅自开工建设的,由县级以上生态环境主管部门责令停止建设,根据违法情节和危害后果,处建设项目总投资额百分之一以上百分之五以下的罚款,并可以责令恢复原状;对建设单位直接负责的主管人员和其他直接责任人员,依法给予行政处分。”

根据上述规定,未进行环评即开始建设的,根据情节和后果,可能遭受停工处罚、高额罚款、恢复原状、对主管人员给予行政处分等处罚。

四、相关案例

(一)某小学未取得施工许可证施工遭受处罚案

根据永泰县住房和城乡建设局公开信息显示:“永泰县赤锡中心小学未取得建筑工程施工许可证,擅自在永泰县赤锡乡赤锡村进行建设永泰县赤锡中心幼儿园教学楼及泵房,项目总建筑面积2607.56平方米,工程合同造价556.75万元。经我局局务会议研究,对建设单位进行行政处罚,处工程合同价款百分之一罚款,处罚金额5.5675万元,并责令停止施工,待办理施工许可证手续后才能进行施工。”

(二)A县某局未批先建办公楼案

根据随州纪委监委公开信息显示:“2013年9月至2014年5月,A县某局新建一栋办公楼,建筑面积5200平方米,总投资1500万元。大楼竣工后,该局补办项目核准申请。经县纪委调查核实,该楼不仅未批先建,且超标准豪华装修。该事件经网络曝光后,引起社会强烈反响。处理意见:A县某局未经审批新建办公楼且超标准使用装修材料,严重违反了中央八项规定精神和国家关于禁止违规新建楼堂馆所的相关规定,浪费了国家资财,应定性为其他挥霍浪费公共财产的行为,属于情节较重,局党组书记、局长王某某负有直接责任,经县纪委常委会议、县监察局局长办公会议审议并报县委、县政府批准,给予王某某撤销党内职务、行政撤职处分。”

(三)某公司未依法报批环境影响评价文件擅自开工案

2017年9月29日,市生态环境局执法人员对东莞市合和实业投资有限公司设立在东莞市大岭山镇新塘村石大路边的山湖二期建设项目进行现场检查,发现该单位未依法报批环境影响评价文件,未经批准,擅自开工建设,主体工程已基本建设完毕。查处情况:该单位的行为违反了《中华人民共和国环境影响评价法》的规定,市生态环境局对其未依法报批环境影响评价文件擅自开工建设的违法行为作出《责令改正违法行为决定书》(东环违改字〔2017〕3128号)和《行政处罚决定书》(东环罚字〔2017〕3708号),责令其立即停止项目建设,并对其处以460万元的罚款。

律师提示:

案例(三)虽然非政府投资案例,但是根据该案的处罚力度(罚款460万元)可以看出,政府相关部门对于未完成环评手续即开始建设的行为查处极为严厉,结合其他案例,律师提示以下几点:

第一,政府投资项目一般作为涉及国计民生的项目,在开工建设前一定要完成相应的审批手续,合法合规地进行建设,这样才能尽快地完成项目建设,尽快使项目投入使用。

第二,若政府投资项目在开工前未完成相应的审批手续,一是可能使项目遭受长期停工,使项目建设不能按照计划完工并投入使用;二是可能使政府相关负责人员遭受处罚,甚至撤职,影响极大。

第三,若政府投资项目因在开工前未完成相应审批而遭受处罚,会降低政府在人民心中的公信力,起到不良带头作用,影响政府信用。

综上,政府投资项目“未批先建”存在多种法律风险,不仅可能使项目被处以停工、罚款,重者还可能被处以限期拆除,导致项目彻底无法进行建设。因此,政府及相关单位在进行政府投资项目建设前,应按照相关法律法规的规定,及时完成相应的审批手续,合法合规地进行建设,避免出现“未批先建”情形。

以上即笔者针对政府投资项目“未批先建”的法律风险浅析,笔者后续将针对政府投资项目中存在的违规事项继续进行分析,敬请大家关注,并给出相关建议。

第二十八章　大型施工企业如何应对《保障中小企业款项支付条例》

《保障中小企业款项支付条例》(以下简称《支付条例》)于2020年9月1日正式施行。《支付条例》第1条明确指出:“为了促进机关、事业单位和大型企业及时支付中小企业款项,维护中小企业合法权益,优化营商环境,根据《中华人民共和国中小企业促进法》等法律,制定本条例。”《支付条例》中就保障中小企业款项支付给大型企业设定了较多义务,那么《支付条例》对于大型施工企业有何影响?大型施工企业应如何应对?本章笔者将根据《支付条例》相关规定并结合自身实践浅要论述大型施工企业如何应对《保障中小企业款项支付条例》。

一、中小企业划分标准

《支付条例》第3条规定:“本条例所称中小企业,是指在中华人民共和国境内依法设立,依据国务院批准的中小企业划分标准确定的中型企业、小型企业和微型企业;所称大型企业,是指中小企业以外的企业。”根据国家统计局发布的《统计上大中小微型企业划分办法(2017)》,在建筑业,中小企业是指营业收入80,000万元以下或资产总额80,000万元以下的企业。

二、《支付条例》出台原因

1. 中小企业是国家经济增长重要力量

中小企业占全国企业总数的90%以上,是作为支撑和推动经济增长、缓解就业压力的重要力量。根据《南方都市报》2019年12月一篇报道显示,深圳市企业超过200万户,其中,中小企业占比超过99%,创造了40%以上的GDP、60%以上的纳税、70%以上的出口和80%以上的就业。中小企业是国家经济增长、创造就业机会的重要力量,《支付条例》的出台,更有利于中小企业的健康发展。

2. 中小企业抗风险能力差且遭受疫情

中小企业规模小、资产总额不高、现金流较差,抗风险能力差,而2020年年初,又遭受新冠肺炎疫情影响，导致中小企业举步维艰。根据中国中小企业协会于2020年4月6日发布的一季度中小企业发展指数显示，受疫情影响，2020年第一季度中小企业发展指数（SMEDI）仅为82.0，较上季度大幅下降10.7点，创指数发布十年来季度最低值。其中，在8个分行业指数中，建筑业行业下降最为明显，从97下降至85.4，比上季度下降了11.6点。因此，有必要加强对中小企业的保障。

3. 中小企业与大企业市场地位不对等

中小企业与大企业相比，其抗风险能力、市场份额、社会资源、市场地位明显不对等，由此造成在与大企业签订合同时，大企业往往利用自身优势地位，要求中小企业接受不合理的付款条件、风险分配，在合同履约过程中，往往拖延付款或者采用非现金方式付款，造成中小企业生存越发困难。《支付条例》的出台有利于改善中小企业的地位，促进中小企业健康发展。

4. 为了优化营商环境、增强企业诚信

近几年，国家一致大力优化营商环境，要求企业增加自身诚信，而保障中小企业款项支付则是优化营商环境、大企业诚信的重要体现。2020年1月1日正式施行的《优化营商环境条例》第26条规定："国家鼓励和支持金融机构加大对民营企业、中小企业的支持力度，降低民营企业、中小企业综合融资成本。"第27条规定："国家促进多层次资本市场规范健康发展，拓宽市场主体融资渠道，支持符合条件的民营企业、中小企业依法发行股票、债券以及其他融资工具，扩大直接融资规模。"第32条规定："国家机关、事业单位不得违约拖欠市场主体的货物、工程、服务等账款，大型企业不得利用优势地位拖欠中小企业账款。"上述规定与即将实施的《支付条例》中相关规定一致，因此，出台《支付条例》极为必要。

三、《支付条例》主要内容

1. 适用范围及适用主体

（1）适用范围

《支付条例》第2条规定："机关、事业单位和大型企业采购货物、工程、服务支付中小企业款项，应当遵守本条例。"因此，《支付条例》的适用范围为机关、事业单位和大型企业采购货物、工程、服务支付中小企业款项，本章主要探讨大型施工企业在采购货物、工程、服务支付中小企业款项中的内容。

（2）适用主体

《支付条例》第28条规定："部分或者全部使用财政资金的团体组织采购货物、

工程、服务支付中小企业款项，参照本条例对机关、事业单位的有关规定执行。”结合《支付条例》第 2 条规定，此次《支付条例》中的支付主体为机关、事业单位、大型企业、部分或者全部使用财政资金的团体组织；获付主体为中小企业，即依据国务院批准的中小企业划分标准确定的中型企业、小型企业和微型企业。《支付条例》第 3 条第 2 款给中小企业设定了一个告知义务，即“中小企业与机关、事业单位、大型企业订立合同时，应当主动告知其属于中小企业”。

2. 大型企业的四大义务

(1) 及时付款义务

《支付条例》第 6 条规定：“机关、事业单位和大型企业不得要求中小企业接受不合理的付款期限、方式、条件和违约责任等交易条件，不得违约拖欠中小企业的货物、工程、服务款项。”第 8 条规定：“大型企业从中小企业采购货物、工程、服务，应当按照行业规范、交易习惯合理约定付款期限并及时支付款项。合同约定采取履行进度结算、定期结算等结算方式的，付款期限应当自双方确认结算金额之日起算。”第 9 条规定：“机关、事业单位和大型企业与中小企业约定以货物、工程、服务交付后经检验或者验收合格作为支付中小企业款项条件的，付款期限应当自检验或者验收合格之日起算。”第 12 条第 3 款规定：“机关、事业单位和大型企业应当按照合同约定，在保证期限届满后及时与中小企业对收取的保证金进行核实和结算。”第 13 条规定：“机关、事业单位和大型企业不得以法定代表人或者主要负责人变更，履行内部付款流程，或者在合同未作约定的情况下以等待竣工验收批复、决算审计等为由，拒绝或者迟延支付中小企业款项。”

《支付条例》从多个角度规定了大型企业应及时向中小企业支付款项，包括①不得要求中小企业接受不合理的付款期限、方式、条件；②应当按照行业规范、交易习惯合理约定付款期限并及时支付款项；③合同约定采取履行进度结算、定期结算等结算方式的，付款期限应当自双方确认结算金额之日起算；④约定以货物、工程、服务交付后经检验或者验收合格作为支付中小企业款项条件的，付款期限应当自检验或者验收合格之日起算；⑤保证金到期后及时结算；⑥不得以法定代表人或者主要负责人变更，履行内部付款流程，或者在合同未作约定的情况下以等待竣工验收批复、决算审计等为由拒绝或者迟延支付中小企业款项。

(2) 现金支付义务

《支付条例》第 10 条规定：“机关、事业单位和大型企业使用商业汇票等非现金支付方式支付中小企业款项的，应当在合同中作出明确、合理约定，不得强制中小企业接受商业汇票等非现金支付方式，不得利用商业汇票等非现金支付方式变相延长付款期限。”

根据该规定，大型企业在对中小企业付款时，若需要通过非现金方式支付，需要做到“明确、合理约定”，并要求“不得强制中小企业接受商业汇票等非现金支付方式”。

（3）依法收取保证金

《支付条例》第12条规定：“除依法设立的投标保证金、履约保证金、工程质量保证金、农民工工资保证金外，工程建设中不得收取其他保证金。保证金的收取比例应当符合国家有关规定。机关、事业单位和大型企业不得将保证金限定为现金。中小企业以金融机构保函提供保证的，机关、事业单位和大型企业应当接受。”

根据该条，大型施工企业在过程建设中收取保证金应做到：①只能收取投标保证金、履约保证金、工程质量保证金、农民工工资保证金四类保证金；②保证金收取比例符合国家规定；③不得将保证金限定为现金，若中小企业提供保函的，大型企业应当接受。

（4）支持融资义务

《支付条例》第14条规定：“中小企业以应收账款担保融资的，机关、事业单位和大型企业应当自中小企业提出确权请求之日起30日内确认债权债务关系，支持中小企业融资。”

根据该规定，若中小企业以应收账款担保融资，如保理等，大型企业应支持并于30日内确认债权债务关系。

3. 保障支付的四大措施

（1）逾期付款需付利息

《支付条例》第15条规定：“机关、事业单位和大型企业迟延支付中小企业款项的，应当支付逾期利息。双方对逾期利息的利率有约定的，约定利率不得低于合同订立时1年期贷款市场报价利率；未作约定的，按照每日利率万分之五支付逾期利息。”

根据该规定，在《支付条例》施行之后，大型企业延期支付中小企业款项的，应该支付逾期利息，且利率不得低于合同订立时1年期贷款市场报价利率，若合同中未约定利率，则按照每日利率万分之五支付逾期利息。

（2）公示逾期付款信息

《支付条例》第16条第2款规定：“大型企业应当将逾期尚未支付中小企业款项的合同数量、金额等信息纳入企业年度报告，通过企业信用信息公示系统向社会公示。”第27条规定：“大型企业违反本条例，未按照规定在企业年度报告中公示逾期尚未支付中小企业款项信息或者隐瞒真实情况、弄虚作假的,由市场监督管理部门依法处理。"

根据该规定,《支付条例》实施之后,大型企业在有逾期未付情形时,需要通过企业信用信息公示系统向社会公示。未公示的将会受到惩罚。

(3)逾期付款纳入失信

《支付条例》第17条规定:"省级以上人民政府负责中小企业促进工作综合管理的部门应当建立便利畅通的渠道,受理对机关、事业单位和大型企业拒绝或者迟延支付中小企业款项的投诉。受理投诉部门应当按照"属地管理、分级负责,谁主管谁负责"的原则,及时将投诉转交有关部门、地方人民政府处理,有关部门、地方人民政府应当依法及时处理,并将处理结果告知投诉人,同时反馈受理投诉部门。机关、事业单位和大型企业不履行及时支付中小企业款项义务,情节严重的,受理投诉部门可以依法依规将其失信信息纳入全国信用信息共享平台,并将相关涉企信息通过企业信用信息公示系统向社会公示,依法实施失信惩戒。"

根据该规定,若大型企业不履行及时支付中小企业款项义务受到投诉,情节严重的,将可能会作为失信信息纳入全国信用信息共享平台,并向社会公示。

(4)国家机关进行监督

《支付条例》第20条规定:"审计机关依法对机关、事业单位和国有大型企业支付中小企业款项情况实施审计监督。"第21条规定:"省级以上人民政府建立督查制度,对及时支付中小企业款项工作进行监督检查。"第22条规定:"国家依法开展中小企业发展环境评估和营商环境评价时,应当将及时支付中小企业款项工作情况纳入评估和评价内容。"

根据上述规定,国家机关从各个角度对保障中小企业支付进行监督,从而保障《支付条例》的落实。

四、大型企业应对措施

《支付条例》给大型企业设定了诸多义务,而大型施工企业作为一个需要大量现金流且自身现金流本就不充裕的一类企业,在《支付条例》实施后,必将面临更大挑战,大型施工企业应做好应对措施。

1. 思想高度重视

《支付条例》出台后,大型施工企业一定要从思想上高度重视,理由在于一是《支付条例》规定基本合理不难做到,《支付条例》的规定主要要求大型企业在合理的期限内按照合同要求支付款项,规定较为合理且不难做到。二是在于《支付条例》和企业的诚信体系挂钩，若违反支付条例很可能导致企业失信，在现在社会，企业一旦失信，将会寸步难行。作为大型施工企业，一般失信，很可能无法参与招投标，将会导致企业直接难以正常经营。三是不重视《支付条例》有可能给企业造成损失，比如若不按照《支付条例》规定设置逾期付款利息条款，将会按照每日万分之五的利率计算利息，那么利息将高达每年18.25%。

2. 举措尽快到位

大型施工企业应快速反应，在《支付条例》实施后第一时间按照《支付条例》相关规定将相关要求落实到位，其中，一是按照《支付条例》的要求，将未支付中小企业款项的合同数量、金额等信息纳入企业年度报告，通过企业信用信息公示系统向社会公示。二是梳理分包采购合同中必须缴纳现金保证金、保证金不符合法律规定相关条款，设置合理的保证金条款，并允许分供方以提交保函的形式缴纳保证金。三是清理分供合同条款，包括但不限于增加逾期付款利息条款，逾期付款利息按照合同订立时1年期贷款市场报价利率计算、去掉不合理的付款期限、方式、条件和违约责任等条款。

3. 提高发展质量

《支付条例》实施后，大型施工企业若再拖欠下游中小企业款项将会付出更大的代价，对其自身现金流提出了更高要求，因此大型施工企业要提高自身发展质量，改善自身现金流，从而减轻自身现金流压力。大型施工企业应尽量做到：

(1)提升签约质量，优化总包合同条件

施工企业现金流紧张的原因在于在当前建设工程市场，施工企业在合同签订时处于劣势地位，承接项目都会垫资施工或者部分垫资施工。因此，施工企业应该尽量提升签约质量，通过优化总包合同条件缓解自身现金流压力。

(2)加强过程管控，提升过程确权回款

大型施工企业在项目履约过程中，要加强过程管控，通过各种手段提升过程确权与过程回款，特别是过程签证、索赔款项，应在过程中让业主确认，并随着过程工程款一并支付，从而改善自身现金流。

(3)压力向上传导，改善业主履约情况

施工企业拖欠工程款的绝大多数情况源于业主拖欠施工企业工程款，施工企业无法支付下游分包分供商款项。因此，在《支付条例》实施后，施工企业应将压力向上传导，尽量改善业主履约情况。

(4)加快结算速度，敢于通过诉讼回款

施工企业经常面临的一种情况是当项目竣工进入结算后，项目久竣未结，甚至出现结算长达10年未落地。业主过程付款比例一般不超过80%，由此导致施工企业有高达20%的款项迟迟无法回收。因此，施工企业应加快结算速度，针对一些久竣未结项目，在与业主谈判无望的情况下，要敢于通过诉讼确定结算金额，通过诉讼回收款项，从而改善自身现金流。

（5）重视尾款回收，定期梳理项目尾款

施工企业人员变动频繁、人员流动性大，很多项目在结算完成后，整个项目团队人员都各自去往下一个项目，但是项目结算完成后，往往还有尾款需要回收，如质保金。有的合同约定质保金回收期限长达8年，施工企业往往对于质保金的回收不够重视，有的质保金到期后业主、施工企业均已忘记该笔款项。因此，施工单位应重视尾款回收，定期梳理项目尾款，当尾款到期后及时与业主沟通，及时回收。

第二十九章　施工单位如何管控电子数据证据风险

随着社会的发展,人们对于网络及电子设备的依赖性越来越高,电子数据充斥着社会各个角落。在建设工程领域,越来越多的环节采用网络或者线上的形式展开,如网上招投标、网上合同签约、网上合同备案、通过线上的方式报送工程量、领取图纸、完成签证等,导致在建设工程签约履约过程中越来越多的证据以电子数据的方式呈现。但是,施工单位在签约履约过程中,未对电子数据证据足够重视,未注重对电子数据的保存,导致在出现争议时,因无法提交符合法定形式电子数据证据导致自身损失。那么,现行法律对电子数据证据有何规定、施工单位在管理电子数据证据过程中有何难点、施工单位如何管控电子数据证据风险?笔者在本章和大家探讨施工单位如何管控电子数据证据风险。

一、电子数据相关规定

(一)电子数据的定义

2012 年 8 月,全国人民代表大会常务委员会发布《关于修改〈中华人民共和国民事诉讼法〉的决定》(中华人民共和国主席令第 59 号),首次在民事诉讼领域将电子数据规定为法定证据种类之一。《民事诉讼法》(中华人民共和国主席令第 71 号) 第 63 条规定:"证据包括:(一)当事人的陈述;(二)书证;(三)物证;(四)视听资料;(五)电子数据;(六)证人证言;(七)鉴定意见;(八)勘验笔录。"

2015 年 1 月,最高人民法院发布《关于适用〈中华人民共和国民事诉讼法〉的解释》(法释〔2015〕5 号,以下简称《民诉法司法解释》)第 116 条规定:"电子数据是指通过电子邮件、电子数据交换、网上聊天记录、博客、微博客、手机短信、电子签名、域名等形成或者存储在电子介质中的信息。存储在电子介质中的录音资料和影像资料,适用电子数据的规定。"

根据上述规定,电子数据通过电子邮件、电子数据交换、网上聊天记录、博客、微博客、手机短信、电子签名、域名等形成或者存储在电子介质中的信息。

(二)电子数据的种类

2019年12月,最高人民法院发布《关于修改〈关于民事诉讼证据的若干规定〉的决定》(法释〔2019〕19号,以下简称《新证据规定》),明确了电子数据的种类。《新证据规定》第14条规定:"电子数据包括下列信息、电子文件:(一)网页、博客、微博客等网络平台发布的信息;(二)手机短信、电子邮件、即时通信、通讯群组等网络应用服务的通信信息;(三)用户注册信息、身份认证信息、电子交易记录、通信记录、登录日志等信息;(四)文档、图片、音频、视频、数字证书、计算机程序等电子文件;(五)其他以数字化形式存储、处理、传输的能够证明案件事实的信息。"

根据上述规定,常见的电子数据包括:(1)网页证据;(2)微博、博客证据;(3)手机短信;(4)电子邮件;(5)微信、QQ等即时通信聊天记录;(6)传真件;(7)支付宝、淘宝等软件交易记录;(8)电子照片、音频、视频等;(9)用户注册信息、身份认证信息等;(10)其他。

(三)电子数据的举证要求

《新证据规定》第15条规定:"当事人以电子数据作为证据的,应当提供原件。电子数据的制作者制作的与原件一致的副本,或者直接来源于电子数据的打印件或其他可以显示、识别的输出介质,视为电子数据的原件。"第23条规定:"人民法院调查收集视听资料、电子数据,应当要求被调查人提供原始载体。提供原始载体确有困难的,可以提供复制件。提供复制件的,人民法院应当在调查笔录中说明其来源和制作经过。"

根据上述规定可以看出,在诉讼程序中,若以电子数据作为证据,需要向法院提供原件或者与原件一致的复制件。

(四)电子数据真实性核实方式

《新证据规定》第93条规定:"人民法院对于电子数据的真实性,应当结合下列因素综合判断:(一)电子数据的生成、存储、传输所依赖的计算机系统的硬件、软件环境是否完整、可靠;(二)电子数据的生成、存储、传输所依赖的计算机系统的硬件、软件环境是否处于正常运行状态,或者不处于正常运行状态时对电子数据的生成、存储、传输是否有影响;(三)电子数据的生成、存储、传输所依赖的计算机系统的硬件、软件环境是否具备有效的防止出错的监测、核查手段;(四)电子数据是否被完整地保存、传输、提取，保存、传输、提取的方法是否可靠；（五）电子数据是否在正常的往来活动中形成和存储；（六）保存、传输、提取电子数据的主体是否适当；（七）影响电子数据完整性和可靠性的其他因素。人民法院认为有必要的，可以通过鉴定或者勘验等方法，审查判断电子数据的真实性。”

第 94 条规定：“电子数据存在下列情形的，人民法院可以确认其真实性，但有足以反驳的相反证据的除外：（一）由当事人提交或者保管的于己不利的电子数据；（二）由记录和保存电子数据的中立第三方平台提供或者确认的；（三）在正常业务活动中形成的；（四）以档案管理方式保管的；（五）以当事人约定的方式保存、传输、提取的。电子数据的内容经公证机关公证的，人民法院应当确认其真实性，但有相反证据足以推翻的除外。”

根据上述规定，法院对于电子数据的真实性审查较为严格，需要“完整地保存、传输、提取”，同时也明确了在几种情况下应认可电子数据真实性的情形，包括在正常业务活动中形成的和经公证机关公证的。

二、施工领域常见电子数据证据

（一）现场照片

在施工过程中，很多事实需要通过现场照片反映一定事实，如（1）通过照片反映进场后施工条件不满足施工要求，如三通一平未完成；（2）通过照片反映现场进度，如出 ±0 时间、封顶时间、业主指定分包进场时间等；（3）通过照片反映签证索赔事项，如停工、业主未提供工作面等。

（二）电子邮件

当前越来越多的项目在施工过程中，业主要求施工单位在履约过程中采用电子邮件的方式进行沟通，包括但不限于：（1）通过电子邮件发送电子施工图；（2）通过电子邮件发送监理会议纪要、业主会议纪要；（3）通过邮件发送计量批复文件；（4）通过邮件发送期中付款证书；（5）通过邮件发送指令单；（6）通过邮件发送往来函件等。

（三）聊天记录

及时通信聊天记录包含微信、QQ、钉钉等即时通信软件聊天记录，分为一对一聊天记录和群聊。在施工过程中，业主很可能通过即时通信软件向施工单位发送包括但不限于电子施工图、计量批复、工作指令等。

（四）ERP 等系统证据

很多项目在施工过程中，业主都会要求施工单位使用类似于 ERP 系统、OA 系统进行履约，通过给施工单位管理人员开设相应的权限，要求施工单位在系统中完成工程量的报送、签证单的报送、索赔的报送、工程款申请等。

三、电子数据管理难点

（一）电子数据的易毁灭性

如上文所述，在建设工程领域常见的电子数据证据多为微信、QQ 等即时聊天软件的聊天记录、电子邮件等，由于建设工程施工一般耗时较长，短则半年一年，长则三年五载，如著名的“深坑酒店”（上海佘山世茂洲际酒店）从项目立项到酒店正式运营，前后超过 10 年。而类似于微信、QQ 等即时聊天软件的聊天记录、电子邮件等电子数据，时间长之后容易毁灭，包括被当事人删除、更换手机或电脑导致聊天记录丢失、电子邮件附件经过一段时间后附件不能下载等，从而导致电子数据毁灭。

（二）电子数据的易修改性

书证、物证等传统证据一般不易被修改且原件比较直接，可以直接出示，在民事诉讼程序中若无其他事由，真实性确认较为简单。电子数据证据依赖于技术手段，可随时更改、删除，具有不稳定性及即时性。若不及时进行固定取证或者保存好电子数据证据原件，很可能被因为其易修改性而被修改，导致真实性难以确认。

（三）电子数据持有人更换

在建设工程领域，经常出现的一种情况是招标投标阶段是一批人、施工过程管理是一批人、工程完工结算时又是另外一批人，且在这几个阶段人员更换频繁，再加上电子数据本身的易毁灭性和易修改性，就导致电子数据的管理极为困难。在出现争议时，往往只能由相关人员口述相关事情，但是无法提供相应证据，导致施工单位遭受损失。

四、施工单位管控要点

（一）明确约定联系人员方式

上文说到，在建设工程签约履约过程中，主要涉及的电子证据主要为手机短信、微信、QQ 等即时通信聊天记录、电子邮件等，而现在大多数合同中并未明确约定具体的联系人员、联系方式，从而导致在出现争议或者诉讼时，无法证明手机号码、微信、QQ、电子邮件的持有人身份，从而导致相应证据丧失应有的效力。因此建议施工单位通过合同、函件、会议纪要等方式明确项目履约过程中双方的负责人员、联系方式、手机号码、微信账号、QQ 账号、电子邮件等信息，以此避免在出现争议时一方否认相应的证据，导致自身遭受损失。

(二)设置工作邮箱专人负责

近年来，越来越多的业主要求在项目履约过程中采用电子邮件的方式进行沟通，包括但不限于过程报量、过程沟通、签证索赔、期中支付证书的发送、过程工程量的审核等。但是，在履约过程中常见的问题在于施工单位、业主、监理、咨询单位等管理人员都频繁更换，由此导致过程沟通电子邮件极为混乱且极易丢失，在双方出现争议时，往往需要找已经离职多年的人员进行核实，难度极大。因此，建议施工单位在每个项目上，都申请一个工作邮箱，并由专人负责，并在合同中明确规定，所有涉及与项目相关的邮件，都必须发送或者抄送至该邮箱，并且项目所有对外邮件，都通过该邮箱对外进行发送，由此将项目过程电子邮件统一管理，避免因为人员更换导致电子邮件丢失。

(三)人员离职做好账号交接

上文说到，建设工程项目施工时间长，在施工过程中往往会出现人员更换的情形，从而导致离职人员所掌握的电子数据证据丢失。因此建议施工单位应做好离职人员账号交接特别是电子邮箱的交接，并要求离职人员将电子邮箱中涉及项目的邮箱转发至工作邮箱并约定离职人员在一定期限内不得删除相应邮件。若邮件或者聊天记录极为重要，在相关人员离职时，应通过公证等方式将相应电子数据证据予以留存。

(四)主动建群防止恶意解散

在项目履约过程中，几乎所有项目都会建立沟通群(微信群、QQ 群、钉钉群等)，但是在实践中会出现当双方出现争议时，建群人会恶意解散群聊，导致群聊内容丢失。因此建议施工单位在项目履约过程中，主动建立相关沟通群，并在过程中注重保留群聊中对自身有利的证据。

（五）明确约定证据保存方式

《新证据规定》第 94 条第 1 款规定："电子数据存在下列情形的，人民法院可以确认其真实性，但有足以反驳的相反证据的除外：……（五）以当事人约定的方式保存、传输、提取的。"因此，施工单位应尽量与业主在合同中约定相应的联系方式（邮箱、微信、QQ 等），并约定通过约定联系方式发送的文件即为合法有效。

（六）重要文件及时公证留存

《新证据规定》第 94 条第 2 款规定："电子数据的内容经公证机关公证的，人民法院应当确认其真实性，但有相反证据足以推翻的除外。"根据上述规定，经公证机关公证的电子数据真实性较高，因此，施工单位在履约过程中应做好重要的履约过程电子数据的公证，包括业主过程审核工程量、业主的期中付款证书、过程签证索赔资料等。

（七）及时将电子数据转书证

在现阶段，无论是在诉讼程序中还是在当事人履约过程中，书证相较于电子数据证据都更加方便且更容易出示，且书证的真实性较为容易证实，电子数据证据存在较大局限性。因此，施工单位在履约过程中，若涉及重要履约资料，如业主审核工程量文件、过程对量文件、签证变更文件等，业主是通过电子邮件或者即时通信软件发送，施工单位应及时要求业主出具相应的纸质文件（书证），或者通过向业主发函的方式，要求业主确认通过电子邮件或者即时通信软件发送的文件的真实性。

（八）善于利用电子数据证据

施工单位在过程履约中，要善于利用电子数据证据为自身谈判或者履约增加筹码，如（1）利用电子数据证据证明施工条件；（2）利用电子数据证据证明施工工序问题；（3）利用电子数据证据证明额外增加工作量问题；（4）利用电子证据证明过程指令问题；（5）利用电子数据证据证明业主付款问题等。

（九）尽量形成完整证据链条

在现阶段，建设工程领域的电子数据证据往往是作为辅助证据出现，主要证据仍然为过程履约书证。因此，施工单位在履约过程中，要注重收集相应证据，如施工过程中的履约函件、会议纪要等，尽量形成完整的证据链条，通过其他证据和电子数据证据共同还原案件事实,从而维护自身合法权益。

（十）做好电子数据相关培训

《新证据规定》于2020年5月1日正式施行,在未来,电子数据证据作为法定证据之一,在出现争议时其作用越来越大。随着社会的发展,电子数据证据将越来越多,越来越与生活息息相关。因此,为了维护自身利益,在出现争议能够提供完整的、符合法律要求的证据,施工单位应做好电子数据证据相关培训,让公司人员都意识到电子数据证据的重要性,形成证据意识,防止因自身原因导致证据灭失。

第三十章　施工单位工程量增加的风险与应对

在建设工程施工项目中,在正常情况下承包商负责施工的工程量越大承包商盈利越多。但是,在当前市场环境下,承包商为抢先取得项目常采用低价竞争、不平衡报价的方式承揽项目,所以出现反常,即并非增加工程量同比增加盈利;相反,如果增加的部分在投标中属于亏损项,则增加的工作量越多亏损数额越大。另外,额外增加的工程量也是垫资施工,增加的工程量越多承包商垫资金额将进一步提高,给承包商带来风险和损失同比扩大。如果业主资金实力不足,承包商显然干得越多回收工程款的风险就越大。为此,笔者结合实践工作经验特拟此章,就如何应对业主要求增加施工内容的风险和防范措施予以阐述。

一、风险种类

(一)项目亏损风险

施工单位对业主要求增加施工内容进行施工后导致面临亏损风险,是指增加工程量的成本高于实际收入。此情形一般出现在,在针对增加工作量部分行进施工之前,承发包双方未能就增加部分的工作量达成新的计量、计价方式,且援引原施工合同中约定的计价方式计算对承包商不利。

(二)现金流枯竭风险

施工单位对新增加的工程量相对应的工程价款未能及时收回。此情形一般出现在承发包双方对新增加的工作量的计价方式或付款时间没有达成一致。要么援引原施工合同中关于变更价款支付的条款对承包商不利,如原施工合同中约定变更增加价款在结算时一并调整支付;要么承发包双方因计价问题发生争议造成增加的工作量的过程计量未能得到业主确认。承包人将增加的工作量完成,却不能按照施工进度取得相应的工程款,不论是结算时一并支付还是因计价问题争议导致过程支付困难,都会导致施工单位项目成本增加、现金流紧张,甚至会导致施工单位面临现金流枯竭的风险。

(三)丧失谈判优势地位

对承包商来说,在业主要求承包商对合同外增加内容进行施工的时候,正是承包商以此与业主方进行谈判的好时机。承包商本应借发包人要求的合同外工程施工与业主进行商务洽商,但承包商在收到业主方指令(甚至是口头指令)的情况下,就先行解决了业主的问题,将业主要求增加的施工内容进行施工并完成。在以后或者对现存争议问题进行谈判时,已错失了时机,丧失了优势的谈判地位。

二、主要情形

(一)模拟工程量清单下的亏损风险

模拟工程量清单,一般是指没有图纸时业主编制的用于承包商报价的工程量清单。随着我国建设项目招投标制度变革,必须招标项目进一步减少,非国有资金投资项目大都可以承发包双方直接签约。因为承发包直接签约,所以示范文本利用率低,应当由发包人承担工程量清单,准确性风险由承包人承担,而且施工合同签订时间前移,甚至建设项目没有立项、方案设计没有获得审批、未取得建设工程规划许可证的情况下,即签订了施工合同。因为没有施工图纸,所以合同价款以及工程量清单中量是估算的;也因为没有图纸,发包人最终确认的施工图,其工程量清单与模拟工程量清单可能差距甚大,如实际工程量超过模拟工程量的20%以上。

当前建筑市场,低价中标仍然是主旋律。承包商为了中标竞相压价,大都亏损中标,寄希望中标后通过变更实现盈利。但是,在工程清单模式下,没有招标图,发包人在编制模拟清单时,已经在最大范围内考虑了完整的清单子项,很难出现实际施工图确认后需要重新认价的项目,所以变更计价前提条件不足。关键是承包商对亏损金额的理解是站在模拟工程量的基础上,当实际施工图确定后,工程量会放大,进而导致亏损量放大。

(二)在其他单位遗留工程基础上继续施工的风险

尽管《建筑法》明文规定禁止肢解发包,但是将一个工程项目,甚至一个单体工程分别发包给不同施工单位施工仍然非常常见,另外,现行的总分包制度决定了工程项目由很多个承包商共同完成。正常情况下,承包商应当根据其施工合同约定的承包范围进行施工,某些特殊情况下承包商会接手或继续完成其他承包商施工范围内的工程。本来不在自己承包范围内,而且工程已经有了施工方,为什么承包商要施工呢?一般都是在发包人的工期压力下,从配合发包人的角度进行施工,如前期施工单位已完施工内容存在质量问题不利于后续施工工作开展，故后续承包方不得不对前期工程作了整改；再如，原施工方因为某些施工部位的施工亏损故意放弃施工，而承包商为了取悦发包人选择了继续完成此施工内容。

这些遗留专业工程，承包商如选择接手继续施工会面临若干问题。(1)对于其他施工单位因亏损而放弃的项目，即使承包商后续接手并完成全部施工内容，在多数情况下发包人仍希望承包人执行原合同单价，即"谁施工，谁亏损"；(2)对于其他单位已完施工存在质量问题的整改，费用究竟由发包人承担还是由原施工方承担？(3)如果前述两个问题迟迟不能解决，则发包人不会支付相应款项，必然导致承包商现金流损失。

(三)措施费包干下的亏损风险

根据建设工程费用组成，措施费分为单价措施费和总价措施费，当前建筑市场，有措施费包干的习惯性合同约定，包干的措施费有可能是总价措施费，也有全部措施费包干的。增加工程量必然导致措施费增加，若是在增加工程量施工之前承发包双方没有就措施费计取事宜达成一致，依据合同中关于措施费包干的约定，发包人很可能不同意就增加的工程量计算措施费，甚至在诉讼中法院也会依据施工合同约定不支持承包商计取措施费的诉求，导致增加工程量部分亏损。

(四)合同约定承包范围外工程施工风险

承包范围以外的增加工程包括：(1)本项目新增加的工程，如临时增加的坡道，原设计图纸中没有自行车坡道，后因设计调整予以增加；(2)业主要求承包商进行项目之外的工程施工，如其他承包商已施工但未完成的扫尾工程。这两种新增工程都涉及业主指令与计量计价的问题，即承包商应取得业主明确的要求施工书面指令之后再进行施工，同样在施工之前需要明确增加工程量的计价方式。如果缺少指令，发包人有可能拒绝支付；如果没有新的约定计价，单纯按照施工合同约定进行计量支付承包商有可能面临亏损。对于项目之外的新增工程，有可能因为施工内容不清晰引起价款计算与支付纠纷。

(五)突破项目投资概算的风险

我国政府投资项目实行概算管理，《政府投资条例》第 23 条规定，政府投资项目建设投资原则上不得超过经核定的投资概算。因国家政策调整、价格上涨、地质条件发生重大变化等确需增加投资概算的，项目单位应当提出调整方案及资金来源，按照规定的程序报原初步设计审批部门或者投资概算核定部门核定；涉及预算调整或者调剂的，依照有关预算的法律、行政法规和国家有关规定办理。《中央预算内直接投资项目概算管理暂行办法》（发改投资〔2015〕482 号）规定，申请调增幅度超过原核定概算百分之十及以上的，国家发改委原则上先商请审计机关进行审计，依据审计结论进行概算调整。因此，对于政府投资项目即使增加工作量的手续齐全、价格合理、及时支付，但是如果超过概算，在最终办理结算付款时依然会障碍重重。

三、风险应对

（一）根据发包人支付能力好坏决定是否同意增加工程量

当前几乎所有的建设工程项目都需要承包商垫资施工，因此在发包人资金能力不足情况下，施工产值越高承包商的风险越大；如果发包人的支付能力不足，甚至已经存在前期违约，承包商要坚决避免垫资施工。

（二）根据承包人是否有权拒绝施工决定是否同意增加工程量

对发包人施工过程中提出的增加工作量的指令，承包商是否必须执行是一个有争议的话题。很多合同文件中约定承包商对于发包人指令必须遵守，但是发包人指令也需要有一个限度，也应当受合同内的承包范围制约。笔者认为，以下业主指令可以不予执行：（1）超过正常有经验的承包商在签订施工合同时能够预见到的增加或变更工程量；（2）发包人变更或增加工程量的指令，存在施工技术障碍或材料设备采购困难；（3）发包人的指令违反规定或低于国家的最低质量标准；（4）发包人的指令将导致工程质量无法满足合同约定或验收标准。如果发包人指令是一个承包人有权拒绝执行的指令，那么承包人应当根据有利原则决定是否实施增加部分工作内容。

（三）模拟工程清单签约时要注意审核图纸和合同计价方式

模拟工程量清单报价，虽然招标人提供没有正式的施工蓝图，但是至少也应该提供电子版图纸。因此承包商应当获取并保留投标时的电子图纸，用于将来和正式施工图作变更对比。另外，注意拟签施工合同中，变更估价的相关规定。例如，2017 版建设工程施工合同示范文本 10.4.1 变更估价原则中规定，变更导致实际完成的变更工程量与已标价工程量清单或预算书中列明的该项目工程量的变化幅度超过 15% 的，或已标价工程量清单或预算书中无相同项目及类似项目单价的，按照合理的成本与利润构成的原则,由合同当事人按照第 4.4 款〔商定或确定〕确定变更工作的单价。建议承包商在与发包人协商合同条款时援引示范文本相应约定,以防止亏损放大。

(四)任何变更或增加工程量都应获得业主书面指令

发包人才是工程项目的所有人,因此只有发包人有指示变更的权利;设计单位的设计变更也应由发包人签发给承包商,承包商更加没有变更权,只有变更建议权。例如,上文所讲的承包商"协助"其他单位完成施工或质量整改,在承包商没有获得业主施工或整改指令情况下擅自实施的,将来在索要相应工程价款时极有可能发包人和原施工单位两家都不认可。

(五)针对承包人有选择权的项目要先认价后施工

凡是发包人要求承包人增加或变更的工作量,对于承包人而言是必须要做的,承包人当然无话语权。但如果对承包商而言属于可以选择的,即"可做可不做"时,则显然承包商拥有主动权,故承包商在施工之前需要就该部分的计价与支付先行与发包人协商,协商一致后才能施工,甚至签订补充协议之后再施工。

(六)针对施工图纸不能反映施工内容的项目要做施工同步记录

施工过程中为完成发包人的变更或增加工程量指令,承包商可能做一些拆改、抢工、土方或垃圾外运工作,或者采用特殊的施工做法施工,这些内容往往没有反映在施工图纸上,甚至有的施工作业就没有发包人签发的施工图纸,这部分工作在最终计算价款时,经常由于承包人缺乏足够的施工证据引发争议。所以,承包商对于实施一些没有反映在施工图纸上的工作时,应当做好施工过程同步记录,如文字版的记录应取得现场施工监理确认,施工监理确认困难的应当制作影像资料。有时,承包商也可以通过编制实施方案的方式推定最终施工内容,但同步记录证明效果更佳。

(七)多角度考虑,重新确认"措施费包干"的范围

关于合同中约定"措施费包干"的问题,笔者认为,措施费包干应该是有限度、有边界的,其限度和边界在于一个有经验的承包商可以预见到的工程施工范围之内,如果变更或增加的工作量超过了正常可预见的范围,发包人应当就增加工程量向承包商支付措施费。关于可预见的范畴,孙律师建议大家可以从以下几个方面

考虑:(1)承包范围。考虑业主要求增加的施工内容是否超出施工合同约定的承包范围,有些增加的工作量明显不在承包商承包范围之内的,可以认为是超过可预见范围。(2)拆改工作,发包人经常以设计变更的名义要求承包商将已施工的部分拆除,按照新的施工图纸施工,笔者认为,发包人应当在具体工程实施之前向承包商发出设计变更,如果施工已经完成了,说明业主的设计变更存在重大迟延,拆除和重新施工需要计取措施费。(3)重大规划变更,根据现有管理规定,发包人建设项目的方案设计应当取得政府相关部门审批,方案设计审批完成之后发包人再申请建设工程规划许可证,建设工程规划许可证审批后再进行施工图设计,如果设计变更仅仅限于施工图纸变更的,可以称为设计变更,但是有的设计变更改变了项目规模、用途,其实应当重新进行方案审批和建设工程规划许可证申请的,此种变更应当认为是超出了有经验的承包商的合理预期,相应增加的工程量应当计取措施费。

第三十一章　施工单位超付分包工程款风险及诉讼策划

在建设工程施工合同纠纷中,常因各种原因造成施工单位超付分包单位工程款,进而造成分包结算不能,引发总分包长时间争议。不仅不利于施工单位的经济利益,而且有损于施工单位施工项目的正常生产和施工单位的良好社会形象。施工单位如何通过诉讼方式追回超付的工程款并解决争议问题?在诉讼中需要注意哪些要点?在本章中笔者将给大家讲解施工单位如何应对超付分包工程款风险。

一、款项超付原因

在合同履行期间,如果双方之间的合同签订及履行均是依法依规进行,一般不会产生超付工程款的情况,之所以出现工程款超付是因为在履约期间发生重大变更事项,这些事项导致承包商不得不提前支付工程款,最终形成超付。造成超付的原因具体可以总结为以下几项:

(一)因农民工工资特殊法律属性超付

2019 年 12 月,国务院颁布《保障农民工工资支付条例》(以下简称《支付条例》),《支付条例》根据分包行为的合法性将承包商对农民工工资的保障义务分为支付责任和代付责任。

其中支付责任适用于承包商违法分包,如建筑法意义上挂靠、违法分包等。《支付条例》第 36 条规定:"建设单位或者施工总承包单位将建设工程发包或者分包给个人或者不具备合法经营资格的单位,导致拖欠农民工工资的,由建设单位或者施工总承包单位清偿。施工单位允许其他单位和个人以施工单位的名义对外承揽建设工程,导致拖欠农民工工资的,由施工单位清偿。"

其中,代付责任适用于一切分包行为,即承包商有保障承包范围内工程施工农民工获取劳动报酬的义务,如果下游分包单位未及时支付农民工工资,则承包商有垫付义务,通过垫付首先确保农民工工资支付,然后再向农民工的雇主主张返还。

《支付条例》第 30 条第 3 ~ 4 款规定:“分包单位拖欠农民工工资的,由施工总承包单位先行清偿,再依法进行追偿。工程建设项目转包,拖欠农民工工资的,由施工总承包单位先行清偿,再依法进行追偿。”

(二)因分包单位丧失信用而超付

建筑市场是一个充分竞争的市场,遵循的基本原则是低价中标,承包商对其分包招采也不例外。分包单位认为其工程款的计价方式过低或者自身管理出现问题导致亏损时,大多数分包不会认亏,而是采用各种办法拖延施工、拒不施工,以达到调增合同价格的目的,承包商迫于业主的工期压力,有时候不得不暂时满足分包单位的现金流需求,以期正常施工或分包退场,这样会造成超付。

(三)因过程管理不当超付

过程签证审核不严。针对分包合同承包范围内已经包含的工作量,施工过程中给予签证,或对同一事项的重复签证,导致重复计量重复计价。

过程计量审核不严。分包单位虚报、多报工作量,施工单位工作人员未严格审查予以批复,或者施工单位工作人员与分包单位相互串通,签批不实文件。

分包单位现金流差。分包单位无法履行合同义务,施工单位为保证施工进度,在不满足付款条件的情况下,提前支付分包工程款。

(四)因分包索赔超付

在当前环境下,大部分分包单位承接项目都是低价中标。因此,在履约过程中,会抓住一切机会向施工单位进行索赔,以此扭转自身亏损或者增加自身利益。分包单位的索赔原因如下:一是施工单位未按照合同约定提供工作面、未按照合同约定付款等因施工单位违约的索赔;二是分包合同本身价格过低,分包单位拒绝承担亏损而产生的恶意索赔,如利用农民工停工要求支付农民工工资索赔等;三是第三方原因导致分包单位损失,分包单位要求施工单位承担的索赔,若政府要求项目停工导致分包单位损失、建设单位与施工单位争议导致分包单位停工损失等。无论何种索赔均是合同外的款项,若施工单位同意分包单位的索赔,将会导致合同价款变更,若对索赔审核不严或者迫于外界压力同意分包单位的索赔,就会导致超付。

(五)其他事件导致的超付

施工过程中其他特殊事件也会造成超付工程款,如分包单位工作人员发生安全事故,承包商支付各种赔偿金;再如,承包商以借款的方式融资给分包单位等。

二、诉讼注意要点

施工单位面对超付分包工程款的情况,在双方已无其他合作的情况下,很难通过谈判方式取回工程款,只能通过诉讼或仲裁方式解决。施工单位起诉分包单位要求返还超付工程款,需要注意以下问题:

(一)确定诉讼案由

起诉请求返还超付工程款的案由有建设工程施工合同纠纷和不当得利纠纷。建设工程施工合同纠纷,是最常见的处理方式,但是也有部分法院认为应当按照不当得利案件处理,《民法典》总则编第122条规定:"因他人没有法律根据,取得不当利益,受损失的人有权请求其返还不当利益。"

合同纠纷和不当得利案件处理的最大不同之处在于管辖法院不同。若按照施工合同纠纷立案应遵守专属管辖规定,即在不动产所在地人民法院管辖;若按照不当得利纠纷立案应遵守一般管辖规定,即被告住所地法院管辖。

施工合同纠纷还是不当得利纠纷,实务界并没有很清楚的界限划分。笔者认为,主要看诉讼请求是否依据合同条款而主张,即分包合同中是否约定了工程价款结算后"多退少补",如果约定了按照合同约定提起诉讼则显然是施工合同纠纷,如果没有约定承包商主张"返还工程款"则明显缺乏合同依据,依照法理应当采用不当得利条款主张权利;也有法院判例[(2019)皖15民终1022号]按照起诉前结算价款是否确定为标准,起诉之前结算已经确定的为不当得利,起诉之前结算没有确定的为建设工程价款结算纠纷。

有鉴于此,建议当事人起诉之前向拟立案法院咨询案件案由和所选择的法院是否受理。

(二)选择被告主体

鉴于分包单位的偿债能力较弱,因此起诉更多的、有偿债能力的被告,对于将来胜诉后的超付工程款回收非常重要。承包商在起诉编制诉讼方案时,除了通常起诉合同相对人之外,还可以考虑以下个人和单位:

(1)分包单位其唯一股东。《公司法》第63条规定:"一人有限责任公司的股东不能证明公司财产独立于股东自己的财产的,应当对公司债务承担连带责任。"起诉时将分包单位唯一股东列为共同被告,至于股东财产是否独立于公司财产,则需要股东提供证据加以证明，如果其未能提供证据，或者其未能出庭，则该唯一股东将被判决和分包单位一起对承包商的欠款承担连带支付责任。

(2)挂靠分包单位的实际施工人。建设工程领域挂靠非常普遍，很多实际施工的个人挂靠分包单位与承包商签订合同，还有一些实际施工人同时挂靠很多家分包单位。《最高人民法院关于适用〈中华人民共和国民事诉讼法〉的解释》第54条规定："以挂靠形式从事民事活动，当事人请求由挂靠人和被挂靠人依法承担民事责任的，该挂靠人和被挂靠人为共同诉讼人。"如果分包单位为被挂靠单位，就需要将被挂靠单位和实际施工人同时起诉。但是承包商在施工过程中要注意收集实际施工人与分包单位之间系挂靠关系的证据，如他们之间的挂靠协议、分包单位只收取管理费不进行管理的证据、分包项目从投标到履约全部由实际施工人控制的证据等。

(3)分包单位的保证人。《最高人民法院关于适用〈中华人民共和国民事诉讼法〉的解释》第66条规定："因保证合同纠纷提起的诉讼，债权人向保证人和被保证人一并主张权利的，人民法院应当将保证人和被保证人列为共同被告……"当前很多承包商为了防范风险在签订合同时就让分包单位的法定代表人或分包项目的实际控制人签订了担保协议，也有承包商在为分包单位垫付价款时要求分包单位的法定代表人或施工项目实际控制人签订担保还款承诺，有了这些担保性质的法律文书，承包商在起诉分包单位还款时就可以将法定代表人或实际控制人一并起诉，但承包商在过程管理时要注意：(1)担保文书的担保内容要涵盖超付工程款的返还；(2)分包合同要有效，否则担保人只承担部分赔偿责任，具体内容可见《最高人民法院关于适用〈中华人民共和国民法典〉有关担保制度的解释》；(3)垫付款项的性质要清晰，有的将垫付款项写成借款，但是要明确借款的返还时间，不能一边写成借款一边又约定从工程款中扣除，垫付款项的性质不清晰将会导致保证人的担保内容理解上发生错误，如承诺书上写的是承担借款返还保证责任，但是借款已经在工程进度款中偿还了，实际超付的又变成工程款；(4)要注意担保文书中约定的争议解决方式诉讼或仲裁要与分包合同约定一致，如果分包合同约定仲裁，则在担保文书上必须约定同一仲裁委员会处理纠纷，否则承包商就只能先就工程款返还诉裁，然后才是保证人保证责任起诉，而且受理法院只能是担保人所在地法院；(5)要注意明确保证责任为连带责任保证；(6)要注意收集和保管挂靠人和担保人的身份证复印件；(7)收集挂靠人和担保人财产状况资料。

(三)采取保全措施

财产保全措施，是裁判得到有效执行的保障。诉讼财产保全分为诉前财产保全和诉中财产保全,即在起诉前或立案后向法院申请查封、扣押、冻结被告的银行账户、固定资产等。在超付工程款返还案件中,一般保全线索包括:

(1)不动产。承包商根据分包单位的规模、历史大都可以推断出分包单位是否有不动产,对于协议历史较为悠久特别是原国有企业改制成立的分包单位,大多都有不动产;而规模较小、成立时间短的分包范围很少有不动产。另外,要注意收集分包单位挂靠人和担保人的资产情况,如实际居住的房屋是购买还是租赁,而且承包商也可以在分包合同签订或者分包招采竞标时直接要求分包单位、挂靠人、担保人提供财产线索。

(2)车辆信息。虽然二手车的价值不大,但聊胜于无。通过观察、沟通,承包商很容易了解分包单位、挂靠人、保证人的车辆权属和车辆信息。

(3)银行账户。银行账户包括公司账户和个人账户,开户行通过发票可以掌握,非开户的收款账户可以通过付款记录掌握,个人账户可以通过对方提供的身份证获取征信记录获得。

(4)法院网络查控。在无法获得对方财产线索的情况下,也可以通过向法院提出网络查控申请的方式查询被告的财产。《最高人民法院关于人民法院办理财产保全案件若干问题的规定》第11条规定:"人民法院依照本规定第十条第二款规定作出保全裁定的,在该裁定执行过程中,申请保全人可以向已经建立网络执行查控系统的执行法院,书面申请通过该系统查询被保全人的财产。申请保全人提出查询申请的,执行法院可以利用网络执行查控系统,对裁定保全的财产或者保全数额范围内的财产进行查询,并采取相应的查封、扣押、冻结措施。人民法院利用网络执行查控系统未查询到可供保全财产的,应当书面告知申请保全人。"起诉时向法院申请网络系统查询被告资产信息,可以成为规定动作。

(5)对被告主体应收账款申请止付。财产保全也可以申请查封被告的应收账款,所以在施工过程中,承包商应当熟悉和了解分包单位施工的其他项目,特别是新开工的其他项目。

(四)确定结算金额

承包商起诉分包单位的诉讼主要有两种意图:一种是真的超付工程款;另一种是通过诉讼确定结算金额,以制止分包单位借欠款之名无理取闹。无论哪一种诉讼意图,结算金额之确定都非常重要。很多承包商认为直接通过司法鉴定确定结算金额,但具体操作上仍要考虑几点:

1. 单方委托审计单位出具结算报告

很多人认为单方委托审计的审计报告没有法律效力，实际并非如此。《最高人民法院关于民事诉讼证据的若干规定》（法释〔2019〕19 号）第 41 条规定："对于一方当事人就专门性问题自行委托有关机构或者人员出具的意见，另一方当事人有证据或者理由足以反驳并申请鉴定的，人民法院应予准许。"因此，承包商在起诉之前通过有资质的审计机构出具审计报告是具有证据效力的，并且可以将举证责任和鉴定义务转嫁给对方。如果对方出庭，法院可以直接以单方审计意见裁判；如果对方仅对审计报告的部分内容有异议可以缩小审计范围，缩短审计周期、降低审计费用。

2. 共同委托审计单位出具审计意见

此情况一般出现在总分包之间"真的"存在结算争议的情况下。双方不愿意打官司，或者想维系良好的合作关系，故共同委托一家审计公司对结算金额进行审计。《最高人民法院关于审理建设工程施工合同纠纷案件适用法律问题的解释（一）》第 30 条规定："当事人在诉讼前共同委托有关机构、人员对建设工程造价出具咨询意见，诉讼中一方当事人不认可该咨询意见申请鉴定的，人民法院应予准许，但双方当事人明确表示受该咨询意见约束的除外。"所以，如果承包商想通过与分包单位共同委托审计确定结算金额的，应当在协议中约定双方认可审计单位出具的审计意见。

笔者在以前处理过的一起纠纷中，总分包约定共同委托南京的一家审计单位出具审计意见，作为双方认可的最终结算金额。但是在审计单位出具审计征求意见稿后，分包单位发现审计初稿对其不利，便采取各种手法甚至诉讼，要求终止审计。所以总包单位在与分包的协议中要明确，审计一旦启动任何一方不得阻挠审计单位工作，不得撤销审计委托。

3. 结算时扣减约定的扣减项

分包合同一般会约定大量的分包违约金，如工期违约金、闹事违约金、质量违约金等，这些合同约定大部分在结算时都用不上，往往是在分包合同中"做样子"看的。但是，在承包商意图通过诉讼确定结算的案件中，作用很大。因为按照产值和已付款进行对比并不欠款，承包商难以启动诉讼，将分包单位的违约金从产值中扣除后便超付了，承包商可以启动诉讼。另外，违约金对被告能够起到很大威慑作用，为案件调解和快速结案提供有利条件。

三、其他律师建议

超付分包工程款诉讼，与总承包单位与建设单位之间的建设工程施工合同纠纷并不一致,在很多情况下,超付分包工程款的风险是可预防的。除了上文中提到的管理建议外,施工单位可以从以下几个方面采取风险防范措施。

(一)关注分包单位资信状况

签约之前,可以通过企业信用网站等对分包单位的营业状态、股权构成、司法案件、资质证书等进行查询。对已被列入失信被执行人的分包单位,签约时不予考虑。对于资信状况恶化的分包单位,及时要求分包单位提供担保。建立企业内部的分包单位数据库,对于资信状况恶化失去履行能力的分包单位,及时从分包单位数据库中移出。定期更新分包单位数据库,优先选择资信状况好、资金实力强的分包单位合作。

(二)农民工工资支付到位

按照《保障农民工工资支付条例》的规定,及时拨付农民工工资,保证农民工工资支付到位。如发生农民工上访群体性事件,如需先行垫付农民工工资,可要求分包单位的法定代表人承担连带保证责任。

代发农民工工资时,保留转账凭证、签收记录、会议纪要、分包单位同意代发工资的承诺书等。

(三)设置完善合同条款

在分包合同签订时重点关注以下几个方面:(1)合同中工期延长期间的款项支付、停工工资支付、解约与工程量减少款项支付约定;(2)保留多退少补、启动超付工程款诉讼的权利;(3)约定增加工作量的计价方式。

(四)过程支付清晰

在同一分包单位同时承揽同一施工单位的多个项目,或者同一项目中双方签订多份分包合同,双方为支付方便,在过程支付中往往不完全按照合同约定付款,而是将同时履行的几份合同打包进行支付,付款申请或支付凭证中并未写明对应支付的项目名称及合同名称。在双方关系恶化或双方结算时,才发现有的合同已经超付。对此情况,笔者建议完善过程支付流程,重视过程结算,每次支付均按每份分包合同约定的数额支付。在同一主体同一项目中存在的多份分包合同或同一主体在不同项目存在多份分包合同时,如双方同意打包支付进度款,付款申请及支付说明中写清楚每份合同应支付的金额,做好过程支付记录。

（五）积极主动维权

施工单位如果遇到超付情况已经发生的情况下，要积极采取法律手段维护自身合法权益。特别是当出现分包单位无理取闹时，承包商更应该主动发起诉讼，通过主动诉讼、主动结算，一方面减轻政府、媒体和上级单位的压力；另一方面确实可以起到震慑作用，从而快速消除不良影响。

第三十二章　工程总承包的风险与防范

自2016年5月住建部颁布《住房城乡建设部关于进一步推进工程总承包发展的若干意见》后，施工领域的工程总承包呈蓬勃发展之势，不仅仅传统工业项目，而且很多建筑与市政基础设施项目也开始采用工程总承包模式。2019年12月，住建部和发改委联合颁布《房屋建筑和市政基础设施项目工程总承包管理办法》，使工程总承包项目更加蓬勃发展。在本章，笔者根据工作经验，阐述个人对工程总承包的风险认识与化解建议。

一、风险认识

（一）概括认识

关于对工程总承包的宏观概念方面风险，笔者重点强调两点：

一是不要绝对地把工程总承包和施工总承包对立。工程总承包包含了施工总承包，但是施工总成承包有时候也有“施工＋设计＋采购”的因素。例如，很多施工总承包合同中约定，承包商负责对业主下发的设计图纸进行审查并指出其中存在设计问题，如果承包商没有认真审查、没有发现施工图纸存在问题，或者虽然发现设计错误但没有及时采用书面通知业主的，那么承包商需要承担因设计错误带来的一切责任和风险。施工合同的类似约定，造成承包商不得不对业主下发图纸予以认真核对。还有一些施工合同，虽然业主提供设计图纸，但是合同又约定承包商负责深化设计，显然深化设计也是设计的一部分。

因此，承包商承包的施工项目不要从合同名称上定义是哪一种承包方式，而是要根据施工合同的承包内容判断，不能根据合同名称来推断承包内容，更不能把施工总承包简单地理解为“照图施工”，而是要认真审查合同，根据合同约定的承包范围和责任范围确定自己的权利义务。

二是要知道工程总承包的风险来源于承包范围的扩大。传统施工总承包承包商的主要工作是按照施工图纸施工，但是在工程总承包模式下，承包商要负责的工作增加，增加勘查工作、设计工作、采购工作、项目开发所涉及的政府确认与许可、试运营考核等工作等。此情况下承包商的风险来自两个方面:一方面,对增加的工作内容不熟悉造成的风险,如技术能力不强导致施工图纸难以获得业主确认或失去对设计单位的管控能力,对地方政府的确认与许可流程不熟悉会造成工程工期延长。另一方面,对承发包双方的工作界面不清晰造成风险。工作界面包含了提供责任界面和后果责任界面,提供责任界面主要是确定在工程总承包项目推进过程中,业主应提供什么资料、场地、条件、许可,承包商负责提供什么,以及承发包各自提供的资料的深度要求等;后果责任界面,其实是业主方虽然对某些资料负有提供义务,但是业主方面并不确保提供的资料与实际情况完全一致或不存在任何错误,而是要求承包商根据自己的专业判断对业主提供资料进行合理理解。

(二)增加内容

相对施工总承包,工程总承包模式下承包商增加的承包内容主要包括:

1. 地质勘查

在施工总承包方式下,由于设计图纸由业主方提供,故一般情况下承包商没有地质勘察的责任和义务。但是,在工程总承包模式下,承包商承担不同阶段的设计工作,而勘查是设计的前提,因此,部分业主会将勘查工作一并发包给承包商,并要求承包商对勘察报告的真实性、准确性和完整性负责。对于一些固定总价合同,或者合同约定施工图纸确定后承包商不得发起签证变更价款,那么在承包商地勘报告不准确造成的费用增加极有可能由承包商承担。

建设工程所涉地质勘察包括选址勘查、初步勘查和详细勘查。选址勘查需要满足可性研究报告的需要;初步勘查应满足初步设计需要;详细勘察,应满足施工图设计的需要。一般情况下,承包商要根据承包范围确定需要完成何种勘查工作。

2. 设计工作

在施工总承包模式下,承包商一般负责按照业主提供的设计图纸施工,承包商除了按照施工合同提供一些深化设计之外,一般不负责设计工作。工程总承包与施工总承包最大的不同则在于,一般工程总承包项目,由承包商负责设计。根据业主的招标要求和施工合同,承包商提供的设计可以包括项目总体以及各专业的概念设计、方案设计、初步设计施工图设计等。设计工作应在质量上满足雇主要求,在进度上满足项目工期要求,在计价上符合承包商利益最大化。但是由于很多承包商不同程度地存在设计与施工相脱节的情况,故上述三项要求对承包商而言均非易事。

需要注意的是,《房屋建筑和市政基础设施项目工程总承包管理办法》规定,业主应当在完成项目备案、审批或核准进行工程总承包的发包，即工程总承包发包应当在项目立项完成之前。如果施工项目系政府投资项目，政府投资项目在审批之前应完成扩初施工图纸设计，故政府投资项目承包商在设计方面的主要承包内容为施工图设计。但是，《房屋建筑和市政基础设施项目工程总承包管理办法》属于部门规章，根据《民法典》的规定，只有违反国家法律、行政法规的强制性规定才有可能认定合同无效，对于企业投资项目，仍然有可能由承包商完成方案设计和初步设计等。

3. 审批与证照办理

建设工程涉及大量审批与许可，可以概括为四个阶段，分别是立项与用地规划许可、工程建设许可、施工许可和竣工验收。根据政府要求，上述工作应当由业主完成，部分工作内容涉及承包商工作的，承包商负有配合义务。但是，在工程总承包模式下，很多施工合同会将应由业主完成的审批与证照办理工作变成承包商义务，承包商若对地方政府的证照办理不清楚，会导致工期违约。

4. 采购

工程总承包模式下的采购，主要是指用于工程项目生产的生产设备类的采购。传统施工总承包承包商，往往只对建造技术熟悉，即业主提供图纸承包商按照图纸进行固定资产投资建设；但是工程总承包模式下，施工所完成的任务并非房屋建造，还包括以项目满足生产所需要的设备采购安装。如果承包商对项目生产的工艺流程不熟悉，就很难准确地确定设备的规格型号参数等，而且生产性材料设备与一般建筑所有的材料设备不同，具有一定特殊性与垄断性，即承包商可供选择的供应商并不多，并且大多数设备需要提前预定，并且先交付定金。承包商存在较大的资金风险和货源风险。

承包商增加的上述工作内容，容易发生盈亏风险、工期风险、质量风险。

（三）管控建议

根据以上认识，笔者认为，工程总承包项目应按照以下思路规避风险。

1. 厘清承包内容

承包商应认真审查整个工程项目承包商的承包范围是什么。承包范围可以从纵向和横向两个维度考虑。从纵向的角度看，工程项目原则上从立项之后的所有工作都可以交给承包商完成，包括方案设计、初步设计、施工图设计、设计及施工所需的政府审批许可、采购、施工、验收、试运营、备案等；从横向的角度看，整个建设工程的主体结构及专业工程都可以交给承包商设计、深化设计、采购、施工，包括结构、设备、安装、粗装、装饰、精装、室外及配套设施等。承包商首先应当明确的是自己的承包范围到底是什么？在此基础上了解施工合同对承包范围的各项工作的工期要求、计价规则和质量要求。

2. 明晰业主责任

业主责任主要体现在两个方面：一是前期资料；二是独立分包或指定分包。关于前期资料，主要是指任何承包商的工作开始都依据业主提供的前期资料，包括技术方案、地下障碍物情况、地下管线情况、业主要求、概念设计等，只有业主提供了这些前期资料，承包商才能够开始完成合同要求的设计、采购、施工工作。关于独立分包与指定分包，是指虽然业主将整个工程发包给承包商进行设计、采购和施工，但是根据合同业主有权利指定设计分包、施工分包和供应商，业主也有可能在施工合同中保留对某些专业工程、材料设备进行单独发包的权利。

承包商除了需要弄清楚上述业主责任外，还需要了解业主对业主提供前期资料的真实性、准确性和完整性是否负责。关于独立分包和指定分包，承包商要审查属于业主另行发包，还是业主仅仅保留另行发包的权利。

3. 锁定工作界面

尽管笔者在上文阐述了业主责任和承包商的工作内容，但是项目实际情况往往比文章描述得复杂很多。因此，承包商要格外注意业主责任和承包商承包内容工作的界面分割问题，此为承包商工期责任、质量责任、变更索赔以及突破合同价格的关键因素。关于界面划分，施工合同往往仅有一些原则性的规定。例如，业主先提供概念设计，承包商依据概念设计进行方案设计，但是绝大多数情况下界面是不清晰的，如业主指定分包，往往会涉及指定分包由业主还是承包商招采？招标文件与招标控制价由谁负责？指定分包合同由谁签订？指定分包何时进场？指定分包进度与质量由谁管控？因此对于工作界面不清晰的，承包商应当编制施工方案或专项方案，以方案的方式告诉业主承包商怎么做业主怎么做，该方案经业主审批后就构成合同的一部分。施工方案或者专项方案一方面用于固定业主责任，另一方面用于指导承包商自己工作。业主责任固定后，如果业主没有完成其合同责任或者应有的配合责任，承包商则有权发起索赔，承包商的索赔目的是免除自己合同工期责任和质量责任，要求业主进行费用补偿，甚至要求业主变更合同价款。

4. 不要擅自越位

上文告诉大家划分工作界面的重要性，当工作界面划分完毕之后余下就是承发包双方各自履行自身履职。笔者认为，“履职”的原则是“你干好你的、我干好我的”，承包商既不能干不好自己的，也不能干业主的，更不能在业主都没有想好自己该怎么干的情况下提前干自己承包范围的工作。如果承包商从服务业主的角度“越位”干一些工作，那么就要充分考虑：(1)业主没有做好的工作承包商能否做好？(2)承包商越位做的工作由谁来付款，价款如何计算？(3)承包商的越位工作，对工期是否产生影响。笔者见到太多的承包商“越位”工作给自己找来麻烦，如图纸、施工许可证等什么都没有的情况下，承包商按照业主要求先行施工，后来业主坚决认为工程实际施工日为开工日期；因为承包商是先施工后设计，承包商按照实际施工做的设计图纸，业主坚决不认可；业主先行委托他人施工的桩基部分存在质量问题，承包商未经业主书面同意就先行维修，但是桩基维修的费用业主拒绝承担。

以上是工程总承包项目规避风险的原则性建议。

二、设计风险

(一)设计争议

承发包双方容易引起争议的设计工作包括：

1. 设计范围划分

如上文所述，设计工作存在纵向、横线的维度划分，承包商负责的设计工作究竟包含哪些？容易引发争议。

2. 设计成果确认

承包商完成设计工作后，业主方要么对设计工作不满意，要求承包商按照业主意图进行修改，要么图纸确认工作迟迟无法定案。

3. 设计费用调整

设计工作的反复修改，必然增加承包商的设计工作量，但业主并不愿意就增加设计工作量的费用另行向承包商支付费用。

4. 设计费用支付

业主没有按照合同约定进度节点向承包商支付足额设计费用。

5. 设计单位选择

承发包双方对设计分包选择以及设计费用计价发生争议。

6. 设计进度争议

业主认为承包商的设计进度过慢，而承包商则认为因业主原因造成设计工期延长。

（二）风险种类

1. 成本过高风险

设计是决定建造成本的最关键因素，设计标准高则建造成本高。成本过高是指成本相对收入过高，如果施工合同是固定总价合同，或者合同总价有最高上限，或者政府投资项目有概算控制，那么过高的成本会带来盈利减少，甚至项目亏损。

2. 设计进度风险

设计进度风险体现在两个方面，一方面在设计工期内无法完成设计工作，或者完成的设计图纸没有获得业主确认；另一方面由于设计存在缺陷，造成施工质量达不到合同约定的“雇主要求”，导致整个工程无法通过竣工验收，形成项目工期风险。

3. 分包选择风险

业主方过度插手承包商选择设计单位引起的风险。

4. 设计修改风险

承包商完成图纸设计后，业主不停要求修改，造成工期、费用、成本的风险。

（三）管控建议

1. 掌握合同约定

准确理解合同是承包商控制风险的基础工作。需要理解的重点应当包括：

（1）合同约定的承包商所负责的设计范围、设计内容和设计标准。如上文所述，设计包含的内容非常宽泛，从深度的角度可以分为概念设计、方案设计、初步设计、施工图设计、深化设计等，从专业可以分为建筑、结构、安装、装饰、精装、园林等。施工合同是由很多部分组成的，包括协议书、通用条款、专用条款、合同附件等。所以我们对承包范围内的设计范围、设计内容和设计标准的把握应考虑两个方面。一方面是要考虑合同各组成部分的效力顺序，施工合同一般都是协议书效力最为优先，其次是专用条款，再次是通用条款、工程量清单等，但是有时候业主方也会将招投标文件列为合同的组成部分，甚至其优先顺序在专用条款之前；另一方面是要考虑优先满足雇主要求，也就是工程总承包项目的模式前提是技术交给专业单位即承包商，因为业主方是非专业的，所以允许业主方犯一定的“错误”，但是作为专业单位的承包商应当帮助业主实现其最终合同目标，而不能以业主提供的一些瑕疵或描述不准确而降低标准。当雇主要求文件之间发生冲突时，应以满足业主的功能需求为准。

（2）要准确理解雇主要求。雇主要求不仅仅是设计要求，还包括对建设工程的产能、性能等要求，这些要求需要运行试验得到确认。

(3)业主对其提供的技术资料、基础资料和地下障碍资料真实性完整负责？实际上无论业主方是否对其提供的资料负责，承包商均应对业主提供的资料进行审查，该审查至少要尽到一般的注意义务，即对业主提供资料的明显错误应当及时向业主书面提出。另外，承包商的审查义务也不免除业主所有责任，对于业主明知道存在问题的资料仍提供给承包商，或者故意隐瞒事实，给承包商造成损失的应当业主应当予以赔偿。

(4)业主的设计确认一般不免除承包商的质量责任。承包商是否完成其质量责任应当以是否通过竣工验收或是否通过试运营考核为准。

(5)设计分包选择选择方式，自行选择、共同选择、指定分包。

(6)是否存在设计额外承包内容，如变更导致的设计变更成本、工期责任承担。

2. 成本过高风险

(1)研究合同约定的计价方式，明确设计确定的工程量与承发包之间工程款计价的关系。如果承发包之间工程费用计价，是纯粹的单价固定、工程量按实际计算，那么设计工作只要保障固定单价的利润最大化即可；如果合同约定的是固定价格或存在最高限价，那么在设计时不仅仅要考虑单价盈亏，还要考虑总价是否超过业主能够给予的最高金额。

(2)在固定单价范围内，或固定总价(或有天花板)范围内，在最低设计标准情况下满足雇主要求，是工程总承包的核心任务。也就是说，工程总承包的设计工作应遵循以下三条基本原则，一是设计应当满足合同约定的设计标准，满足合同约定的“雇主要求”；二是承包商利润最大化，一般情况下最低设计标准是承包商利益最大化，除非业主重新批价；三是在满足合同约定的设计标准和“雇主要求”情况下，采用何种技术、工艺、设备、品牌的选择权在承包商，而不是业主，如果合同签订要业主提出了新的要求，则视为业主在签订合同后限制了承包商的设计选择权，合同原相应计价基础发生变化，应执行“变更计价”。

(3)要考虑设计和计价的关系。第一，设计不能漏项，施工合同经常约定施工图纸审核通过后，承包商提出的设计变更不能增加工程费用，一旦出现设计图纸漏项的，将来承包商通过设计变更增加费用非常麻烦。第二，施工图纸不可能把所有工程量全部描述准确，如土方、措施钢筋、具体施工做法、专业工程等，因此施工图上要建立施工图与施工方案、深化设计的连接。第三，施工图纸应对材料设备规格型号进行考虑，提前考虑执行信息价还是业主认价。

(4)业主的设计变更一般体现在前期资料变更、设计成果的修改和合同外额外要求上。前期资料一般包括业主给予的技术资料（如技术包，或者前期的设计文件）、基础资料、地下障碍资料的，这些前期资料是承包商后续设计的前提和基础，当前期资料发生变更的，承包商的设计应同步变更。设计成果修改与业主提出合同外额外要求，本质上都是业主提出的合同外要求，只不过有一些合同外要求是在承包商设计过程中提出，另外一部分合同外要求是在承包商设计工作完成之后提出，甚至在业主对承包商的设计确认后重新提出设计要求。如果双方是固定单价合同，不管如何修改都要看修改后的分部分项项目特征是否发生变化，如果发生变化应按照变更计价。如果是总价合同，要看变更是否改变了施工合同中的雇主要求，如建设规模、建设内容、建设工序等；如果发生变化则应在固定总价外对变更的部分重新计价。

（5）承包商应当在取得业主明确的变更指令和变更计价之后再变更。设计变更的权利在业主，承包商只有变更建议权。一方面，承包商只有在取得业主的变更指令后才能实施变更，该变更指令应为书面指令，如果业主下发口头指令，承包商应要求业主签发书面指令。另一方面，当业主签发变更指令后，承包商应进行报价，在价格磋商达成一致后再施工，根据施工合同对变更部分需要认价的，应当在认价完成之后再施工。

（6）对前期资料审查，前期资料存在问题时不要擅自完成。如上文所述，承发包双方对业主交付的前期资料的准确性、完整性和真实性均有合理的注意义务，即承包商有责任基于一个合格承包商的经验水平对前期资料进行审查。承包商对审查中发现的问题或疑惑，应当书面告知业主，由业主进行澄清或采取合理办法修正存在的缺陷，承包商不得自行对业主提供的资料进行修改。因为前期资料缺陷的存在会影响质量和工期，通过设计审查修正了前期资料缺陷也仅仅时确保工程质量，但耽误工期已经无法避免。如果承包商自行修复前期资料缺陷，且不说自行修复的水平如何，仅仅在工期上就会陷入不利境地，即承包商难以拿出合理证据证明设计工期延迟是由业主前期资料缺陷造成。

（7）明确雇主要求。雇主要求未必完全体现在施工合同中的“发包人要求”或“设计任务书”中，也有可能体现在协议书或专用条款、通用条款中。承包商应根据组成合同各部分的效力顺序考虑工程质量以哪一部分的要求为准。另外，需要注意的是，施工合同经常会约定，对于质量要求不同条款之间存有矛盾的以质量标准更高者为准。

（8）对设计单位要求有掌控力。按照现有的工程总承包计价规则，设计费用是单独计价的，即设计单位的设计费与施工单位的盈亏没有关系，如果承包商对设计单位没有掌控力，那么设计单位就会以实现自己商业目的尽量按照业主的要求进行设计，而不管设计对施工成本、施工效益的影响。

(9)设计费用索赔。设计费用如同施工费用一样，如果出现因业主原因导致返工、增加工作量等，设计单位仍有权要求业主支付额外费用。

3. 设计工期风险

设计工期风险的核心在于设计工期顺延。

(1)注意前期资料提供时间，及其完整性、准确性和应有深度。业主提供的前期资料是承包商设计工作的前提基础，如果业主前期资料提供迟延，承包商有权拒绝业主的设计开工要求，或向业主提出设计开工延期；如果业主提供得不准确、不完整，应在业主提供完整、准确的前期资料之后再开工；如果业主提供的设计深度不够，应当和业主进行沟通，待满足法定深度之后再开始后续设计。

(2)关于初步设计的深度要求。初步设计应满足施工图设计的准备工作要求。

(3)雇主要求变更，任何合同外的业主要求均应视为雇主要求变更，承包商有权根据实际情况向业主申请设计工期延长。

(4)设计成果审核时间，一般合同中不会约定业主审查承包商设计图纸的具体审查时间，但是承包商应采用联系函、会议纪要等方式与业主写上明确审核时间，防止设计图交付业主后图纸审核会迟迟不能召开，或者迟迟没有结果。

4. 分包选择风险

(1)分包要有技术能力，一是满足合同要求，在约定期间内完成设计工作。二是要有说法能力，从技术上阐述承包商现有设计的合理性、经济性。三是分包要有资金实力，如果发生因设计原因给业主或施工方造成损失的，设计分包要有赔付能力。四是分包要有配合意识，如上所述分包设计工作并非仅仅是让自己的设计取得业主认可，而是既要取得业主认可，还要让施工方有一定的盈利空间，因此设计分包必须要有配合施工单位商务管理的意识。

(2)业主参与选择设计单位，要利用共同招标方案、业主指定异议等方式规避设计责任。

(3)分包合同转嫁风险，如设计工期风险、设计质量风险、设计费用风险、损害赔偿风险。

(4)主体结构设计不得分包。

5. 设计修改风险

设计修改包含两层含义：一是在设计过程中，因雇主要求发生变化，或者因业主提前资料有误造成的重新设计；二是在设计已经取得业主同意之后，因业主开发

计划或主管认识发生变化,业主要求对已经完成的施工图纸进行修改。针对业主提出的设计修改:

(1)分析设计修改的原因,业主原因造成的变更,如前期资料错误、业主要求的变更、其他第三方原因造成的修改(有争议),对设计工程实质性影响的应当顺延工期。

(2)对于业主提出的变更要求,应采用书面方式。

(3)按照约定申请费用和工期变更。

三、采购风险

工程总承包项目中的设备采购,一般都是用于项目生产的生产型设备。通常这些设备都具有较高的技术含量,设备价格高、订货周期长,生产和供货厂家不多,承包商需要支付预付款。另外,对于生产型项目,设备是其核心,一般是土建围绕设备、设计和施工。

(一)风险种类

1. 技术风险

一般来说,工程总承包的采购与施工总承包的采购差别较大,工程总承包的采购主要为用于项目生产的大型设备,有较高的技术要求,若承包商经验不足,很可能导致承包商购买的设备不能满足项目需要。

2. 履约风险

履约风险主要包括以下几项:一是供应商能否按照约定的时间节点和质量要求交付设备,若供应商无法按照采购合同交付设备,将会导致承包商对业主的违约;二是若承包商与供应商解除合同,承包商交付预付款与标的物能返还。

3. 标的物风险

标的物风险是指向设备供应商提供的原材料或技改项目提供的设备能否返还。

4. 设备保修风险

在工程总承包项目中,很多设备都是特种设备,承包商不具有维修能力,若设备需要维修,一般由提供设备的供应商进行维修。若承包商不能把控设备供应商,很可能造成设备供应商不履行保修责任。

5. 共同招标风险

在承发包双方共同招标设备时,承包商是否会因为迁就业主而形成风险。

6. 指定品牌风险

业主在施工合同签订之前或之后，指定承包商必须采购其指定品牌时对承包商造成的成本风险。

7. 商标权风险

供应商供应的商品侵犯了他人的商标权，造成商标权人起诉给承包商造成经济和名誉损失。

（二）管控要点

1. 设备的技术要求来源于设计

其中，初步设计，是工程建设项目的宏观设计，包括总体设计、布局设计、主要工艺流程、设备选型和安装设计、土建工程量、投资概算等，应满足编制施工招标文件、主要设备材料订货和编制施工图设计文件的需要。施工图设计，是根据批准的初步设计，绘制出正确、完整和尽可能详细的建筑、安装图纸，包括部分工程的详图，零部件结构明细表，验收标准、方法，施工图预算等，应当满足设备材料采购、非标准设备制作和施工需要，并注明建设工程合理使用年限。

2. 防止供应商履约风险

其核心在于供应商的资信能力。为防范风险，建议承包商：

（1）审查供应商资信能力。简单审查供应商资信能力可以从两个方面着手：一是审查供应商的实缴注册资金，一般实缴注册资金越高，供应商的资信条件越好，反之越差；二是从公开网站审查供应商的诉讼信息，包括供应商是否存在被执行案件或者已经被法院列入失信名单。

（2）要求供应商提供履约担保。履约担保应以银行保函为宜，如果供应商寻求第三人担保的，承包商仍需要对第三人的资信能力进行审查。

（3）承包商监督制造和监督维修。《民法典》第 779 条规定，承揽人应接受定作人必要的监督检查，采购合同也可以约定承包商对供应商的加工制造环节有权进行监督。监督加工制作的价值在于：一是加强质量控制，防止供应商弄虚作假、偷工减料；二是加强进度控制，防止供应商履约迟延；三是确保承包商提供的原材料、待改造设备，以及供应商为承包商制作的成品、半成品，处于可控状态。

（4）承包商要重视出场验收。出场验收主要是对拟交付的设备在离场之前进行检验，确保进场交付设备质量，以有利于施工现场组织生产，出场验收是现场监督制作的继续。

（5）要求供应商放弃留置权。《民法典》第 447 条规定，债务人不履行到期债务，债权人可以留置已经合法占有的债务人的动产，并有权就该动产优先受偿。前款规定的债权人为留置权人，占有的动产为留置财产。第449条规定，法律规定或者当事人约定不得留置的动产，不得留置。第783条规定，定作人未向承揽人支付报酬或者材料费等价款的，承揽人对完成的工作成果享有留置权或者有权拒绝交付，但是当事人另有约定的除外。根据上述法律规定，当承包商欠付供应商价款时，供应商有权不交付定作物，为避免承包商损失，承包商可以在合同中约定供应商放弃留置权，即当出现款项支付争议时供应商不得采用拒不交付定作物的方式维护自己的权利。

3. 设备调试保修风险

调试和保修是两个概念，交付之前进行调试，以发现设备联机运行是否存在问题，保修是交付之后对设备的保修。笔者建议：

（1）采购合同中对采购价格进行分解，以明确专门的调试和保修费用；当供应商没有履行调试义务和保修义务时，承包商有权扣减其相应费用。

（2）采购设备的保修期应当与承包施工合同的保修期起点计算一致。

（3）承包商需和供应商约定，当供应商未履行调试或保修义务，而是由承包商完成或委托第三方完成的，相应的费用加管理费由供应商承担。

4. 共同招标风险

承包商与业主共同招标确定供应商和采购合同，表面上公平和合理。但是，在本质上共同招标规避了指定分包对业主的风险，从而加重了承包商风险。因此承包商要格外注意联合招标的风险：

（1）审查施工合同中设备采购价与总包计价的关系。如果总包计价与采购价没有关系，则一是承包商应先确定采购限价，然后选择供应商；二是如果采购意见与业主不一致，且实际采购业主指定供应商，则应要求业主免除工期、质量风险。

（2）明确谁承担设备款支付责任。如果承包商与供应商签订合同，并且约定承包商支付设备款，则一是必须确定供应商有足够的偿债能力，以保障当供应商违约时承包商可以追回已经支付的预付款等款项；二是如果供应商资信不足而业主坚持指定，则签署三方协议，业主付款，这样当供应商违约需要解除采购合同、退还采购款时，风险由业主承担。

（3）明确施工合同中业主和承包商谁承担设备的质量、交付期责任。如业主指定供应商，则承包商应函告业主承担指定责任。

（4）在联合招采中，承包商仍需要留有明确证据以证明供应商系业主指定，而承包商只是承担签约付款的角色。

5. 指定品牌风险

根据法律规定,禁止业主指定承包商承包范围内的材料设备品牌厂家。承包商在应对业主有指定品牌时,应做到:(1)投标时的品牌选择,先询价后填写。(2)投标后的品牌承诺,先询价后承诺。(3)向业主提出业主指定的品牌无效。招标文件禁止指定品牌、设计文件禁止指定品牌、施工过程禁止指定品牌。(4)防范品牌变更造成的风险。在项目实施过程中,业主指定其他品牌;业主通过变更规格型号变相指定品牌。属于业主违约,业主接受报价或改为甲供,注意合同约定的变更认价程序。

四、价格风险

(一)价格形式

1. 相关规定

《房屋建筑和市政基础设施项目工程总承包管理办法》(建市规〔2019〕12 号)第 16 条规定:“企业投资项目的工程总承包宜采用总价合同,政府投资项目的工程总承包应当合理确定合同价格形式。采用总价合同的,除合同约定可以调整的情形外,合同总价一般不予调整。”根据该规定可以看出,国家鼓励工程总承包项目采用总价合同形式。

2. 实际情况

在实践中,工程总承包的价格形式五花八门,业主为了自身利益会设定多种多样的价格形式,其中,较为常见的有:(1)闭口总价包干,价格不作任何调整;(2)闭口总价,但部分主材可以调差或变更计价;(3)定额下浮;(4)定额下浮但设定天花板;(5)定额转清单,审计后总价包干;(6)模拟工程量清单;(7)招标时单价,施工图确定后重计量改固定总价等。

(二)风险应对

1. 基本原理

在工程总承包模式下,承包商应对价格风险的基本原理为:

(1)业主给出项目要求(又称“雇主要求”或“发包人要求”),业主提供前期资料(“基础资料”“技术资料”“地下障碍资料”,承包商有审查义务),承包商在业主提供资料的基础上利用技术能力,通过设计采购和施工满足业主要求。

(2)如果业主提供资料不及时、不准确、不完整,承包商有权要求业主履约,并有权提出工期和费用补偿。

(3)如果雇主要求发生变化(如提出新的要求),则为变更,承包商有权要求工期顺延和费用补偿。

(4)承包商的设计、采购、施工,应在满足雇主要求情况下,采用最经济手段。

2. 特殊约定

在实践中,业主往往针对计价有特殊约定,承包商应予以重视:

(1)设计确认后承包商提出的变更不增加费用

在实践中,很多合同中都会约定,当业主确认承包商的设计图之后,只有业主提出的变更才能增加费用,而承包根据项目实际提出的变更不得增加费用。

(2)合同对变更计价的认价规则

《建设项目工程总承包合同示范文本(试行)》(GF－2011－0216)中规定,变更计价的认价规则为:"合同中已有相应人工、机具、工程量等单价(含取费)的,按合同中已有的相应人工、机具、工程量等单价(含取费)确定变更价款;合同中无相应人工、机具、工程量等单价(含取费)的,按类似于变更工程的价格确定变更价款;合同中无相应人工、机具、工程量等单价(含取费),亦无类似于变更工程的价格的,双方通过协商确定变更价款。"

(3)合同对逾期失权的规定

合同中往往存在大量的对承包商逾期报送资料导致失权的约定,如一是合同履行过程中,因国家法律、国家政策和需遵守的行业规定变化导致影响合同价格的,若承包商未在一定时间内报送,则无权获得价格补偿;二是停水停电造成承包商成本增加的,若承包商未在一定时间内报送,则无权获得价格补偿;三是工程造价部门公布的价格调整,若承包商未在一定时间内报送,则无权获得价格补偿;四是业主下发的指令变更,若承包商未在约定的时间内报送,则视为不涉及价格变动;五是若承包人未在索赔事项发生后一段时间内报送索赔通知,则逾期失权;六是不可抗力发生后未及时报送损失,则视为不存在损失等。

(4)合同约定的变更认价与施工的先后关系

承包商应注重审核合同中约定的变更认价与施工的先后顺序,也即在业主指令变更时,根据合同约定,承包商收到指令后,是先向业主报送此项变更涉及的价格及工期变化还是收到指令后先行施工,待施工完成后再向业主报送费用。

3. 包干价格风险

工程总承包合同很多是固定价格包干合同,承包商在合同签订是应注意:

(1)包干价格包括总价包干和部分包干(如桩基)。承包商签订包干价格之前,要衡量包干价格对应的工程量是否清晰,如果工程量不清楚,承包商应进行详细的测算和合理的预估，充分衡量其中的风险。

（2）对于施工做法不清晰的，承包商应当在明晰做法之后衡量盈亏，要做到先确定施工做法。若在施工过程中，业主要求改变施工做法，承包商应在价格变更之后再施工。

4. 概算管理

承包商在承接政府投资的工程总承包项目时，要做好概算管理。

（1）投资概算不得超投资估算

《政府投资条例》第 12 条规定：“初步设计提出的投资概算超过经批准的可行性研究报告提出的投资估算 10% 的，项目单位应当向投资主管部门或者其他有关部门报告，投资主管部门或者其他有关部门可以要求项目单位重新报送可行性研究报告。”初步设计提出的投资概算超过经批准的可行性研究报告提出的投资估算 10% 以内的，按可研报告批复明确的来源渠道解决。

（2）概算调整

在政府投资项目中，概算调整的相关规定为：

《政府投资条例》第 23 条规定：“政府投资项目建设投资原则上不得超过经核定的投资概算。因国家政策调整、价格上涨、地质条件发生重大变化等原因确需增加投资概算的，项目单位应当提出调整方案及资金来源，按照规定的程序报原初步设计审批部门或者投资概算核定部门核定；涉及预算调整或者调剂的，依照有关预算的法律、行政法规和国家有关规定办理。”

《中央预算内直接投资项目概算管理暂行办法》（发改投资〔2015〕482 号）规定：“因项目建设期价格大幅上涨、政策调整、地质条件发生重大变化和自然灾害等不可抗力因素等原因导致原核定概算不能满足工程实际需要的，可以向国家发展改革委申请调整概算。”

《中央预算内直接投资项目概算管理暂行办法》规定：“申请调增幅度超过原核定概算百分之十及以上的，国家发改委原则上先商请审计机关进行审计，依据审计结论进行概算调整。”

5. 投资规模不得擅自变更

《政府投资条例》规定：“政府投资项目应当按照投资主管部门或者其他有关部门批准的建设地点、建设规模和建设内容实施；拟变更建设地点或者拟对建设规模、建设内容等作较大变更的，应当按照规定的程序报原审批部门审批。”

五、工期风险

(一)内容理解

无论是工程总承包还是施工总承包,工期风险都是承包商必须时刻关注的。相较于施工总承包,工程总承包承包范围更广、承包内容更多,弄清楚工期相关内容极有必要。

1. 确定开工起点

《最高人民法院关于审理建设工程施工合同纠纷案件适用法律问题的解释(一)》(法释〔2020〕25号)中针对施工合同开工日期有相关规定,其第8条规定:“当事人对建设工程开工日期有争议的,人民法院应当分别按照以下情形予以认定:(一)开工日期为发包人或者监理人发出的开工通知载明的开工日期;开工通知发出后,尚不具备开工条件的,以开工条件具备的时间为开工日期;因承包人原因导致开工时间推迟的,以开工通知载明的时间为开工日期。(二)承包人经发包人同意已经实际进场施工的,以实际进场施工时间为开工日期。(三)发包人或者监理人未发出开工通知,亦无相关证据证明实际开工日期的,应当综合考虑开工报告、合同、施工许可证、竣工验收报告或者竣工验收备案表等载明的时间,并结合是否具备开工条件的事实,认定开工日期。”

上述规定中针对开工起点的认定对于承包商不利,若在开工通知前承包商已经提前施工,需要举证证明经业主同意。且《最高人民法院关于审理建设工程施工合同纠纷案件适用法律问题的解释(一)》未排除工程总承包模式,而相较于施工总承包,工程总承包的工期不仅有施工工期,还有设计工期。因此,承包商应注重审查合同中关于开工起点的约定,明确设计开工日期和施工开工日期。若承包商存在提前开工的情况,应与业主协商工期如何认定。

2. 确定完工标志

工程总承包因为承包范围广、承包内容多的原因,承包商要注重对完工标志的审核,如设计工期的完工标志是否设计确认、施工的完工标志是验收通过、工程交付还是试运营通过。

3. 承包商工期内的作业内容

承包商要弄清楚在合同约定工期内应完成的作业内容,工程总承包项目可能包含的作业内容为:勘查、设计、方案(初步设计)、施工许可、审批采购、施工、交付前试运营、交付后试运营等。

4. 业主的配合义务

在工程总承包项目实施过程中,除了承包商需要按照合同约定的工期完成作业内容外,还需要弄清楚业主的配合义务,当业主拒绝履行配合义务或者履行配合义务不当时,承包商可以要求工期顺延并对遭受的损失提出索赔。一般来说,业主的配合义务包括:

(1)提供设计基础资料,配合承包商完成设计。基础资料包括勘查报告、前期设计资料,地下障碍资料,规划许可相关资料,方案(初步设计)审批资料等。

(2)业主对提供资料的完整性、准确性责任承担。若合同中约定业主对提供资料的完整性、准确性不承担责任,承包商应对业主提供的资料进行复核。

(3)业主的施工配合义务,包括提供施工场地、获得应由业主办理的各种证件等。

(4)业主对验收、试运营的配合义务。包括在工程完工后及时组织验收,及时完成对工程的验收、配合工程试运营等。

(5)业主对接收工程的配合义务。业主应在承包商完成合同约定的工作后及时接收工程。

(二)审批与许可

工程在开始施工前,应通过一系列的审批与许可,其中比较重要的为建设工程规划许可证与建设工程施工许可证。

1. 建设工程规划许可证

《城乡规划法》第40条规定:"在城市、镇规划区内进行建筑物、构筑物、道路、管线和其他工程建设的,建设单位或者个人应当向城市、县人民政府城乡规划主管部门或者省、自治区、直辖市人民政府确定的镇人民政府申请办理建设工程规划许可证。申请办理建设工程规划许可证,应当提交使用土地的有关证明文件、建设工程设计方案等材料。需要建设单位编制修建性详细规划的建设项目,还应当提交修建性详细规划。对符合控制性详细规划和规划条件的,由城市、县人民政府城乡规划主管部门或者省、自治区、直辖市人民政府确定的镇人民政府核发建设工程规划许可证。"

2. 建设工程施工许可证

《建设工程施工许可证管理办法》第4条规定:"建设单位申请领取施工许可证,应当具备下列条件,并提交相应的证明文件:(1)已经办理该建筑工程用地批准手续;(2)已经取得建设工程规划许可证;(3)施工场地已经基本具备施工条件,需要征收房屋的，其进度符合施工要求；(4)已经确定施工企业；(5)有满足施工需要的技术资料，施工图设计文件已按规定审查合格；(6)办理了工程质量、安全监督手续；(7)建设资金已经落实，建设单位应当提供建设资金已经落实承诺书；(8)法律、行政法规规定的其他条件。”

(三)管控重点

1. 明确工期要求

应对工期风险首先要搞清楚项目关于工期的具体要求，主要有：

(1)合同中的总工期包含内容，是否包含国家法定节假日、周六、周日、政府有关部门对任何申请进行审批、处理及等候时间；组织及通过竣工备案验收所需的时间(包括审批、处理及等候时间)、恶劣天气、雾霾及高温天气的时间、冬雨季施工的时间、进退场时间、其他施工单位交叉施工造成的作业降效的时间等。

(2)设计开工的时间如何确定。是由业主发函的形式确定还是在业主提供前期资料后视为开始还是以合同约定的时间为准等。

(3)施工开工的时间如何确定，是需要业主明确发出开工令还是由承包商根据项目实际自己确定开工时间等。

(4)竣工时间如何确定，即如何确定承包商已经完成合同中约定的所有工作。

2. 了解工期责任

承包商应注重审查合同中关于自身的工期违约责任，主要包括：

(1)设计工期节点以及设计工期延误的违约责任。

(2)施工工期节点以及施工工期延误的违约责任。

(3)总工期违约责任与节点工期违约责任是否分别计算。

(4)工期违约责任是否有上限。

3. 明确业主配合义务

承包商要与业主明确其配合义务，一般来说，业主的配合义务包括提供前期资料、地下勘查资料、前期设计审批资料、前期政府审批资料、前期证照办理、督促指定分包履约、落实与平行发包单位的各自职责、按照合同约定提供甲供材、配合验收等。

4. 明确业主主要义务

在工程项目中，业主的主要义务为支付工程款，因此，承包商应弄清楚业主支付工程款的义务，包括以下几项：

(1)业主对过程工程量的审核流程。

(2)业主过程工程款的支付流程。

(3)业主过程工程款的支付时间。

(4)业主对付款的要求,是否需要提前开具发票。

(5)业主对结算的审核时间约定、资料约定、结算款项的支付等。

(6)业主逾期支付工程款的责任等。

5. 落实自己责任边界

承包商在工程总承包项目履行过程中,应根据合同约定落实自身责任边界,即要弄清楚根据合同约定哪些属于自身责任范围,包括承包范围:勘查、设计、采购、施工;其他约定义务:如配合平行发包单位、对甲供材的照管义务等。

6. 落实前提条件

在工程开工前,业主应提供项目开工前提条件,如取得建设工程规划许可证、提供符合施工条件的场地、取得建设工程施工许可证等。若业主未落实前提条件,承包商应根据合同约定申请延期开工。

7. 严防业主违约

在工程项目履行过程中,除承包商自身责任外,业主还需要履行很多配合义务,针对业主配合义务,承包商应做到:

(1)若业主配合不符合合同约定,到时项目工期受到影响,承包商应及时申请工期顺延。

(2)涉及业主、第三方配合的事项,如与平行分包单位交叉施工时,承包商应提前做好方案,明确各自责任,在出现非自身原因导致的工期顺延事项时,及时向业主申请工期顺延。

六、现金流风险

(一)确权问题

1. 设计费用

在工程总承包项目中,很多项目设计费用都是包干使用,因此,承包商应弄清楚:

(1)包干费用对应的工作量。也即包干费用中对应的工作量是什么,哪些工作属于包干范围内的,哪些不属于包干范围内的。在业主要求承包商负责不属于包干范围的工作时,承包商应向业主明确费用金额已经支付方式。

(2)设计变更增加的设计费。在设计确认前以及设计确认后,业主很可能根据自身需要提出设计变更,那么设计变更导致的设计工作增加如何计算费用需要明确。

2. 采购与施工

在采购与施工过程中，承包商应注意：

(1)变更增加的工程费。因变更增加的工程费，承包商应注意：是否存在逾期失权的约定、是否存在逾期视为确认的约定、报送变更签证的时限要求、变更签证的审核时限约定等。

(2)预算包干确定金额。预算包干金额是指承包商在承接项目时根据合同预算包干的金额，针对包干金额如何计量、工程款如何支付等。

(3)概算调整的问题。若工程为政府投资项目，那么承包商应注意概算调整问题，包括项目概算金额、当地对概算调整的规定、概算调整的程序等。

(4)以政府审计为准的问题。根据相关法律规定和司法实践，除非在合同中明确工程项目结算金额以政府审计金额为准外，业主不得要求工程结算以政府审计为准，因此，承包商应审核：合同中是否明确约定结算以政府审计为准、若约定以政府审计为准，政府审计流程、时限、程序等。

(二)结算问题

1. 四种情况

对于工程项目，一般存在四种结算方式：

(1)过程结算，指施工中解决所有结算问题。

(2)竣工后协商，竣工后协商方式解决结算争议。

(3)政府审计。即工程结算金额以政府审计金额为准。

(4)竣工后诉讼，竣工后诉讼通过司法鉴定确定结算金额。

2. 律师观点

对于承包商来说，结算的核心问题在于证据，很多项目在结算中承包商往往处于不利局面的原因在于拿不出对自身有利的证据，因此，承包商应做到：

(1)针对过程结算，承包商应在过程结算中明确结算金额，尽量签订过程结算协议书，以此将过程结算金额做成铁证，在出现争议时，除非对方利用公权力否则难以推翻结算金额。

(2)针对竣工结算，无论是在司法程序中还是在承包商自身与业主协商过程中，都会存在证据认定的问题。因此，承包商尽量在工程总承包项目中做好过程结算。

3. 政府投资项目、常年合作业主

针对政府投资项目以及常年合作业主，承包商难以完成过程结算，因此，承包商应做到：

（1）过程履约资料特别是涉及结算的资料要保留完整，包括需要取得业主签字盖章的文件、往来函件的签收记录等，以便在未来结算谈判时处于有利地位。

（2）要"多做请示、多做方案"，请示和方案中隐藏着变更和索赔理由。

（3）要善于利用施工监理确认施工现场状况，用于计算费用。

（三）支付问题

1. 同一支付节点分段施工问题

在工程项目合同中，往往会出现合同约定工程进度达到某一节点后业主支付工程款（如施工至±0），但是在施工时承包商发现因业主原因，整体工程只能分段施工，若严格按照合同约定，则业主的付款节点短期内难以达到，此时，承包商应做到：

（1）就业主延期提供工作面或者更改施工计划提出索赔，要求业主就承包商遭受的损失（如工期延长、窝工等）给予补偿。

（2）要求业主更改合同付款条件。因业主原因导致付款节点无法达到时，承包商应要求业主更改合同付款条件，要求业主按已完工程量支付工程款或者按照分结算开发节点支付工程款。

2. 逾期支付制约措施问题

承包商应注意审核合同中关于业主逾期付款的制约措施，一般来说，针对业主逾期支付的制约措施有以下几种：

（1）业主提供支付担保，业主逾期付款时承包商有权提取支付担保中的金额。

（2）业主支付逾期付款利息。

（3）业主逾期付款时承包商有权停工甚至解约。

3. 业主存在风险停工问题

在项目实施过程中，很可能出现业主自身出现重大风险导致项目风险不可控制，如业主被收购、业主高层重大变更、业主涉嫌重大违法违纪、业主被列为失信被执行人、业主明显现金流断裂等。此时承包商应与业主进行协商谈判，要求业主增加信用，包括但不限于提供支付担保、要求由资信的第三方担保、提供资产抵押等。若业主无法就自身风险作出合理的增加信用的措施，承包商应在符合合同停工条件的情况下果断停工，以免陷入施工后无法回款的局面。

4. 亏损项目解约问题

很多承包商为了提升签约合同额、抢占市场、承接项目、自身履约管理不善等

多种原因,会承接亏损项目或者导致项目亏损,此时承包商应做到:

(1)就项目亏损原因进行分析,若项目在后续施工中盈利且能扭亏为盈,则继续施工。

(2)若项目属于越干越亏,且扭亏无望的项目,承包商应在具备合同解除的条件下,及时提出解约要求。

七、联合体问题

《房屋建筑和市政基础设施项目工程总承包管理办法》(建市规〔2019〕12 号)第 10 条规定:"工程总承包单位应当同时具有与工程规模相适应的工程设计资质和施工资质,或者由具有相应资质的设计单位和施工单位组成联合体。"该规定确定了承接工程总承包项目需要"双资质",在实践中,很多承包商不满足双资质的要求,大部分工程总承包项目承接时需要由施工单位和设计单位组成联合体进行投标,承包商应重视联合体问题。

1. 重视联合体资信

承包商在选择联合体单位时,要注意以下几点:

(1)联合体单位要有信用,不能亏损就不做了。

(2)联合体单位要有资金,不能没有偿债能力。

(3)联合体单位要有技术,满足业主设计要求。

(4)联合体单位要有担当,不能麻烦就不干了。

2. 重视联合体协议

《房屋建筑和市政基础设施项目工程总承包管理办法》(建市规〔2019〕12 号)第 10 条第 2 款规定:"设计单位和施工单位组成联合体的,应当根据项目的特点和复杂程度,合理确定牵头单位,并在联合体协议中明确联合体成员单位的责任和权利。"因此,承包商要重视联合体协议,在联合体协议中将相关问题约定清晰:

(1)设计进度问题。包括设计开工日期、设计文件交付日期、设计确认日期、图纸提交日期等。

(2)造价控制问题。包括设计标准、造价上限等。

(3)设计费用问题。包括设计费用如何计取、设计费用如何支付等。

(4)责任分工问题。包括各自负责的工作、对对方的义务等。

(5)停工、解约与诉讼。在项目出现问题时需要停工、解约甚至诉讼时各方的权利义务等。

八、施工风险

（一）重视清障

在实践中，很多工程总承包项目都是总价包干项目，且由承包人负责地质勘查与地下清障工作，业主往往在合同中约定承包商不得因地下障碍物提出工期或者费用索赔。在面临此种情况时，承包商不能根据以往经验判断，应在合同签订前进行现场勘查或者委托专业的机构去地下障碍物进行勘查，对清障费用合理报价，以免在合同签订后因地下障碍物原因导致自身遭受损失。

（二）地质风险

一般情况下，在合同签订前业主应向承包商提交关于项目地质情况的文件，包括地下管网、地质条件、地下障碍物、地下水文条件等资料，并对提供的材料负责。但是，现在越来越多的合同中约定业主只负责提供上述材料，但不对材料的真实性、完整性负责，因此，承包商在应谨慎对待地质条件，在收到业主提交的材料后，委托专业的机构进行复核。

（三）开发节奏

在实践中，很多项目在施工过程中因业主自身原因，业主调整开发节奏，在此种情况下，承包商应意识到：

1. 开发节奏的变更属于工程变更的一种。承包商要根据项目实际情况和项目成本效益情况编制施工组织设计。一旦出现业主原因的开发节奏变化，便可以此为由提出索赔。

2. 开发节奏的变化，与成本、收入、现金流密切相关。承包商要合理利用业主开发节奏的变化，提出自身诉求，解决项目风险。

（四）重视证据

在施工过程中，承包商要注重对履约证据的保存，并善于保留“有用”的证据：

1. 签证、索赔、认价要落地

在施工过程中，会出现很多与价格相关的资料，如签证资料、索赔资料、认价资料。承包商要注意的是，针对签证、索赔、认价资料要尽量在过程中走完所有流程，达成对最终金额的一致，以免在最终结算过程中，业主拒绝承认过程资料，引发双方矛盾。

2. 收发文要有记录

在施工过程中，承包商应做好收发文记录，并保持收发文的连续性。针对业主、监理收发文人员的签字，应尽量取得业主、监理的授权委托书。针对收发文件，应保留好相关文件的原件。

3. 业主工作面移交要有记录

在施工过程中，可能存在业主分期提交工作面的情形，在此情况下，应保留好工作面移交记录，并取得业主、监理的认可。

4. 业主的变更要有指令

在施工过程中，业主常常提出变更，因此，承包商应注意保留业主的变更指令。若业主部分变更是以口头形式作出，承包商应及时向业主发函要求业主确认。

5. 要注意逾期失权约定

《最高人民法院关于审理建设工程施工合同纠纷案件适用法律问题的解释（一）》（法释〔2020〕25 号）第 10 条规定："当事人约定顺延工期应当经发包人或者监理人签证等方式确认，承包人虽未取得工期顺延的确认，但能够证明在合同约定的期限内向发包人或者监理人申请过工期顺延且顺延事由符合合同约定，承包人以此为由主张工期顺延的，人民法院应予支持。当事人约定承包人未在约定期限内提出工期顺延申请视为工期不顺延的，按照约定处理，但发包人在约定期限后同意工期顺延或者承包人提出合理抗辩的除外。"根据该规定，逾期失权条款有效，因此，承包商要注意合同中针对逾期失权的约定，包括变更估价逾期失权、索赔逾期报送失权等。

（五）重视索赔

索赔对于承包商来说极为重要，是承包商弥补亏损、扭亏为盈、增加利润的重要手段，因此，承包商要重视索赔。

1. 索赔一般由工期变化引起，因此，承包商在施工过程中，要牢牢抓住工期这一主线，在工期变化时，寻找工期变化原因，及时向业主报送索赔。

2. 索赔是计划施工方案与实际施工方案对比的结果，承包商要注重对施工方案的制订，在因业主原因导致实际施工方案与计划施工方案不一致时，根据方案计算因此增加的费用。

3. 索赔有时效约定，承包商要及时报送索赔文件。

4. 一般来说，业主的工期越紧张索赔的效果越好，承包商要善于抓住业主急于开发的心理进行索赔。

（六）及时止损

承包商在面临亏损项目时，要学会及时止损：

1. 中标之后可以不签约

针对亏损项目，承包商应谨慎投标。若在中标后承包商发现项目亏损严重且难以扭转亏损，应与业主进行谈判，要求业主更改合同计价条件。若实在与业主无法达成一致，与业主协商退出项目。

2. 签约之后可以停工

合同中一般会针对承包商的停工权进行约定，针对亏损项目，承包商应善于利用自身停工权，在具备停工条件的时候，敢于停工。

3. 签约之后可以解约

一般情况下，合同中会约定在出现某些情况下承包商享有解约权，因此，在亏损项目施工过程中，若承包商发现项目亏损严重，且"越干越亏"，那么承包商应在条件具备时及时退出项目，避免遭受更大损失。

4. 已施工产值的亏损最难弥补

承包商应该意识到，已经施工产值的亏损最难弥补，比如已经施工的产值因为合同单价过低产生亏损，此时承包商很难通过后续谈判改变已施工部分的单价。因此，承包商若想扭转亏损，需要在施工前及时策划，避免在亏损出现后才想着如何扭转局面。

（七）履约保函

现在几乎每个项目业主都会要求承包商提供履约保函，针对此，承包商应尽量做到：

1. 针对业主为民营企业，承包商要对其资信进行核实。若发现业主资信较差，应与业主协商，要求开具一般保函，拒绝开具见索即付保函，以防业主在未来履约过程中，恶意提取保函金额逼迫承包商答应业主某些诉求。若业主为实力较强的民营企业，也尽量拒绝开具见索即付保函。若业主强硬要求，可以要求业主开具对等的支付保函的前提下，开具见索即付保函。

2. 针对业主为国有企业或者地方政府，若其需要开具见索即付履约保函，承包商应对该业主过往履约行为进行调查，谨慎开具。

（八）分包质量

承包商在施工时，针对分包工程应做到：

1. 严控分包质量

《建筑法》第 29 条第 2 款规定:“建筑工程总承包单位按照总承包合同的约定对建设单位负责;分包单位按照分包合同的约定对总承包单位负责。总承包单位和分包单位就分包工程对建设单位承担连带责任。”因此,承包商应严控分包质量,若分包工程出现质量问题,最终承担责任的将是承包商。

2. 严禁分包偷工减料

在实践中,部分承包商对于分包商偷工减料的行为采取漠视不管的态度,但承包商应该意识到,分包偷工减料损害的是承包商的利益,而非业主的利益。

(九)禁止挂靠转包

1. 项目成本不可控

在挂靠项目中,项目的成本由挂靠人进行管控,承包商一般不会参与挂靠项目的成本管控,所以项目的实际成本脱离承包商的管控,很可能造成成本大幅脱离市场行情,在挂靠人无力施工时或者退出项目时,承包商就很可能只能接下挂靠人留下的烂摊子,形成损失。

2. 项目结算不可控

在挂靠项目中,承包商只收取一定的管理费,项目由挂靠人实施,结算也由挂靠人与业主直接确定,承包商无法控制项目结算,若出现纠纷,承包商只能依靠挂靠人提供的证据,难以实际控制项目结算,若挂靠项目亏损,而挂靠人退出项目,往往导致承包商难以扭转亏损局面。

3. 维修费用不可控

一般情形下,当项目施工结束并结算完成,挂靠人拿到结算款后就退出了整个项目,但是承包商仍然承担着对项目的维修责任,由于项目非承包商实际管控,所以项目的维修费用不可控,并且很可能会超出预留的质保金。

4. 分供付款不可控

挂靠由于挂靠人是以承包商名义进行施工,并以承包商名义与分包、材料采购商签订合同,若挂靠人无法支付或者没有资金支付分包工程款或者材料款,那么承包商作为名义上的合同相对方,需要承担对分包和材料采购商的款项。

5. 质量责任不可控

挂靠人挂靠最根本的原因是自身没有资质或者资质较低,也就意味着挂靠人的施工组织能力、自身实力较弱,很可能导致施工质量得不到保障,造成施工质量不合格,从而对发包人造成损失,最终使承包商与挂靠人共同承担。

6. 农民工工资不可控

近年来,国家对于农民工工资的支付管控越来越严,随着《保障农民工工资支付条例》的出台,承包商对农民工支付的责任变得越来越重。在挂靠项目中,因承包商不参与项目管理,农民工工资支付由挂靠人负责。若挂靠人未能支付农民工工资,最终只能由承包商负责。

综上,承包商应该意识到,建立在自施基础上的产值才是有价值的,挂靠带来的规模都是假象,承包商应多关注现金流,现金流远远比规模重要。

第三十三章　合规管理倒逼施工企业转型

近年来,“合规”成为一个管理上的流行词,2018 年 11 月,国资委出台了《中央企业合规管理指引(试行)》(国资发法规〔2018〕106 号),同年 12 月发改委、中国人民银行等 7 部委联合印发了《企业境外经营合规管理指引》(发改外资〔2018〕1916 号)。除此之外,各地方国资委也纷纷印发关于合规管理的办法指引,指定合规试点的目标企业,把合规管理作为企业领导人管理业绩的重点考察对象。但是,在执行国家政策的时候,出现了“雷声大雨点小”的现象,政府机构喊得响、企业层面动作差,国企央企有想法、民企私企没动作。施工行业也是如此,多数施工行业仍然不重视合规。但是,随着国家政策的逐步施行,施工企业要想更好更快地发展,就必须要重视合规管理。

一、血淋淋的合规教训

合规是企业主动防范风险、实现全面风险防控的最主要手段。一些企业为了追求短期效益、非法效益,做了大量不合规的行为,给企业造成重大损失。

(一)安全事故被停牌

保障施工安全是施工企业的主要社会义务和合同义务,为保障安全生产,国家出台了大量法律法规、规范标准,施工企业有义务按照法律法规和规范标准进行施工管理。

建设工程一旦出现安全事故,根据事故程度,施工企业及责任人员可能被罚款、被降低资质、被吊销资质证书;如造成重大安全事故,构成犯罪的,对直接责任人员需追究刑事责任。建设工程实行施工总承包的,由总承包单位对施工现场的安全生产负总责。总承包单位和分包单位对分包工程的安全生产承担连带责任。

2019 年 3 月 21 日,扬州经济技术开发区的中航宝胜海洋电缆工程项目 101a 号交联立塔东北角 16.5－19 层处附着式升降脚手架发生坠落,造成 7 人死亡、4 人受伤。在此次事故中共有 8 名人员因涉嫌重大责任事故罪被司法机关采取强制措施,

6名人员被依法逮捕,10人被给予吊销证书、5年内不予注册、开除等行政处罚。总包单位、监理单位、各专业分包单位等被依法给予暂扣安全许可证、停业整顿等行政处罚。其中上述施工总承包单位和专业承包单位在江苏省内不得承揽新的工程项目。根据事故调查报告,安全事故发生原因为包括施工总包在内的项目施工企业违法违规操作,工程项目存在挂靠、违法分包和架子工持假证等问题。整个项目管理混乱,存在违章指挥等情况。①

总包单位中是一家大型国有企业,是非常优秀的施工企业,正常的组织生产没有任何问题。问题出在对分包的管理上,根据《建筑法》相关规定,建设工程的非主体部分允许进行专业分包,但是专业分包不等于分包自我管理,根据《建设工程安全管理条例》的规定,总包单位对分包的安全事故承担连带责任,因此总包单位在安全方面必须采用穿透式管理,否则一旦分包单位出现安全问题,总包单位也难辞其咎。该案例结果是总包单位在江苏省被禁止投标,其恶劣后果足可以影响该公司以后的所有项目投标。关键在发生扬州安全事故之前,该单位在江苏某万达项目出现过同类因分包施工质量引发的安全问题,死亡3人。

此案例的合规教训是,承包单位在安全管控方面首先是思想认识要到位,不能存在以包代管的侥幸心理,在管理行为上必须实施穿透式管理。

(二)质量问题被公示

根据《建筑法》的规定,建设工程经过竣工验收方能投入使用。建设工程质量,应当满足合同约定的发包人要求、满足国家强制性的规范要求、满足设计要求。建设工程质量控制,关键在于过程控制,包括进场材料设备验收、隐蔽验收和分部分项验收等。根据《建筑法》第55条、第58条、第59条的规定,总包单位对建设工程质量负总责,对分包单位施工质量承担连带责任,不得擅自变更设计降低质量要求,对建筑材料、设备、建筑构配件进行检验,不符合要求的不得使用。

"奥凯电缆事件"回顾:陕西省西安市地铁3号线工程,采购使用奥凯电缆公司生产的不合格线缆。后此事件被奥凯内部员工爆出,引起连锁反应,严重打击国人对建设工程质量信心。后相关政府部门重拳出击,严肃处理。对央企驻陕单位19名涉案人员立案侦查,8名犯罪嫌疑人被逮捕;依法依纪问责处理相关地方职能部门122名责任人(厅级16人);施工监理单位资质降级,相关责任人依法被吊销资

① 《扬州中航宝胜海洋工程电缆项目"3·21"附着式升降脚手架坠落较大事故调查报告》,载扬州市应急管理局网站:http://yjj.yangzhou.gov.cn/yzyjglj/sgdcbg/201908/4d96be57aad747b0853d0674a5b2d946.shtml,2020年5月19日最后访问。

质证书;奥凯电缆公司董事长等 8 名被告人犯生产、销售伪劣产品罪、单位行贿罪、行贿罪等被判刑;奥凯公司被依法吊销营业执照和生产许可证;多家施工企业被罚款、责令赔偿损失,部分责任人被罚款、吊销执业证书等。①

奥凯电缆是甲供材,即发包人采购的材料。很多承包单位存在一种错误思想是"建筑材料谁供谁负责",而实际上,法律早就作了规定,施工企业禁止使用质量不合格的产品。施工企业明知道电缆不符合质量标准仍然使用,究其原因,是因为他们把质量责任建立在业主认可标准上,而不是法律标准上。反映了企业在合规管理上,无论思想认识还是行为准则都有很大差距。

(三)投标作假被罚款

常见投标作假主要有两种方式:一是以他人名义投标,二是在投标资料中提供虚假信息。以他人名义投标,又称挂靠。根据《招标投标法》的规定,投标人应当具备承担招标项目施工能力,国家有关规定对投标人资格条件或者招标人已经对投标人资格有明确要求的,投标人应当具备要求的条件。投标人如果不具备承担招标项目的能力或者借用有资质的企业名义投标,属于违法行为,中标无效。《招标投标法实施条例》第 42 条规定,使用通过受让或者租赁等方式获取的资格、资质证书投标的,属于《招标投标法》第 33 条规定的以他人名义投标。《招标投标法实施条例》第 69 条规定,出让或者出租资格、证书供他人投标的,依照法律、行政法规的规定给予行政处罚;构成犯罪的,依法追究刑事责任。

在投标资料中提供虚假信息的也非常常见。投标人有下列情形之一的,属于《招标投标法》第 33 条规定的以其他方式弄虚作假的行为:(1)使用伪造、变造的许可证件;(2)提供虚假的财务状况或者业绩;(3)提供虚假的项目负责人或者主要技术人员简历、劳动关系证明;(4)提供虚假的信用状况;(5)其他弄虚作假的行为。

2019 年 7 月,安庆市公共资源交易监督管理局发布通报:某集团有限公司在安庆市沿江东路改建工程施工项目投标文件中,拟派项目经理的业绩证明材料"单位工程竣工验收证明书"被发现是假材料,投标人的行为违反了其投标签署的《诚信投标承诺书》。据此,该投标人被取消第一中标候选人资格、没收投标保证金 1000

---

① 《国务院办公厅关于西安地铁"问题电缆"事件调查处理情况及其教训的通报》,载中华人民共和国中央人民政府网站:http://www.gov.cn/gongbao/content/2017/content_5208198.htm,2020 年 5 月 19 日最后访问。

万元整、记不良行为记录1次，并予以公开披露，披露时间为6个月。①

投标作假是建设工程领域长久以来形成的恶习。发包人和招标代理机构为了某些原因，不停地提高投标人资质要求、业绩要求，但是由于评标时间短、评标信息不公开，即使有部分投标人的投标资料是不真实的也很难被发现。但是，随着社会信息化发展，很多事情在短时间内便会发现真相，尤其是有的“投标人”对中标势在必得，一旦投标情况或投标结果对其不利便会发动一切手段寻找竞争者的投标“漏洞”，一旦问题被发现轻则失分废标，重则罚款公示，有的甚至发动舆论战，利用网络和媒体陷竞争对手于“死地”。所以投标人在投标时一定要洁身自好，越是大项目、越是国有资金投资项目，越不能出现假资料、假信息、抄袭资料等。

（四）欠付工资被公示

农民工工资支付问题一直是国家监察、检查的重点，但是在建设工程项目中拖欠农民工工资问题却还是屡禁不止。产生欠付农民工工资问题的主要原因有两点：一是总承包单位欠付工程款，应当支付的款项没有支付到位；二是总承包单位没有按规定的方式予以支付，没有将款项直接支付到农民工个人的工资卡中，而是将农民工工资支付给了劳务公司或者是不具备用工主体资格的组织和个人，比如包工头等，但是劳务公司、包工头将工程款转移了。

由于农民工数量众多，一旦欠薪就不是个案，而是群体性事件。为此，国家对治理农民工欠薪问题出台了一系列的规定。如自2020年5月1日起施行的《保障农民工工资支付条例》为规范农民工工资支付行为，保障农民工按时足额获得工资制定一系列措施予以保障，其中第四章为“工程建设领域特别规定”，第26条规定，“施工总承包单位应当按照有关规定开设农民工工资专用账户，专项用于支付该工程建设项目农民工工资。开设、使用农民工工资专用账户有关资料应当由施工总承包单位妥善保存备查”。第28条规定：“施工总承包单位或者分包单位应当依法与所招用的农民工订立劳动合同并进行用工实名登记，具备条件的行业应当通过相应的管理服务信息平台进行用工实名登记、管理。未与施工总承包单位或者分包单位订立劳动合同并进行用工实名登记的人员，不得进入现场施工。施工总承包单位应当在工程项目部配备劳资专管员，对分包单位劳动用工实施监督管理，掌握施工现场用工、考勤、工资支付等情况，审核分包单位编制的农民工工资支付表，分包单位应当予以配合。施工总承包单位、分包单位应当建立用工管理台账，并保

---

① 《中铁十四局集团有限公司——提供虚假材料》，载安庆市公共资源交易中心网站：http://aqggzy.anqing.gov.cn/search/fullsearch.html? wd=中铁十四局，2019年9月19日最后访问。

存至工程完工且工资全部结清后至少3年。”第32条规定：“施工总承包单位应当按照有关规定存储工资保证金，专项用于支付为所承包工程提供劳动的农民工被拖欠的工资。工资保证金实行差异化存储办法，对一定时期内未发生工资拖欠的单位实行减免措施，对发生工资拖欠的单位适当提高存储比例。工资保证金可以用金融机构保函替代。工资保证金的存储比例、存储方式、减免措施等具体办法，由国务院人力资源社会保障行政部门会同有关部门制定。”第49条规定：“建设单位未依法提供工程款支付担保或者政府投资项目拖欠工程款，导致拖欠农民工工资的，县级以上地方人民政府应当限制其新建项目，并记入信用记录，纳入国家信用信息系统进行公示。”如国务院办公厅《关于全面治理拖欠农民工工资问题的意见》（国办发〔2016〕1号），要求严格规范用工管理，坚持施工企业与农民工先签订劳动合同后进场施工，全部实行农民工实名制管理制度，建立劳动计酬手册，记录施工现场作业农民工的身份信息、劳动考勤、工资结算等信息，实现信息化实名制管理，推行银行代发工资制度，设立农民工工资专用账户。为确保农民工工资治理效果，国家建立失信联合惩戒制度、“黑名单”制度，对拖欠工资、拒绝支付劳动报酬的建筑企业将在全国建筑市场监管公共服务平台进行公示。被公示的欠薪失信企业，在政府资金支持、政府采购、招投标、生产许可证、履约担保、资质审核、融资贷款、市场准入、评优评先等方面依法依规予以限制。

笔者从全国建筑市场监督公共服务平台“诚信数据/失信联合惩戒记录”中找到一份公示名单。从公示的内容看，对欠薪企业名称、法定代表人信息、列入事由等都进行了公开披露。

“全国建筑市场监督公共服务平台”，仅仅是无数个监督平台中一个。除此之外，各地方政府也有一些类似“红牌”“黄牌”的处罚公示制度。根据笔者近几年的观察，农民工欠薪问题，已经由拖欠工程款问题演变为企业的合规管理问题。以前，农民工欠薪多半是由于层层拖欠工程款引起的，而现在的农民工欠薪大都是由于劳务公司挪用工人工资或者挂靠劳务公司的“包工头”恶意索赔引发的。建设工程领域的农民工市场，用一个字总结就是“乱”，哪些农民工在干活不清楚，每个人干了多少不清楚，干活的农民工拿了多少工资不清楚，哪些农民工还欠多少工资不清楚。所以解决农民工工资问题的关键在于抓过程管理，在项目实施过程中把上面不清楚的地方全部弄清楚，推行建筑工人的实名制和劳动合同备案制，建立工资专用账户和总包代发工资制。但是，这些制度在推行过程中依然存在很多问题，集中表现在农民工工资税收问题和传统包工头的抵触问题，在这里包工头也不应该是一个单纯的贬义词，毕竟包工头这一阶层能够提高劳动生产效率。

所以,总包单位对于农民工管理和农民工工资支付,必须要保证不出现问题,只要出现问题就一定没有遵守国家的相关规定。施工企业要改变劳务管理以包代管的状态,要穿透劳务公司直接对农民工进行管理。

二、存在哪些问题

(一)评价导向出现偏差

2019 年 9 月 1 日,中国企业联合会、中国企业家协会发布 2019 中国企业 500 强榜单,入围门槛为 2018 年营收入 323.25 亿元,其中共有 52 家建筑企业登上榜单,排名的唯一指标是营业收入。[①] 在网上输入“建筑排名”等关键词,就能够出现“中国品牌价值研究院主办的中国品牌 500 强”“上海建筑企业 50 强排名”等信息,各种排名信息可谓五花八门。不管何种排名,上榜企业名次的先后顺序都是以营业额指标为准。虽然上述排名并非官方权威的排名,但是这已经充分说明了整个社会环境对企业的评价标准还是唯创收论英雄。

评价一家企业的方式有很多种,不应该让营业额成为唯一的评价指标。合同额、营业额并不能全面反映出一家企业的真正实力。单一化的评价标准,反映出整个社会大环境、整体行业环境对企业认识的浅薄。社会整体过于重视排名名次,认为产值高就是好企业。实际上施工行业也存在不同的业务领域,如建筑、市政、基础设施等,专门做安装、装饰的施工企业企业营业额肯定不如做总承包的。现实的问题是所有企业都在走大而全的路子,都在做总承包,都去做 PPP 和 BT,仿佛营业额做不到 1000 亿元就抬不起头来。

所谓“楚王好细腰,宫中多饿死”,不良的社会排名方式已经影响了行业的健康发展。

(二)考核机制出现问题

以产值为导向的评价机制导致大批的央企、国企型施工企业,为了完成产值目标不得不铤而走险。特别是在违法成本与巨额收益之间存在一定差距的时候,选择收益、忽略风险就是一种选择。简单来说,就是当违法成本低于预期收益的时候,当然选择违法以取得预期收益。其实这只是用长远发展换取短期收益的行为,是一种饮鸩止渴的发展方式。

---

① 《2019 中国企业 500 强公布! 哪些建企上榜?》,载 https://www.sohu.com/a/338778995_481639,2020 年 5 月 19 日最后访问。

2016年12月,国资委公布了《中央企业负责人经营业绩考核办法》。国资委对央企的考核机制发生变化,反映了国资委更加重视企业发展质量之正确思想。但是,在大环境下,特别是企业的高度竞争压力下,企业二级以下单位和地方国企的考核依旧存在问题。

1. 央企考核方法虽变,但是长期以来形成的思想认识没变,执行办法没有变。央企以下二级单位仍然把合同额、产值作为最重要的考核依据,甚至部分施工企业员工收入主要依靠“产值奖”。

2. 上下“一刀切”的考核标准,起不到促进企业发展的作用。同样是施工企业,每个企业所面临的环境、所在的市场区域、所从事行业特点、所承担的历史责任、所具备的现实条件都是不同的,有的企业营销能力强,有的企业生产能力强,有的企业经管能力强;在存在问题方面,有的企业是市场开拓能力不够,有的是盈利能力不够,有的是两金过高现金流存在风险。所以上级单位在制定对下级单位的考核标准时要“因地制宜”,既要起到鞭策作用也要让干部职工看到希望。

但是,在“一刀切”的考核制下,起不到考核的目的和作用,不能有针对性地提高企业效率、调动员工积极性,更无法提高企业效益。

(三)短期利益把控决策

考核目标,都是与激励机制同时存在的,没有激励机制的考核目标是空想。因此,考核目标的实现既是向上级单位交付成绩单也是向组织内部兑现激励的必要条件。在当前企业审计工作不充分的情况下,很多施工企业为了完成考核目标,存在大量为了实现短期目标而损害企业长远发展的行为。例如:

1. 允许他人挂靠

施工企业挂靠项目所收取的挂靠费与所承担的风险完全不成比例。挂靠费一般在2%至5%,但是对于挂靠项目施工企业完全失去控制力,挂靠人会采用各种方式将工程款从公司转移走,而施工企业则面临着分供起诉风险、业主索赔风险、质量责任风险、安全责任风险。因此,施工企业允许他人挂靠的根本利益点在于完成营销指标和营业额指标。挂靠行为虽然能够在短时间内完成指标,但是给公司带来完全不可控的风险。

2. 降低营销标准

随着近些年国家对房地产市场调控力度加大,房地产行业面临转型洗牌,有的开发商在缺少资金的情况下要求施工企业垫资施工,有的开发商在合同文本中要求施工企业放弃变更索赔的权利,有的开发项目完全不合规甚至是违法项目,有的项目合同把市场风险完全定由施工企业承担,有的合同价格比成本价低20%以上,正常情况下施工企业应当摒弃这些高风险项目,但是由于合同额、营业额指标压力,施工企业仍然承揽这些项目。

3.放弃项目索赔

工程索赔是由于项目变更或业主违约造成,是一种常见的施工企业扭亏或盈利手段,由于开发企业在项目开发中普遍存在准备不足的情况,如场地交付迟延、地上拆迁未完、施工图纸不全、指定分包混乱、工程价款支付不足等情况,一方面延误了开工工期和整体工期,确实给了施工企业带来损失;另一方面也给了施工企业变更计价、索要赔偿的索赔机会。很多施工企业为了不得罪业主,放弃索赔,造成结算不利,或者结算久拖不决。

(四)弄虚作假成为习惯

在实践中常见的弄虚作假方式有以下几种:

1.资质申报造假

大量的施工企业为获取更高级别的资质证书,不惜花费重金使用或者是购买挂靠资格证书。首先,职业资格的挂靠使挂靠企业具备了获取更高企业资质标准的条件,破坏了建筑市场"公平竞争、优胜劣汰"的原则,在一定程度上"架空"了法律和制度,使法律的严肃性、原则性受到了挑战。其次,由于挂靠资质证书的人员并不实际参与项目施工,而是由其他人代替。替代人受设计、施工或组织能力限制,难以满足工程实际需求,导致违规作业,在质量、安全、进度等方面难以实施有效控制,造成隐患。最后,挂靠、借用资质的单位为应付建设行政部门的检查,不惜拉关系、走后门,滋生腐败。

2.投标资料造假

为符合招标文件的要求,大量施工企业,在商务标部分会使用虚假业绩材料,如虚构项目合同、伪造竣工证明等。将关联公司项目业绩材料用作主体公司的业绩,使用PS等方式将项目合同额调整到符合招标文件要求的数额等。因为很多时候招标单位对业绩证明材料的审核只是形式审查,有些材料甚至只要求提供复印件即可,这就给施工企业的造假创造了空间。以至于很多公司招投标部门伪造、变造出的材料已经达到了以假乱真的地步,如果不是实际参与人员根本很难分辨出材料的真伪。

3.产值利润造假

一是通过修改合同金额方式,造成合同额虚高的表象。在合同签订时与业主方约定一个虚高的暂定合同金额签订合同,后续通过变更、审计结算等方式将实际合同金额调低。

二是通过关联公司采购、交易、再转让的方式,通过增加交易环节,创造虚假GDP,产生虚假的交易金额。

三是通过财务手段将某一时期的收入先隐藏,之后在某一时间内集中将利润释放。造成产值突然增高的假象。

4. 跨境项目造假

2018 年 7 月 20 日,世界银行宣布向两家中国建设企业发出禁令,禁止其参与由世界银行提供资金支持的项目,其中,中国核工业第五建设公司被禁 2 年,中国机械工业集团被禁 4 年。该禁令的起因是两家企业在世界银行资助的项目中存在不当行为。世界银行指称中核五公司及其分包商为获取工程预付款“伪造了用以证明该工程某些部分已完工并达到质量标准的文件”,以及中核五公司和国机建设“声称两个子项目已由中核五公司完成,而相关子项目实际上被交给了分包商”。

中国企业的造假习惯已经延伸到了国际项目中,这不仅给两家企业带来了损失,也为中国施工企业走出去制造了障碍。由此可见,中国企业要想走出中国,走向世界,在合规方面还有很长的路要走。

三、优秀的企业首先是合规优秀

企业合规不是花架子,更不是为响应国家倡导而喊出的一句口号,而是企业未来发展的核心竞争力。律师认为企业合规包括三个层次:一是守法,即遵守法律法规、行业标准及规范等。二是守约,即遵守合同约定、行业惯例等。三是要守礼,即合乎道德标准及主流价值观,创造社会价值,起到正向的引导作用。优秀的企业合规至少应包括以下几个方面:

(一)领导层面:企业领导者重视合规,做到依法依规决策

一个企业合规的前提就是企业的领导人重视合规,能够认识到合规的重要性。只有企业领导人重视,企业才能从上到下建立起一套合规体系,形成企业的合规文化。

(二)制度层面:建立配套的依法依约办事的规章制度

好的合规企业必然有一套适合自身发展情况的合规体系在运转。比如,生产管理体系、财务审批制度、人事档案管理制度等都属于合规体系的范畴。

(三)执行层面:完善的合规考核体系

合规的最终结果需要通过执行来实现,合规制度如果要得到执行需要有明确的考核体系,需要建立"赏罚分明"的考核制度。对企业中存在的违法违规行为绝不姑息,对守法履约行为要予以奖励,只有这样才能够让企业员工从内心认可并执行企业的合规制度。

(四)机构设置层面:合规部门独立设置

将合规部门独立设置,有利于合规工作的开展,使合规部门人员能够不受公司利益的羁绊、不受公司领导权力的制约,能够独立地将合规落到实处,而不至于使合规制度成为一纸空文。

(五)合规改革层面:与时俱进,定期调整合规内容

企业合规内容并不是一成不变的。社会环境、法治环境、法律法规、行业标准等一直都是处在一种动态变化之中,企业的合规内容也要跟随企业发展方向、法律法规更新等进行调整和更新。合规建设也是一个动态的不断调整的过程。一个企业的合规只有和企业的发展方向、企业文化、规章制度等相结合,才能够真正为企业发展保驾护航。

四、施工企业如何转型

新的法治环境和市场环境,催生新的规则。合乎这些规则企业发展就能越来越强,背离这些规则企业面临的风险就越来越大。这些规则包括:对诉讼案件的执行力度越来越大、对施工企业的诚信要求越来越严、对转包挂靠的打击力度越来越大,所以,施工企业应该以合规建设为契机,重新思考竞争力和风险问题,重新思考规模与现金流问题,重新思考短期达标与长久利益的问题。笔者建议,施工企业要重视以下几个方面:

(一)重视签约质量

施工合同条款对项目的盈亏和现金流起到至关重要的作用,好的合同在履约和盈利上是先行一步,差的合同就是输在起跑线上,因此要重视签约质量。

1. 在承揽项目时要做到"有所为有所不为"

施工企业建立项目承揽的负面清单制度与合同评审制度,而且要落实到位。

负面清单与合同评审重点考虑四个方面,一是业主资信能力问题,二是项目前景问题,三是权利放弃条款,四是计价盈利水平。

2. 通过严把合同签订关,逐步提高营销质量和营销人员水平

要逐步提升市政和基础设施项目在签约项目中的比重,降低市场风险大的商业开发项目比重。对于营销体系考核不要单一地考核合同金额,还要考核营销项目签约质量。

3. 要建立合同谈判制度,养成合同谈判习惯

施工企业要善于利用中标与签约的时间差,积极与业主开展合同谈判,充分利用国家政策、法规规章、拟签合同的模糊条款,与业主进行合同谈判,逐步做到重大风险销项。

(二)做到合法经营

当违法经营成为习惯,合法经营就不得不成为目标。

1. 合法经营是企业发展壮大的基础

合法经营重点抓好三个方面,分别是投标不弄虚作假、拒绝挂靠项目、不转包或违法分包。三者中以项目挂靠危害最大。

当一家企业习惯给别人挂靠时,首先,丧失了营销和市场开拓能力,相对于自己千辛万苦的跟踪项目,给别人挂靠坐享其成是多么地悠然自得;其次,丧失了技术能力,既然是挂靠项目,项目技术和生产组织都由挂靠人完成,技术人员在这种企业里没有作为,自然就会另谋高就;再次,丧失商务能力,因为施工企业只是收取固定点数,不承担项目盈亏,所以商务人员在施工企业没用;最后,丧失调配社会资源的能力,施工企业自己做一个项目需要调配大量资源,包括:(1)分供资源,如材料供应商、专业单位、租赁商等;(2)政府资源,如建管部门、公安部门、市场交易部门等;(3)业主资源,如业主的项目公司、集团公司、平行单位等。如果施工企业自己做项目,就必须与这些资源打交道,尽量让这些资源为我所用;如果项目挂靠或转包给别人,那么这些资源都是挂靠人的。长此以往,施工企业就只剩下一个壳。

2. 违法经营的经济风险不可控

在文章第一部分的案例中,笔者分别谈到了违法经营被罚款和勒令赔偿损失的情况。但实际上对施工企业危害最大的是“风险不可控”。例如,(1)实际施工人以施工企业名义借钱,很多法院都以表见代理、职务行为或者挂靠,直接判决施工企业承担付款责任;(2)实际施工人以施工企业的名义采购材料设备,欠款不还,法院也判决施工企业偿付;(3)实际施工人将工程款截留,让分包到施工企业处要钱,

只要出现这种情况，政府一律都是逼着施工企业付钱的，如果施工企业不付就通报、上黑名单；(4)实际施工人将业主工程款转移走，剩下债务由施工企业承担；(5)实际施工人把控结算资料；(6)项目出现质量问题，实际施工人不进行维修；(7)实际施工人与业主串通签订补充协议，损失施工企业利益。

3. 违法经营的政府处罚风险大

施工企业违法经营不但会导致自身的经济风险不可控，还会给自身招致信用及行政性处罚风险，严重的甚至会被吊销营业执照。

以常见的挂靠、转包或违法分包为例，这些行为都是我国法律法规明确禁止的行为。挂靠的两种常见情形：一是不具备承包工程的资质的个人、个体工商户、包工头或者施工队等以具备从事建筑活动资质的建筑施工企业名义承包工程。二是有资质的建筑施工企业未在资质许可的范围内从事建筑施工活动，或者超越资质等级承包工程。此两种情形都是由不具备从事相应施工能力的人员或企业参与到了实际项目施工中。《建筑法》第65条规定，超越资质等级承揽工程的，责令停止违法行为，处以罚款，可以责令停业整顿，降低资质；情节严重的，吊销资质，没收违法所得。未取得资质承揽工程的，予以取缔并罚款，没收违法所得。

转包或违法分包的行为违反了招标投标制度的制定目的，极易产生行政腐败，导致工程质量问题，同时是一种合同履行障碍的违约行为。企业经营中一旦出现转包或违法行为，施工企业会面临责令改正、没收违法所得并处罚款、责令停业整顿、降低资质等级、吊销资质证书等处罚，如果出现质量问题，施工企业还将与接受转包或者分包的单位承担连带赔偿责任。综上，违法经营会让企业面临巨大的政府处罚风险。

（三）重视现金流量

现金流就是企业的生命线，企业一旦现金不足，就会出现诉讼案件甚至执行不能，再然后就会列入失信被执行人名单，失去项目投标资格。因此，国资委在考核国有企业时将两金压降标准作为一个重要的考核点。很多单位都将“去杠杆、降两金”列入财务管理范畴，但实际上财务数据是企业发展质量的外在表现，要想改变财务数据，需要进一步提升企业的发展质量：(1)在营销环节重视客户质量，业主信誉差的项目不能承接，防止将来业主资不抵债；(2)总包合同条件中的工程款支付条件要好，如有预付款、付款节点多、付款比例高、结算审核周期短、变更索赔调差价款中间支付等；(3)项目有盈利空间；(4)施工过程控制好，严格履约，不违约；(5)重视中间计量和节点付款，该要的钱一定要要回来；(6)一旦出现业主资信风险早日停工止损;(7)项目停工时间较长的,要想办法解除合同或设立新的施工条件继续施工。

(四)重视安全管理

国家对工程安全处于高压状态,只要发生安全事故,工程必然停工,轻则禁标公示,重则吊销安全生产许可证。施工企业除了遵守国家关于安全生产的相关规定外,重点注意在项目管理上处于接合部位的时间段和施工部位,主要包括:(1)分包工程施工;(2)业主指定分包工程施工;(3)业主平行发包工程施工;(4)停工期间;(5)撤场期间。

要重视质量管理,质量管理除了满足履约要求外,更是降低安全事故的重要方式。要明确总包单位是质量第一责任人、安全第一责任人。不能因为是甲供材料就放松质量要求,也不能因为是业主指定分包就对质量睁一只眼闭一只眼。

(五)重视合作方利益

合作方,主要是指处于总包单位下游的供应商、分包商和租赁单位。很多总包单位了为了规避风险,将总包合同风险转嫁给合作方,包括违约责任风险、价格风险和现金流风险等,而合作方为了获取项目不得不接受这些合同条件。尽管如此,很多总包单位依然不能按时支付工程款,最终要么发生诉讼,要么发生停工断供,或者出现被分包单位、供应商围堵的情形。不仅造成自身的工作不便,而且严重影响项目施工,最终造成对业主的违约。

因此,施工企业要注意分包单位和供应商的风险承受能力,关心合作方利益、稳定合作方情绪,避免发生诉讼和群体性事件。因为一旦诉讼施工企业多半会输,输了之后还要给钱,不但钱没少付,反而负担了诉讼费、利息、律师费、账户被查封和被执行信息公示的风险,可谓得不偿失。所以施工企业在签订分包分供合同时,不要过高地估计合作方的抗风险能力,如果确实需要将部分风险进行转化,也要先对合作方的资信能力进行调查,确定其具备担责能力后再签署分包分供合同。即使经过调查发现合作方具备一定的担责能力,也不要将所有专业工程或材料采购发包给一家单位,防止陷入一家单位闹事整个项目停工的被动局面。

(六)重视过程控制

施工项目的特点是工期长、变化多、风险大,甚至有的项目中标就亏损,所以项目的风险销项和扭亏为盈必须在施工过程中实现。有的施工企业不重视中间管控,试图在工程结算时直接实现盈利,这种做法非常危险。因为施工过程中在总包单位对项目还有掌控权的时候业主不同意变更签证的,在项目交付后业主给付的难度更大。所以施工企业一定要建立项目过程管控制度。

1. 工期履约第一位

工期履约既包括在合同工期内完成施工,也包括在业主同意延长的施工期间内完成施工。对于有的项目,既发生了工期延误又没有向业主办理工期签证,将来结算就很被动。

2. 要注重盈亏分析

从项目投标到签约、履约、结算,施工企业要始终知道项目的盈利点是什么、盈利多少、亏损点是什么、亏损多少,要利用工程变更减少亏损点、降低亏损额。要注重施工图预算,利用业主中间计量、总包的施工图预算和分包的合同预算进行三算对比,时刻掌握项目盈亏变化。

3. 要注重采购规范化

规范化采购是确保分供品质的必要条件,公司应制定标准化的招标采购制度流程,选择优质的分供商进行合作。

4. 要注重风险管控

一旦发现业主出现资信风险的要及时停工,切不要为了追求产值而盲目施工;对于亏损且扭亏无望的项目要想办法解约。

5. 要注重过程结算

要在施工过程中将未来有可能发生争议的变更签证、费用索赔、业主认价、材料调差等固定下来,避免结算久拖不决或诉讼结算。

一言以蔽之,合规管理就是让企业的决策、制度和思想认识,符合国家的法治要求、市场的诚信要求、社会的道德要求,施工企业要改变以往粗放式的、以包代管式、投机式的经营管理做法,真正从提高自身营销能力、技术水平、管理水平、盈利水平等方面去做强做大。

第三十四章　施工企业如何做好合规监督

我国建设施工企业作为一个体量大、员工众多、涉及利益关系复杂、关系国计民生的企业，因建筑市场长期不规范、竞争激烈等多方面原因，一直以来都实行"粗放式管理"，一切以增加自身新签合同额、增加营业收入、增加承接项目数量、增加人均创收为目标，对合规经营、合规管理并不重视。但是，近年来，随着社会的快速发展，越来越多的企业走出国门，对施工企业的合规经营提出了更高的要求，国家层面也多次发文要求企业合规经营，如2015年12月，国资委发布《关于全面推进法治央企建设的意见》(国资发法规〔2015〕166号)，明确要求中央企业加快提升合规管理能力，建立法律、合规、风险、内控一体化管理平台；2018年11月，国资委发布《中央企业合规管理指引(试行)》；2018年12月，发改委、中国人民银行等7部委联合印发了《企业境外经营合规管理指引》。因此，很多施工企业逐渐建立了自身的合规体系，逐步开始合规经营。施工企业在建立合规体系之后，为了让合规体系更好地运行，更好地为施工企业创造利益，必不可少地需要对合规体系加以监督。

一、合规监督的定义

施工企业的合规，是指施工企业及其员工经营管理行为符合法律法规、监管规定、行业准则和企业章程、规章制度以及国际条约、规则等要求。企业建立合规体系的目的是避免企业及员工因不合规行为，引发法律责任、受到相关处罚、造成经济或声誉损失以及其他负面影响。而合规监督，则是对合规体系进行监视、督促和管理，使合规体系最终能达到预定的目标，从而避免合规风险。

二、合规监督的重要性

合规监督制度作为监督合规体系的存在，对于施工企业的持续、健康、良好发展具有举足轻重的作用。

(一)合规监督是合规体系的组成部分

根据国资委发布《中央企业合规管理指引(试行)》的规定，企业建立合规体系应符合全面覆盖、强化责任、协同联动、客观独立四大原则。根据中国国家质量监督检验检疫总局、中国国家标准化管理委员会发布的《合规管理体系指南》(GB/T 35770－2017),企业合规体系应包含建立合规方针、识别合规义务、识别合规风险、领导的承诺、独立的合规团队、各管理层职责、绩效评价和合规报告、运行的策划和合规风险控制等。其中,第8.1.2条“监视”中提到,“宜监视合规管理体系以确保实现合规绩效”。2016年4月,国务院国资委把招商局集团、中国石油、中国移动、东方电气和中国中铁五家单位列为首批合规管理试点中央企业。2018年,招商局集团发布《招商局集团合规手册》。《招商局集团合规手册》第15条规定,“合规管理体系包括合规管理制度体系、合规管理组织体系、合规风险管理机制和合规文化建设机制”,第31条“合规举报监督机制”规定,“各单位应当建立合规举报监督机制,保障员工和外部客户都能够正常行使举报、投诉违法违规行为的权利”。

根据上述规定和企业的制度规定可以看出,施工企业在制定自身合规体系时,为了保证合规体系能够符合上述四大原则,特别是要符合客观独立原则,并按照《合规管理体系指南》要求,合规监督制度是合规体系中必不可少的一部分。因此,施工企业在建立合规体系时,就必须在合规体系中加入合规监督制度,通过合规监督制度来监督合规体系,让合规体系客观独立地运行,更好地发挥作用。

(二)合规监督是合规体系的必要保障

“徒法不足以自行”这句法律谚语,说的是没有法律信仰再好的法律条文也难以起到作用,合规体系同样如此。我国尚处于社会主义初级阶段,生产力水平尚未达到一定高度,没有达到“仓廪实而知礼节”的程度。从而导致在企业管理中,想要完全依靠各级领导员工的自觉性以维持合规体系运行,基本不可能达到。因此,想要合规体系良好运行、达到合规体系的最终目的,就必须抓合规监督。

从企业公司制的运行机制看,虽然设立了权力机构、运营机构和监督机构,但是以监事会为代表的监督机构基本形同虚设,而经营管理层的权力属于一家独大的局面。私营企业如此,国有企业更甚。所以,合规监督是否得力决定了企业合规管理质量高低。

企业应该认识到,没有监督的合规体系或者监督不力的合规体系就好像没有帆的船,难以平稳地运行,就算短时间能够运行,也容易倾覆。若合规体系中缺少合规监督或者合规监督形同虚设,那么合规体系也没人遵守,合规体系必须受到约束,否则合规体系很难长时间运转。因此,合规监督制度的重要性就完全体现出来,施工企业在合规管理、合规经营过程中,必须要人监督,合规体系才能更加平稳地运行，合规监督是合规体系良好运行的保障。换句话说，无监督则无合规，一切脱离监督的合规都是“假合规”。

三、合规监督存在的问题

为了适应社会发展，很多施工企业都按照国资委的要求及结合自身实际建立了企业的合规体系，而合规监督作为合规体系的重要组成部分，在合规监督制度的建立及执行中都存在较多的问题，导致合规制度的作用被极大削弱。

（一）谁来监督

施工企业在设置合规监督制度时，往往不清楚应由谁负责监督，要么没有设置独立的监督机构，要么监督机构层级太低，从而导致合规监督起不到应有的作用。很多施工企业往往将合规监督和合规混为一谈，将合规监督的职责放在合规部门之中，从而变成了自己监督自己，无法起到监督的作用；或者仅仅设置了外部监督制度，仅通过举报监督这一模式监督合规体系的运行，而未设置专门的监督部门、监督人员对合规体系进行监督，从而导致监督制度不完善，起不到应有的监督效果。

国资委《中央企业合规管理指引（试行）》第8条规定：“中央企业设立合规委员会，与企业法治建设领导小组或风险控制委员会等合署，承担合规管理的组织领导和统筹协调工作，定期召开会议，研究决定合规管理重大事项或提出意见建议，指导、监督和评价合规管理工作。”发改委《企业境外经营合规管理指引》中“合规管理机构”规定：“企业可结合实际设立合规委员会，作为企业合规管理体系的最高负责机构。合规委员会一般应履行以下合规职责：1. 确认合规管理战略，明确合规管理目标。2. 建立和完善企业合规管理体系，审批合规管理制度、程序和重大合规风险管理方案。3. 听取合规管理工作汇报，指导、监督、评价合规管理工作。”根据上述规定，企业设置的合规监督的机构应为董事会下设的合规委员会。

笔者认为，企业在设置合规监督机构时，可以按照上述规定设置合规委员会，以合规委员会为合规监督的具体机构，也可以根据企业实际情况，设置专门的合规监督机构或者合规监督部门，专门负责合规监督工作。为了让设合规监督机构或者部门能起到相应效果，企业在设置相应机构或者部门时应做到：一是机构或者部门要独立；二是机构或者部门的层级越高越好，否则难以起到监督作用。

（二）监督什么

很多施工企业在设立合规监督制度时，不清楚合规监督应该监督什么，往往将合规监督和合规混为一谈,认为合规监督就是监督公司相关人员行为是否合规,但是实际上,合规监督作为对合规体系进行监视、督促和管理的制度,也即合规监督作为合规体系的再监督,监督的对象应该是合规体系是否运转,即合规体系是否做到了降低企业风险、提高发展质量。因此,合规监督内容应该包含以下几点:

1. 合规体系是否完善

合规监督作为合规体系的一个重要组成部分,首先需要做到的是监督合规体系是否完善。上述说到,合规体系应包含"合规管理体系包括合规管理制度体系、合规管理组织体系、合规风险管理机制和合规文化建设机制"等,并需要结合企业自身实际,根据企业各层级、各部门、各线条制定相应的合规管理制度。合规监督需要对公司的合规体系进行监督,看合规体系是否完善,对合规体系的完善提出相应建议。

2. 合规体系是否符合要求

合规体系的建立要符合法律法规、监管规定、行业准则和企业章程、规章制度以及国际条约、规则等的要求,因此,合规监督需要监督企业的合规体系是否符合上述要求,并在相关法律法规、监管规定等有变化时,及时作出调整,使企业的合规体系更好地运转,避免企业及员工因不合规行为,引发法律责任、受到相关处罚、造成经济或声誉损失以及其他负面影响。

3. 合规体系是否得到贯彻

合规监督作为监督合规体系是否正常运转的存在,需要做到监督合规体系在企业内部是否得到贯彻。若合规体系未能得到贯彻执行,那么合规体系无论如何完善、如何合乎相关要求,都是"纸老虎",对企业的合规经营起不到应有的作用。

4. 合规争议是否得到解决

在企业日常经营过程中,很可能因为合规问题产生争议,那么合规监督应监督相关的合规争议是否得到妥善解决。此处需要提示的是,合规争议并不需要由合规监督部门进行处理,应由相应的合规负责人处理,合规监督的重点是争议是否得到了有效的、正确的、妥善的处理。

5. 合规文化是否逐渐形成

施工企业应通过建立合规体系,并对合规经营进行宣贯,鼓励合规的行为,倡导合规的风气,营造合规的氛围,从而培育企业的合规文化,形成合规管理软实力。合规监督应监督企业的合规文化是否形成,是否向着好的方面发展。

6. 合规举报是否成为常态

上文说到,合规体系中应包含举报监督制度,要让企业所有员工参与企业的合规监督，在出现不合规事项时进行举报，企业应形成合规举报常态化。合规监督部门应从合规监督是否成为常态、出现不合规事项时是否有人举报，从而监督合规举报是否成为常态。

7. 合规建议是否得到重视

企业所有人员在企业出现不合规事项时、合规制度需要调整时、合规体系需要完善时都有对合规提出建议，合规监督部门需要对合规监督建议是否得到重视进行监督。若合规监督建议未得到重视，那么说明企业合规体系运转有一定问题，需要合规监督及时发现并予以处理。

（三）如何监督

合规监督制度在设立后，应如何发挥作用？也就是说，合规监督应如何监督，这是在实践中很多施工企业不清楚的地方。笔者认为，合规监督想要发挥作用，应将主动监督和被动监督相结合，如此才能做好合规监督，让企业合规更好地发展。

主动监督是指企业按照合规监督制度去发现或者解决合规体系中存在的某些问题，如当法律法规变化时，对相应的合规制度、合规文件进行更新；如对合规体系进行评价；如出具监督报告等。被动监督是指企业应建立“吹哨人”制度，每个人都是合规监督的参与者与被监督者，当出现不合规事项时向合规监督部门进行举报，合规监督部门收到举报后去解决相应问题。

只有主动监督和被动监督相结合，合规监督才能发挥最大的效力，才能更好地为企业服务。

四、如何做好合规监督

施工企业要想做好合规监督，那么应从监督权的来源、制度、监督目标、监督报告等各个方面做好合规监督。

（一）监督权的来源

根据上文所述，合规监督的机构应为董事会下设的合规委员会。但是，律师认为，合规监督作为对合规的再监督，作为合规体系的保障，其权力来源应该越高越好，其权力来源越高，越能独立发挥其作用，越能更好地监督合规体系，因此，合规监督的权力最好来自公司最高权力机构。根据《公司法》第 36 条的规定：“有限责任公司股东会由全体股东组成。股东会是公司的权力机构，依照本法行使职权。”因此，施工企业在设立合规委员会或者相应的合规监督机构时，其监督权来源越高越好,最好是来源于公司股东会对它的授权,以此保证合规监督不受制于公司其他制度的制约,能独立行使监督权。

（二）领导人合规

“火车跑得快,全靠车头带。”领导在合规体系中要发挥带头作用,要做到合规从高层做起,要加强顶层设计,企业各级管理人员带头发挥表率作用,带动全员合规,从而推动企业全员合规、逐渐使企业形成合规文化。与此相对应,领导人合规也是合规监督的重点,施工企业应设置相应的领导合规制度,制定领导应做的合规行为,合规监督应监督领导合规制度是否完善、领导行为是否合规。

（三）制度先行

施工企业长期的“粗放式”管理,导致在很多员工心中没有合规以及合规监督的概念。施工企业的合规体系也存在不完善现象,企业应完善制度,将合规监督完美嵌入合规体系之中,明确合规监督对象、合规监督制度的运行办法。因此,施工企业要想做好合规监督,必须要结合企业自身实际,制定一套完善的合规体系以及合规监督制度,合规监督制度至少包含负责合规监督的部门、合规监督的负责人、合规监督如何具体实施、出现不合规事项的处罚、合规运营的奖励、各部门各线条的合规监督等。

（四）保证合规监督机构独立

施工企业在设立合规监督制度时,应设立合规监督机构,也就是上文说到的由谁监督。为了保证合规监督制度的运行以及合规监督制度能有效发挥作用,能让合规监督作为企业合规最后一道防线,企业必须要保证合规监督机构的独立性,让合规监督机构独立运行,从而保障合规监督能独立、更好地发挥作用。

（五）制定可行的监督目标

上文说到,合规监督是对合规体系进行监视、督促和管理,使合规体系最终能达到预定的目标,从而避免合规风险。因此,合规监督的目标即为了让合规体系能良好地运行,为企业避免合规风险。施工企业在制定合规监督目标时,应将合规监督目标进行量化,如监督工作如何开展、监督制度更新、监督报告的拟定、监督宣传的次数等。

（六）监督报告

施工企业应该根据企业实际，要求合规监督机构出具相应的合规监督报告，合规监督报告应该包括日常的合规监督报告以及重点领域的合规监督报告，监督报告应包含主动监督和被动监督情况，主动监督报告包含对合规体系的建议、合规体系的运行情况、合规制度的更新情况、相关法律法规等合规性文件更新情况、是否有违规情况发生以及违规情况的处理结果、后续工作、合规建议等；被动监督报告应包含举报制度是否完善、举报质量情况、举报数量情况、与其他阶段对比、举报事项查出情况、举报事项处理结果等。

（七）加大宣传

在合规监督制度完善后，施工企业要加大对合规体系以及合规监督制度的宣传，让企业逐渐实现合规意识，逐渐形成合规文化。企业的合规宣传应包含对合规监督制度的专题讲座、对合规监督相关知识进行考核、新入职员工的合规培训等。

第三十五章　合规管理之施工企业领导人合规

领导人在企业中处于绝对核心地位。企业领导,是制度的制定者、决策的审批者,是所有下属效仿的榜样,什么样的领导人决定了什么样的企业文化。因此,企业合规首先是领导人合规。

一、领导人合规要求

明确施工企业领导人合规的内容与要求是领导合规的基本前提,我们根据《公司法》《刑法》《建筑法》等法律法规以及相关政策,总结施工企业领导人合规要求如下:

(一)决策要求

1. 投资决策要求

近年来,施工企业面临转型,大量施工企业的承揽范围已经从单纯施工总承包项目,逐渐扩展到DB(设计—施工)、EPC(设计—施工—采购)、BT(建设—转让)、BOT(建设—经营—转让)等综合性项目。项目类型从单纯建设施工,逐渐增加了项目的融资属性,出现大量的大额垫资项目、兼具投资属性的项目,这对施工企业领导人决策能力、企业决策程序、决策结果责任承担等都提出了更高要求。

为适应发展需求,施工企业大都制定了投资类项目的投标和承揽标准,但是在利益驱动下,违规承揽项目屡见不鲜。这类违规承接的投资类项目消耗大量企业现金流,导致企业投资款项难以收回。

在传统施工总承包项目中,施工企业对项目按期完工负责,无须对项目后续运营成果负责,只要施工项目验收合格,就能收回成本及垫资款项,很少出现大额亏损项目。但是,在投资性质的项目中,项目回款与项目建设运营成果相挂钩,施工企业不但要按时完成项目施工,而且要对项目建设投产后的运营效果负责,这对施工企业的管理能力、运营能力、资金实力等提出了更高的要求,一旦项目失败,将给企业带来巨额亏损、影响企业正常经营。

2. 决策程序要求

《中央企业违规经营投资责任追究实施办法(试行)》(国务院国有资产监督管理委员会令第37号)中规定了工程承包建设方面的责任追究情形,其中就提到合同变更必须要经过决策和审批程序,不得私自变更;签约前要对合同标的进行调查论证或风险分析;不得未经授权或超越权限投标;不得超计价、超合同付款等。

《国有企业领导人员廉洁从业若干规定》(中办发〔2009〕26号)规定国有企业应当明确决策原则和程序,在规定期限内将生产经营的“三重一大”(重大决策、重要人事任免、重大项目安排及大额资金运作事项)事项的决策情况报告履行国有资产出资人职责的机构,将涉及职工切身利益的事项向职工代表大会报告。需经职工代表大会讨论通过的事项,应当经职工代表大会讨论通过后实施。在遵守国资监管程序和企业规章制度的情况下,决定对外投资、借贷、担保、为他人代开信用证或对本企业进行重大生产经营变动等重大事项。

除此之外,国家对国有企业领导人的决策要求、决策程序、违规决策的责任承担等内容进行规定,进一步强调科学决策、集体决策。

(二)管理职能要求

1. 履行忠实勤勉义务

企业领导人对公司负有忠实勤勉义务。

(1)不得泄露公司商业秘密

企业领导人利用职务便利,掌握大量的企业核心机密、商业秘密,包括但不限于客户信息、营销资料、技术秘密、设计图纸等,此类信息一旦泄露将给企业带来巨大损失。作为企业领导人应当履行忠实义务、不得侵犯本企业知识产权,泄露或非法使用本企业商业秘密。

(2)不得经营同业竞争业务

《公司法》第148条规定,董事、高级管理人员不得未经股东会或者股东大会同意,利用职务便利为自己或者他人谋取属于公司的商业机会、自营或者为他人经营与所任职公司同类的业务。

国有公司的董事、经理利用职务便利,违反国家对国有公司的管理制度,自营或者为他人经营与其所任职公司同类的营业、获取非法利益,数额巨大的,可能构成非法经营同类营业罪。

2. 不得干预、操纵招标

公开招标投标、招标程序合法合规是招标采购的意义所在。在施工总承包项目中,代为招标、专业分包采购、专业分包单位的选择上,仍然存在集团公司领导通过各种方式对下级单位招投标项目提出意见,采用“打招呼”“递条子”等方式影响、参与甚至是操纵招投标的行为,影响项目招投标的公平、公正。

3. 依法依规签订合同

企业领导人作为企业代表签署合同,并对签署合同负责。在项目实施过程中,严格管理,选取合格供应商、可增加企业抗风险能力,应当按照企业标准文本签订合同,控制项目实施成本。

4. 重视安全、质量问题

(1)安全问题

企业领导人在生产、作业中违反有关安全管理的规定,因而发生重大伤亡事故或者造成其他严重后果的,可构成重大责任事故罪。

强令他人违章冒险作业,因而发生重大伤亡事故或者造成其他严重后果的,构成强令违章冒险作业罪。

重大劳动安全事故是指安全生产设施或者安全生产条件不符合国家规定,因而发生重大伤亡事故或者造成其他严重后果的,对直接负责的主管人员和其他直接责任人员进行处罚。

工程重大安全事故罪是指建设单位、设计单位、施工单位、工程监理单位违反国家规定,降低工程质量标准,造成重大安全事故的,对直接责任人员,进行处罚。

(2)质量问题

质量合格是施工项目获利的基础,是项目顺利进入竣工结算的前提。如工程项目质量不合格、存在质量缺陷,不但会给企业带来经济损失,甚至会导致安全事故,作为企业领导人重视质量问题、严抓质量问题、保证企业利润是其重要的职责。

实践中很多项目之所以出现质量问题,就是因为企业领导人对工程质量问题重视程度不够或者一味追究高利润而降低质量标准,甚至是在履行职责过程中不作为,不进行质量监督检查,放任偷工减料、粗制滥造等,最终导致重大安全事故、责任事故。

(三)合法经营要求

1. 不得串标、骗标

施工企业领导人违法经营的表现之一就是串标、骗标,一是投标人之间相互串通投标,有的一个投标人或法人同时借用多家企业资质投标,有的组成相对固定的投标联盟相互陪标,有的通过与投标人购买投标权进行围标等。二是投标人与招标人之间相互串通投标。三是在投标过程中弄虚作假骗取中标。

2. 不得挂靠

挂靠行为屡禁不止，主要原因就是施工企业领导人对挂靠问题默示、不作为。在企业经营过程中为收取项目管理费，完成业绩指标，将企业资质出借给无施工资质、不具备施工能力的个人或单位。在施工项目出现问题时，让企业承担巨大损失。

3. 不得转包、违法分包

施工企业领导人为完成业绩指标，同意或默认将项目转包、发包给不具有施工资质及施工能力的个人或单位，使项目风险处于不可控状态，造成企业损失。

4. 不得拖欠农民工工资

农民工是建筑施工行业的重要参与者，农民工问题一直为国家、社会所关注。在《农民工工资支付保障条例》《关于全面治理拖欠农民工工资问题的意见》中，国家层面要求施工企业严格规范用工管理，坚持施工企业与农民工先签订劳动合同后进场施工，全部实行农民工实名制管理制度，建立劳动计酬手册，记录施工现场作业农民工的身份信息、劳动考勤、工资结算等信息，实现信息化实名制管理，推行总包代发工资制度，设立农民工工资专用账户等。

由于施工企业长期的"粗放式"管理，施工企业领导人对于拖欠农民工工资问题不重视，甚至是默示拖欠工资行为，未严格实行农民工实名制管理、未建立农民工专用账户代发工资制，导致农民工群体性事件时有发生。轻则企业被处以罚款，重则工程停工，企业领导人被公示、企业进入黑名单，企业在招投标、生产许可、履约担保、资质审核、融资贷款、市场准入、评优评先等方面被依法予以限制。

（四）廉洁自律要求

1. 不得违规发放企业福利

企业领导人将企业资产进行折价变卖、拍卖或出售，在公司账外设立"小金库"，违规发放过节费、津贴、补贴、奖金等，都属于违规发放企业福利的行为，侵犯了公司财产权，损害了公司利益、集体利益，甚至社会利益，国有企业、事业单位领导人行使该行为的，还可构成私分国有资产罪。

2. 不得利用职务便利为亲友牟利

单位工作人员如果将本单位的盈利业务交由自己的亲友进行经营的、以明显高于市场的价格向自己的亲友经营管理的单位采购商品或者以明显低于市场价格向自己的亲友经营管理的单位销售商品的、向自己的亲友经营管理的单位采购不合格商品的，可构成为亲友非法牟利罪。

3. 不得私自在外兼职

国有独资公司的董事长、副董事长、董事、高级管理人员，未经国有资产监督管理机构同意，不得在其他有限责任公司、股份有限公司或者其他经济组织兼职。中央企业各级领导人员兼职应当执行审批程序。兼职应当按照干部管理权限，经主管部门、上级企业批准。中央企业领导人员经批准兼职的，不得擅自领取薪酬及其他收入。

（五）其他要求

作为企业领导人不得贪污贿赂、不得挪用公款、不得滥用职权，如果是国企、事业单位企业领导还需要遵守党员纪律，不得违反党纪等。

1. 禁止贪污贿赂

领导人的贪腐行为对企业来说就如同蛀虫蚕食企业的血肉。施工企业人员数量大、项目多、关系复杂，作为施工企业领导人既要洁身自好，也要严格约束下属、亲友，不得收受贿赂，不向利益相关方进行利益输送，不得向周围人索要贿赂，更不能代表单位向其他单位或个人行贿。我国《公司法》第 147 条规定，董事、监事、高级管理人员不得利用职权收受贿赂或者其他非法收入，不得侵占公司财产。《刑法》贪污贿赂罪章节规定了贪污罪、挪用公款罪、行贿罪、对单位行贿罪、介绍贿赂罪、单位行贿罪、单位受贿罪、私分国有资产罪等严厉打击贪污贿赂行为。

2. 不得挪用公款（资金）

领导人不得将企业资金、客户资金、项目工程款等，挪归个人使用、借贷给他人，将企业资金用于进行非法活动、营利活动等，企业领导人如果挪用公款（资金）数额较大超过 3 个月不归还的，可构成挪用公款罪、挪用资金罪。

3. 不得滥用职权

国有公司、企业、事业单位领导人滥用职权、徇私舞弊，造成企业破产或者严重亏损（丧失偿债能力），致使国家利益遭受重大损失，还可能承担相应刑事责任。

二、领导人违规危害

（一）企业经营能力下降

1. 丧失营销能力

施工企业通过串标骗标等违规手段取得项目，会导致施工企业的业务部门丧失营销和开拓市场的能力，丧失技术能力、商务能力、调配资源的能力，导致施工企业市场竞争能力减弱。

2. 丧失盈利能力

施工企业盈利是在保证施工质量的前提下,降低成本。违法违规经营会使项目管理成本、人工成本上升,项目风险不可控,项目管理效果变差,项目总成本升高,最终导致项目亏损,影响企业利润。

3. 现金流枯竭

现金流是企业的生命线,企业一旦现金不足,就会出现诉讼案件,甚至会被列入失信人名单,失去项目投标资格。施工企业为完成业绩指标,向业主方开具见索即付保函,在合同履行过程中向业主收款不及时,超比例向供应商支付工程款,都会导致企业现金流紧张。

(二)造成企业重大损失

1. 投标过程中串标、骗标、弄虚作假,就可能被限制投标、没收保证金甚至被吊销营业执照。

2. 在施工过程中,将项目、挂靠、违法转包、分包,增加项目供应商等履约风险,为供应商的违约行为承担连带责任。

3. 施工企业不能按照合同履行合同义务,造成工期延误、质量问题需承担违约责任。

(三)个人受到严重处分

企业违法经营造成施工企业资质降级、投标受限、单位罚款之外,还可能造成企业负责人被追责,构成犯罪的需承担刑事责任。企业领导人未履行或未完全履行责任,如在签订合同过程中,可构成签订合同失职被骗罪;如造成安全事故,构成犯罪的,直接责任人员需承担刑事责任;如存在职务侵占、贪污、受贿行为的,需承担罚金或有期徒刑等处罚。

(四)企业信誉严重下滑

施工企业的挂靠、违法分包、转包、拖欠农民工工资等行为都有可能导致施工企业信誉下滑,被列入失信名单,在监管平台进行公示。

三、实务建议

作为施工企业的领导人,特别要预防项目建设的廉洁风险,要谨防招标、变更、采购、工程量核定、材料验收、质量监理过程中的“陷阱”,要夯实反腐的“防火墙”。

那么如何做好企业的合规建设,实现合规管理之企业领导人合规呢?律师建议施工企业可以从以下几点入手:

(一)增强企业领导人的合规意识

企业领导人自我要求不严,法律意识淡薄,在作决策时将人情、关系放在法律、合同、制度的前面,将个人利益放在企业利益、股东利益的前面,这些都是合规意识不强的表现。

各级企业领导人要严于律己,慎用法律和制度,守住红线、底线,严格要求自己、约束亲朋,不以权谋私,不搞利益输送,不建设自己的"小圈子"。定期参加思想和法律培训,提高合规意识,带头依法依规开展经营管理活动,认真履行承担合规管理职责,明确碰触法律及制度红线必受严惩。

(二)科学决策

坚持贯彻"三重一大"的集体决策制度,要完善群众参与、专家咨询等集体决策机制。国有企业党委、董事会、未设董事会的经理班子等决策机构要依据职责、权限和议事规则,集体讨论决定"三重一大"相关事项,防止个人或少数人专断。

在重大项目的合同谈判、签约过程中可以邀请相关专家、合规、外聘律师等专业人员提供意见书,防范重大风险事项。

(三)严格按照制度执行,谨慎行使审批权

1. 对法律法规及公司章程未规定的事项,通过召开股东会或董事会的方式集体讨论决定,同时形成书面文件签字确认。

2. 审批权力慎用,严禁私自将审批权限下放。在通过办公自动化系统行使审批权限时,严禁将审批账号转授权他人。特殊情况下,由他人代为履行审批权时必须进行书面授权,并在规定的时间内由相关负责人进行事后补签、追认。

3. 重要合同审批实行联签制,必要的经董事会或股东会讨论通过。如有条件,可以聘请律师对重大合同出具法律意见书,供企业决策参考。

4. 规范印章使用。(1)项目章的制作、启封、使用、作废必须严格按照规定制度执行。项目印鉴的原始印样要进行存档,新制印章启封使用前必须书面通知项目相关单位,包括但不限于项目业主方、代建方、供应商、监理等。项目印章由取得公司授权的专人负责登记、保管、使用。在项目结束后,项目印章交公司档案部门存档封存。(2)经济类变更签证必须经项目经理签字确认并报公司盖章确认。在项目

经理的授权委托书中明确各层级领导的审批数额权限。超出授权范围的签字无效。

(四)权力监督

将内部监督(举报奖励)与外部监督相结合。

1. 内部监督

(1)增加监督渠道。在现有监督制度下,完善内部监督渠道,通过适当方式拓展监督途径,通过现代技术手段,设置网络监督、开通监督邮箱、公布监督热线、建立监督微信、微博账号等方式,建立多元化的监督渠道。

(2)强化内部审计。项目内部成本严格控制。各项目的事前成本审批,事中、事后的审计监督要对资金的使用、拨付进行核查,对审计过程中发现的问题要及时向相关部门进行反馈。

2. 外部监督

设置供应商监督条款,在公司合同模板中增加违规举报条款,列明举报方式等;公司内部审计监督与外部审计监督相结合。项目竣工验收后,对项目成本与收益进行内部审计,重大项目聘请外部第三方进行审计。

3. 违规严惩

在重大项目实施过程中,对参与各方未严格履行工程项目建设程序和项目建设廉洁纪律,存在贿赂、拉拢、腐蚀各责任监管单位、承包方、业主方的,将严格按照法律规定和合同条款,依法追究相关责任。

4. 关键岗位领导人定期轮岗

5. 定期对正在施工的项目进行巡查、抽查

对抽查、检查中发现问题要及时通报相关部门。

6. 合理运用技术手段进行监督

强化公司内部数据信息的保护,合理设置查阅、修改权限。制定内部安全管理制度和操作流程,严格身份认证和权限管理。严禁将企业内部信息、数据进行私自下载并转移至移动数据传输设备。对企业领导人操控的信息数据定期进行安全检查和安全检测评估,对发现的问题及时整改,并将有关情况报送上级部门和主管单位。

(五)建立完善分供体系,严禁利益输送

企业应当建立自己的分供体系。建立长期合作的相对稳定的分供体系,能够

减少风险,提高效率,降低成本。

1. 合规部门牵头组建分供体系库

(1)合规部门定期对供应商的资信、股权变动、人员构成、行业声誉、经营业绩等情况进行调查,必要时要求供应商提供财务等资料。密切关注供应商或者合作伙伴等媒体报道,如有其不良报道,可以通过沟通了解情况,必要时展开调查,同时向相关部门发出风险提示。

(2)建立企业内部黑名单制度,如发现违规操作的供应商加入黑名单,永不合作。如发现供应商与企业领导存在关联关系的情况,要进行风险提示、利益冲突提示,该禁止的要明确禁止,在合法合规的基础上由合规部门做风险提示记录,并进行重点监管。

(3)在合同中增加保留条款,可要求供应商或合作伙伴提供配合检查、审计、监督的义务。

2. 严把采购关,实行内部审价制度

对物资采购、劳务外包的环节要重点审查。对采购物品的审批实行严格的比价程序,严控采购成本,全面实行公开招投标、竞争性采购等方式选择采购供应商。

3. 严控商务费用

明确商务费用标准。商务宴请、商务礼品规格,如收到大额礼品卡、超标、超规格的商务宴请进行公司备案制度。

(六)规范考核、奖励制度

在项目奖励奖金发放问题上要合理合法。依法依规发放职工薪酬福利。

现代投资股份有限公司的总部办公楼,总投资 7 亿元,工期 10 年,2014 年竣工。作为公司主要领导和项目负责人的宋某,在工程项目奖励上违规操作,动辄给自己"犒劳"一二百万元奖金,而同期的其他高管的奖金则只有其十分之一,宋某因严重违纪违法被依法查处。

考核与奖励制度的制定,需要结合单位的实际情况,要区别制定,不能盲目制定目标,而是要在听取一线人员意见的基础上,科学合理制定考核目标,并设置相应奖励制度。

总之,企业管理之领导人合规是一个系统工程,既需要通过合理的人才选拔制度将优秀人才选拔到领导岗位,也需要通过内外部手段对领导人进行动态监督;既需要领导人自身严格要求,也需要通过各种内外部考核、奖励制度,调动领导人的积极性,发挥企业领导人合规管理的示范作用。

第三十六章　施工企业合规管理存在的问题及律师意见

“合规管理是企业的核心竞争力”，当前，在政府层面已经从涉外项目的经验教训中认识到这个问题，所以着力推动企业的合规建设，出台了一系列的意见、规范、指引，如国资委发布的《中央企业合规管理指引（试行）》（国资发法规〔2018〕106号）、国家发展改革委等发布的《企业境外经营合规管理指引》（发改外资〔2018〕1916号）等，但是施工企业受短期利益的影响，且因长期的粗放式管理模式，并没有完全认识合规建设的重要性。随着市场机制的不断完善，施工企业想要长期健康发展，必须要重视合规建设。本章将从两个层面对当前施工企业的合规管理问题进行阐述。

一、突出问题

当前施工企业合规管理的突出问题是很多施工企业领导人缺乏合规管理意识和合规创效信心，这固然有历史原因，如在之前的30年法治不健全、诚信体系不健全等，但是最主要的原因在于施工企业未认识到合规管理的重要性。近年来，随着依法治国的深入开展，国家在方方面面对违法违规行为进行打击，加大对违反诚信单位的处理，强化施工企业的社会责任，所以国家倡导的合规要求与施工企业自身管理现状之间存在差距，突出表现在四个大的方面。

（一）管理体系问题

由于长期不重视合规管理，或者不清楚合规管理应如何落实，很多施工企业的合规管理体系浮于表面或者只是为了应付相关部门的检查而存在。施工企业的合规管理体系主要存在以下两个问题：

1. 管理层级太低

管理层级太低是指施工企业在设置合规管理体系时，整个合规管理的层级太低，由此导致合规管理相关人员在公司、项目中没有话语权，不能发挥应有的作用。

如国资委《中央企业合规管理指引(试行)》第9条规定中央企业相关负责人或总法律顾问担任合规管理负责人。此处国资委所指的总法律顾问应当相当于公司副总经理的职级,但实际上国有施工企业的总法律顾问能够担任公司副总经理及以上职级的极少,大部分是部门经理级别,甚至有很多施工企业都未设立总法律顾问或者由相关领导兼任总法律顾问。

2. 与主业相分离

很多施工企业在设置自身合规管理体系时,不考虑施工行业的特殊性,不考虑自身企业的特殊性,仅就合规论合规,未将合规与主营业务相关联,没有与资产保值增值的管理目标相衔接。由此导致合规管理难以深入人心,难以获得企业各级领导、员工的认可,从而使合规管理体系难以落地,久之便形同虚设。因此,合规管理并不只是告诉别人哪些不能做,合规人员更要参与解决"哪些东西能做"以及"怎么做的问题"。例如,不允许挂靠,但是对于那些有项目资源和资金实力的个人和组织就一律拒之门外吗?合规人员要和市场人员共同解决这个问题。如果合规人员只会说"不",施工企业的合规必然无法立足,因为以我国当前施工企业的利润水平,需要每个员工都做价值的创造者。

(二)违法经营问题

很多施工企业为了短期的利益,不顾国家法律法规的规定,进行违法经营。违法经营主要包含:

1. 挂靠

挂靠屡禁不止的原因在于很多施工企业需要通过挂靠完成营销指标、合同额指标、营业额指标。但是施工企业应认识到,在挂靠项目中所收取的挂靠费与所承担的风险完全不成比例。挂靠费的收取比例一般为2%至5%,但是对于挂靠项目,施工企业完全失去控制力,挂靠人会采用各种方式将工程款从公司转移。而施工企业作为名义上的承包商,面临着分供分包起诉风险、业主索赔风险、质量责任风险、安全责任风险、行政处罚风险等。一旦上述风险出现,那么挂靠人很可能无力承担,只能由施工企业承担最终的损失。因此,挂靠行为虽然能够在短时间内完成指标,但是给公司带来完全不可控的风险。

2. 转包、违法分包

转包或违法分包,极大地损害了市场交易秩序以及损害业主利益,极易产生行政腐败,导致工程质量问题,从合同层面上来讲,也是一种违约行为。根据《建筑法》《建筑工程施工发包与承包违法行为认定查处管理办法》等法律法规的规定,施工企业在经营中有转包或违法行为被发现的话，施工企业会面临责令改正、没收违法所得并处罚款、责令停业整顿、降低资质等级、吊销资质证书等处罚，如果出现质量问题，施工企业还将与接受转包或者分包的单位承担连带赔偿责任。

3.农民工管理

农民工问题一直为国家所重视，为社会所关注，作为吸收了大量农民工的建筑行业，建筑企业应更加重视农民工的管理。在2020年5月1日起正式施行的《保障农民工工资支付条例》（国务院令第724号）以及国务院办公厅在《关于全面治理拖欠农民工工资问题的意见》（国办发〔2016〕1号）中均明确要求施工企业严格规范用工管理，全部实行农民工实名制管理制度，建立劳动计酬手册，记录施工现场作业农民工的身份信息、劳动考勤、工资结算等信息，实现信息化实名制管理，推行总包代发工资制度，设立农民工工资专用账户等。但是，由于施工企业长期的“粗放式”管理，对于农民工管理往往不重视，并未按照相关要求管理农民工，主要体现在对农民工未严格实行实名制管理、未严格实行农民工专用账户代发工资制、对分包管控不力导致农民工闹事等方面，从而导致自身小则被处以罚款，大则导致工程停工，还可能导致在政府资金支持、政府采购、招投标、生产许可、履约担保、资质审核、融资贷款、市场准入、评优评先等方面被依法予以限制，后果极其严重。

4.投标造假

常见投标造假主要有两种方式：一是以他人名义投标，二是在投标资料中提供虚假信息。投标造假可能引发以下风险：一是以他人名义投标，投标人如果不具备承担招标项目的能力或者借用有资质的企业名义投标，属于违法行为，中标无效。二是根据《招标投标法实施条例》第69条的规定，出让或者出租资格、证书供他人投标的，依照法律、行政法规的规定给予行政处罚；构成犯罪的，依法追究刑事责任。三是投标人在投标过程中造假若被发现，随着社会信息化发展，很可能被自己竞争对手所利用，轻则失分废标，重则罚款公示，有的甚至被竞争对手发动舆论战，利用网络和媒体被置于“死地”。所以投标人在投标时一定要洁身自好，越是大项目、越是国有资金投资项目，越不能出现假资料、假信息、抄袭资料等。

（三）制度遵守问题

合规是指企业及其员工经营管理行为符合法律法规、监管规定、行业准则和企业章程、规章制度以及国际条约、规则等要求。从合规的定义可以看出，制定并遵守企业的相关规定，是合规管理的重要内容之一。但是，由于施工企业管理链条长，集团总部制定规范与标准，到了项目实施层面早已发生严重变形，甚至部分二级单位领导也不清楚企业的规章制度，更为严重的是，有些二级单位领导会带头违反企业的制度规定。例如，施工企业贯彻标准化的问题，很多单位都是说一套、做一套。所以制度的制定与遵守，是合规管理的突出问题。

1. 质量与安全

质量与安全是国家对施工企业的底线要求，《建筑法》第 45 条规定："施工现场安全由建筑施工企业负责。实行施工总承包的，由总承包单位负责。分包单位向总承包单位负责，服从总承包单位对施工现场的安全生产管理。"关于质量管理方面，《建筑法》第 55 条规定："建筑工程实行总承包的，工程质量由工程总承包单位负责，总承包单位将建筑工程分包给其他单位的，应当对分包工程的质量与分包单位承担连带责任。分包单位应当接受总承包单位的质量管理。"第 58 条规定："建筑施工企业对工程的施工质量负责。"第 59 条规定："建筑施工企业必须按照工程设计要求、施工技术标准和合同的约定，对建筑材料、建筑构配件和设备进行检验，不合格的不得使用。"

但是，当前却安全事故频发、质量问题不断，特别是一些大型施工企业，仍然不断触及质量底线和安全底线。这些问题的发生，根本原因在于企业关于质量管理、安全管理的制度没有得到遵守。基层的管理部或项目部，或受短期利益影响，或受业主关系影响，或受分供关系影响，对于业主平行发包项目、分包工程、指定分包工程、甲供材，疏于质量安全管理，在安全上抱有侥幸心理，在质量上认为只要业主不反对就可以了，而忽视了施工企业承担的质量安全兜底义务。

2. 营销底线

为了从项目源头把控项目质量，降低企业风险，很多施工企业都结合自身实际，制定了相应的营销底线，要求相应的营销人员在营销、承接项目时，不能突破底线营销，比如不得承接业主资信状况差、付款条件差、项目利润低、项目规模小的项目。但是，很多企业营销人员为完成业绩指标，在执行过程中，仍然以承接项目、完成业绩指标、完成签约合同额为第一要务，不能遵守营销底线，或者变向突破营销底线，企业领导对此也采取纵容、默许的态度，导致营销底线成为虚设。

3. 资金风险

资金风险主要是指施工企业不按照企业规章制度、合同约定、企业的资金管理制度等对企业资金进行管理、回收、支付，从而造成企业损失。

(1)保证金。在项目承接以及实施过程中，会涉及多种保证金，如投标保证金、履约保证金、质量保证金、安全保证金、农民工工资保证金等。依据相关法律法规规定，投标保证金一般不得超过投标总价的 2%，最高不得超过 80 万元；履约保证金一般不超过合同金额的10%；质量保证金为合同额的3%等。很多施工企业针对保证金的支付比例、支付方式等都设置相应的制度。但在实际执行中，业务部门无视合规部门的风险提示，接受招标方提出的高额投标保证金要求参与投标；接受业主方提出的见索即付保函、现金担保；履约保证金超期不予返还；质量保证金以各种理由被业主方没收，无法收回。积少成多，仅项目保证金一项就给施工企业造成巨大损失。

(2)大额垫资项目。对于非政府投资项目，绝大多数项目仍需要由施工企业进行垫资施工，并且一般来说，项目规模越大，垫资额越高。为保证企业利润，很多施工企业内部都对垫资项目进行了限制，针对不同的垫资数额及垫资比例等，制定严格审批流程，从承接、履约、工程款的回收都有较为完善的规定。若施工企业严格按照制度承接大额垫资项目，那么一般情况下，风险是可控的。但是，很多施工企业为承接项目完成业绩，采用欺上瞒下等方式将大额垫资项目拿下，在实际施工中才发现垫资数额远超预期，如项目管理不当，只能导致项目工期越拖越长，项目回款的难度加大，成本增加，陷入困境。

(3)停工项目。面对停工施工企业一般有一套自身的应对、补救措施，如停工索赔制度、停工退场制度、停工诉讼制度等。但在实践中，更多的施工方将停工复工的希望寄托在业主方，从不主动采取措施申请停工索赔、停工退场、要求业主方出具停工令等，导致自身设备、人工等投入成本增加，进而造成项目最终亏损。

(4)非现金支付。一般来说，非现金支付包括以房抵债、银行承兑汇票、商业承兑汇票等。很多施工企业都会对非现金支付制定相应的制度，如明确非现金支付的方式、比例、时间、违约责任等，在承接项目时若违反相应的制度则无法立项或者无法通过合同审批。但是，在制度具体执行过程中，相关人员未经企业评估私自接受非现金支付，导致房产、实物变现困难、承兑遭拒绝等，加大项目回款难度、延长项目回款周期。

(5)回购型保理。很多施工企业在对待回购型保理时，都制定了相应的制度，要求建设单位提出以回购型保理方式支付工程款时，施工企业要与建设单位约定好保理融资成本、违约责任等，并在建设单位无法支付保理款项时，及时回购，并对建设单位起诉、查封、优先受偿等。但是，在相关制度执行过程中，仍然会出现项目管理人员未遵守制度，随意接受回购型保理。

(四)商业伙伴问题

对于施工企业来说，商业伙伴包括业主、联合体成员以及各种分包分供商，商业伙伴的资信极为重要,商业伙伴资信往往决定了施工企业在项目履约过程中是否顺利,若商业伙伴的资信较差,往往给施工企业带来损失。

1. 不重视业主资信

很多施工企业在进行投标或者承接项目时,一切以承接项目为目标,不看业主资信,从而承接业主资信能力低的项目,在履约过程中发现业主无力支付工程款,从而导致自身亏损。

2. 随意选择分供商

很多施工企业未建立合格供应商名录,在选择分包时过于随意,从而导致分供商资信较低,履约能力不足,从而使项目履约不顺利,使自身遭受损失。

3. 联合体信用不足

很多项目施工企业在投标时需要组成联合体去参与竞标,或者私下组成了施工联合体,但是,有的施工企业不重视联合体成员的信用,往往会出现在低价中标后联合体一方撤出、联合体一方拒绝施工亏损部分、联合体将工程款转移或做了应收款质押、因联合体成员原因导致联合体收款账户被查封等事情出现,从而极大地损害了施工企业的利益。

二、实务建议

(一)关于体系

1. 要有合规意识

施工企业最重要的三点,资质、资信和现金流,三者缺一不可。但这三者却非常脆弱,发生一次安全事故都可能被禁标甚至吊销资质,一个项目挂靠或转包被披露就会被扣减信用分,一个投资或大额垫资项目失败就丧失几千万元、几亿元的现金流。所以,施工企业表面上看非常庞大,动辄产值几百亿元、几千亿元,但实际上几千亿元的产值只是维系在几个企业、几项资质上,摊子越大问题越多,哪一个项目出了问题,都会给施工企业造成致命伤害。所以,施工企业也是非常脆弱的。因此,施工企业必须重视合规,必须有合规意识。

施工企业应正确认识合规与企业发展的关系,应认识到企业合规不是花架子,更不是为响应国家倡导而喊出的一句口号,而是企业未来发展的核心竞争力。随着市场体制的完善,施工企业过去的“粗放式”管理越来越难以适应整个社会的要求,在当前环境下,优秀的企业首先是合规优秀。只有将合规管理体系完善,施工企业才能最大限度规避风险,最大限度降低企业风险,从而让企业更好地运营,才能在激烈的竞争中存活、发展、壮大。

2. 要有管理体系

管理体系是支撑合规管理的先决条件。按照国资委《中央企业合规管理指引（试行）》的规定，合规体系包括董事会、监事会、经理层的合规职责、董事会下设的合规管理委员会、合规负责人、合规管理部门、企业业务部门。从目前已经做合规试点的施工企业情况看，制度层面的董事会、监事会和经理的合规职责以及明确的合规管理部门基本完备，但是其他方面还存在问题。例如，合规负责人都是非专业人员兼任，这些人员有自己的主要业务，如财务、经济、商务等，合规负责人只是挂名而已，不会将主要精力放在如何抓合规之上；至于企业业务部门的合规问题更是难上加难，因为企业的每一个部门代表着一个系统，抓合规管理就意味着要持续不断地审视、修改系统工作内容、工作方式和工作流程，而且企业的业务体系之间、上下游之间存在大量的工作交叉，业务部门的合规管理难度大、工作量大。

因此，合规体系的建立并不是改改公司章程、增加一个合规制度、成立一个合规部门那么简单，而是要在公司主要领导的主抓下，各业务体系共同努力，对所有业务板块、业务流程的重新梳理，剔除那些违规的、合规要求不明确的、责任没有落实到人的制度流程，创造出一些合规的、有竞争力、避免不同体系之间交叉时存有管理空白地带的制度流程。

新的合规管理体系，旨在通过制度重建、流程重塑来提高企业发展质量。

3. 要有合规报告

合规报告是企业合规管理的一项重要内容，报告制度有利于董事会、监事会和经理层了解企业治理情况、分析企业风险、制订新的制度方案。

因此，施工企业在构建合规体系时应包含合规报告制度，合规报告制度应包含定期合规报告、针对特定不合规行为特别报告（专题报告、临时性报告）、合规报告的编写内容等。一般来说，合规报告可以包含以下内容：合规体系的建设情况、报告期内合规内容的修订情况、不合规情形的处理情况、合规体系的运行情况、合规体系评价、对合规体系后续的运行建议等。

4. 要有合规监督

"徒法不足以自行"是一句法律谚语，说的是没有法律信仰再好的法律条文也难以起到作用，合规体系同样如此，在企业管理中，想要完全依靠各级领导员工的自觉性以维持合规体系运行，基本不可能达到。因此，想要合规体系良好运行、达到合规体系的最终目的，就必须抓合规监督。

5. 独立的合规管理机构

为了让合规管理体系更好地运行，施工企业应设置独立的合规管理机构，若无法设置独立的合规管理机构,则可以将合规管理机构和法律、风控等部门合并,最大限度地保证合规管理机构的独立性;合规管理机构的奖罚不应与企业的营销额、合同额、产值指标等经营类指标挂钩,而是要结合企业的合规管理开展情况、合规体系运转情况等,设置一套针对合规管理机构的合规运行评价体系。

6. 领导人合规

领导人合规在企业合规建设中处于非常重要的地位。领导人要知法守法,了解行业、企业所涉及的基本法律法规,如《民法典》、《建筑法》,以及国务院、各部委的规范性文件等。并且领导人要知道企业的管理制度、要带头遵守企业的规章制度、要廉洁自律。因此,律师建议领导人上岗前先进行岗前培训。

领导在合规体系中要发挥带头作用,要做到合规从高层做起,要加强顶层设计,企业各级管理人员带头发挥表率作用,带动全员合规,从而推动企业全员合规、逐渐使企业形成合规文化。各级企业领导人要严于律己,慎用法律和制度,守住红线、底线,严格要求自己、约束亲朋,不以权谋私,不搞利益输送,不建设自己的"小圈子"。定期参加思想和法律培训,提高合规意识,带头依法合规开展经营管理活动,认真履行承担的合规管理职责,明确碰触法律及制度红线都将受到严惩。

(二)关于挂靠

在挂靠项目中,施工企业获得的利益有限且不确定,但却承担着巨大的风险。因此,律师对于挂靠的建议是将挂靠变成合作,挂靠变合作需要做到两点:一是将项目管理纳入公司管理体系,不能游离在外;二是利益共享、责任共担。具体建议如下:

1. 进行严格的投标评审和合同评审

施工企业要对项目要进行严格的投标评审和合同评审,在投标时严格把握投标条件,对于投标条件过于苛刻的项目不允许投标;若合同约定极为不合理,施工企业应拒绝挂靠。

2. 要共建项目管理团队

共建项目管理团队是为了提升项目管理水平,让施工企业更加深入地掌控项目,让施工企业利用其管理经验为项目提供支持,成为项目真正的负责人,并可以让施工企业掌握项目的进度、实际成本、了解项目实际情况,以此降低项目风险。

3. 项目资金问题约定清楚

施工企业与"挂靠人"将项目资金问题约定清楚,尽量做到资金平衡。如果项目自身现金流无法平衡，需要现金流投入，那么施工企业应与“挂靠人”约定现金流由谁投入、投入的方式、投入的比例等，如果过程中发现投入不够，补充投入的资金如何界定等。

4. 遵守公司的相关制度

在合作模式下，施工企业应要求“挂靠人”遵守公司相关制度，包含采购制度、档案管理制度、项目承包责任制等。

5. 加强项目过程管控

过程管控包括严格按照合同要求施工、保证施工质量、保证分包付款、保证结算资料落地、保证项目过程和竣工验收，并遵守公司关于施工项目管理的相关规定，如质量管理体系、计量管理体系、进度管理关系等。

6. 构建合作双方的利益分配方式

施工企业在与他人合作时，要构建合作双方的利益分配方式，不要采用保底收益方式。构建分配方式需要双方确定收入的认定标准、成本的认定标准，以及项目在施工过程中如何进行中间分配、项目实施完毕后如何最终分配等问题。

7. 不要轻易合作亏损项目

施工企业在与“挂靠人”合作时，不要轻易相信合作方的资金实力和扭亏能力，不要轻易合作亏损项目。

（三）关于营销质量

1. 在承揽项目时要做到“有所为有所不为”

施工企业建立项目承揽的负面清单制度与合同评审制度，而且要落实到位。负面清单与合同评审重点考虑以下四个方面：一是业主资信能力问题，二是项目前景问题，三是权利放弃条款，四是计价盈利水平。

2. 严把合同签订关，逐步提高营销质量和营销水平

施工企业要逐步提升市政和基础设施项目在签约项目中的比重，降低市场风险大的商业开发项目比重。对于营销体系考核不要单一地考核合同金额，还要考核营销项目签约质量。

3. 要建立合同谈判制度，养成合同谈判习惯

施工企业要善于利用中标与签约的时间差，积极与业主开展合同谈判，充分利用国家政策、法规规章、拟签合同的模糊条款，与业主进行合同谈判，逐步做到重大风险销项。

(四)关于质量、安全、农民工问题

1. 施工企业要重视质量管理

质量管理除了满足履约要求外,更是降低安全事故的重要方式。要明确总包单位是质量第一责任人、安全第一责任人。不能因为是甲供材料就放松质量要求,也不能因为是业主指定分包就对质量睁一只眼闭一只眼。

2. 施工企业要重视全过程安全管理

国家对工程安全处于高压状态,只要发生安全事故,工程必然停工,轻则禁标公示,重则吊销安全生产许可证。建筑企业除了遵守国家关于安全生产的相关规定外,重点注意在项目管理上处于接合部位的时间段和施工部位,主要包括:(1)分包工程施工;(2)业主指定分包工程施工;(3)业主平行发包工程施工;(4)停工期间;(5)撤场期间。

3. 施工企业要做好农民工管理

如上所述,现在对于农民工管理要求施工企业做好农民工合同备案,并要求农民工工资总包直接代为支付,所以施工企业在农民工管理上要做好以下三点:一是要符合国家规定,即做好农民工合同备案和工资支付;二是在过程管理中注重对班组工资收入和支付情况予以了解,即穿透式管理;三是对上工情况进行记录,对哪些工人干了多少活要有记录。

综上所述,质量、安全和农民工的管理都有相似之处,即施工企业不能放任不管,将其交由分包管控,而是要进行穿透性管理,将质量、安全、农民工管理放在自己手中,从而避免风险发生。

(五)现金流管理

1. 建立管理制度

现金流就是企业的生命线,企业一旦现金不足,就会出现诉讼案件甚至执行不能,再然后就会列入失信被执行人名单,失去项目投标资格。因此,国资委在考核国有企业时将两金压降标准作为一个重要的考核点。很多单位都将“去杠杆、降两金”列入财务管理范畴,但实际上财务数据是企业发展质量的外在表现,要想改变财务数据,需要进一步提升企业的发展质量。因此,笔者建议,施工企业建立相应的现金流管理制度,包含保证金支付制度、大额垫资项目承接制度、停工项目应对制度、非现金支付底线制度、回购型保理接受制度、见索即付保函开具管理制度等。

2. 严格遵守制度

施工企业在建立相应的现金流管理制度后，要严格遵守，不能随意突破制度，不能为了短期利益而无视相应制度，要逐渐形成按照制度办事、严格遵守制度的习惯与文化。

（六）商业伙伴调查

施工企业在承接项目前要对自己的商业伙伴资信状况进行调查，谨慎选择自己的商业伙伴。

1. 对建设单位的资信调查

施工企业在承接项目时，应对建设单位进行资信调查，避免在履约过程中因建设单位资信不足造成工程款无法回收，从而造成自身损失。对于建设单位的资信调查应包含以下几点：

（1）过往履约情况是否良好。过往履约情况是否良好主要包含两方面：一是过往履约是否有“黑历史”，是否存在结算久拖不决、过程延期支付工程款、不守信用等情况；二是涉诉情况，涉诉情况主要关注施工企业诉讼建设单位的案件数量、建设单位是否存在不合理反诉等。

（2）建设单位盈利模式是否合法。建设单位盈利模式是否合法主要是指建设单位在开发项目时，是否存在违法情况，包括违法贷款、违法开发等。

（3）偿债能力是否充足。施工企业在实施项目时，最大的风险即建设单位是否有能力按时足额支付工程款，因此，施工企业在对建设单位进行调查时应关注建设单位是否有足够的资产偿债能力和现金支付能力。

（4）项目前景是否良好。有的项目施工企业在承接时，明知业主资信不好，但是由于各种原因，不得不承接。因此，项目前景对于施工企业就变得极为重要，也即项目是否容易变现极为重要。一个项目如果项目前景很好，比如发达地区的房地产项目，即使业主资信不好，只要能保证业主回收的资金优先支付工程款，那么对于施工企业来说，工程款的回收也不会有太大的问题。如果项目前景不好，再加上业主本身没有支付能力，在业主中途放弃项目或者其他原因导致工程款无法回收，施工企业就无法收回工程款，并且很可能项目无法拍卖，导致施工企业彻底亏损。

2. 对联合体成员的资信调查

（1）过往履约情况是否良好及偿债能力是否充足。该部分的调查和对建设单位的注意要点一致，在此不再赘述。

（2）重视对项目回款的控制权。施工企业与联合体合作时，应尽量控制项目回款,要求建设单位将项目回款直接支付至施工企业。若联合体对方不接受由施工企业进行支配,也应由施工企业和联合体相对方共同设立监管账户,对项目回款进行监管并加以控制,拒绝由联合体相对方单独控制项目回款。

3. 对分供方管理

施工企业应结合自身情况,对分供商进行考核,建立合格供应商名录,只有进入合格分供商名录的单位才有资格参与企业的招标,施工企业针对想要进入合格分供商名录的单位主要是考查以下几点:针对材料供应商:(1)经营资格与信誉;(2)材料、设备的质量;(3)供应能力;(4)资金状况;(5)财务报表;(6)纳税情况;(7)售后服务等。针对分包商:(1)经营许可和资质证明;(2)专业能力;(3)人员结构和素质;(4)机具装备;(5)施工保证能力(含技术、质量、安全、施工管理);(6)资金能力;(7)财务报表;(8)纳税情况;(9)工程业绩。

第二十七章　关于加强项目风险与合规管理的20条意见

建设工程项目从开工到竣工,施工单位项目部会面临各种各样的风险与合规问题,笔者结合自身二十余年工作经验,整理归纳、教训总结出建设工程项目风险与合规管理的20条意见,供施工单位参考、学习。

一、禁止擅自抢工

承发包方之间是双方共同将建设工程项目向前推进的合同关系。项目按期完工既是施工单位的责任,也是发包人的要求。在建设工程项目中,发包人(业主)对建设工程项目的要求主要是工期与质量。对于大型施工单位来说,出现工程质量问题的情况较少,而项目工期是不可控的,工期问题是建设工程项目中的常见、多发问题。

导致工期延误的原因有两个方面:一是承包商原因导致工期延误,如施工组织不利,劳务分包问题,中途变更劳务分包导致工期延误等。二是发包人原因导致工期延误,如发包人逾期下发开工令、逾期移交工作界面、图纸交付延迟、逾期支付工程款等。如项目前期发生工期延误,必然导致建设工程项目后期工期紧张,为完成工期目标,发包人必然要求施工单位进行抢工。

笔者提出"禁止擅自抢工"不是要求承包商拒绝"抢工",而是要求承包商不盲目抢工,不擅自抢工。在公司领导层同意、有条件的情况下可以进行抢工。当发包人提出抢工要求的时候,承包商应当向公司领导汇报、进行成本核算、抢工策划,最终确定是否同意进行抢工。

如果承包商擅自同意发包人要求进行抢工,可能会导致如下后果:

(一)擅自抢工增加成本

如果发包人提出抢工要求,而承包商未进行抢工策划,未与发包人就抢工费用达成一致,待抢工完成后,双方就容易因抢工费用产生争议,或者承包商根本无法取得抢工费用,导致承包商项目成本持续增加,甚至产生额外损失。

(二)擅自抢工丧失谈判筹码

抢工任务完成后,承包商就失去了向发包人提出费用请求的契机。如果承包商未经公司领导同意、未进行抢工策划,擅自抢工就会丧失谈判筹码。

抢工不应该是承包商的义务。发包人提出抢工的要求,承包商可以抢工也可以不抢工。是否抢工的判断标准是看关于项目中的索赔、认价、变更、签证是否满足承包商的要求,如果前期承包商报送的索赔、签证、变更等已经满足了承包商的要求,可以同意抢工。如果承包商前期报送的索赔、签证、变更等不能达到承包商的要求,承包商可以抢工为契机与发包人进行重新谈判,借机取得有利的索赔、签证、变更等。

(三)缺少策划的抢工没有价值

笔者认为,承包商的抢工需要具备两个条件:一是有发包人书面抢工指令;二是有经审批的抢工方案。承包商编制抢工方案并报工程监理及发包人同意,这是承包商取得抢工费用的前提和基础。抢工方案是抢工费用的依据,因为单纯地抢工无法计算费用,必须通过承包商编制的抢工方案与最初的施工方案进行比较,才能计算出抢工费用。

二、禁止擅自垫资

《工程总承包管理办法》第 26 条规定:“政府投资项目所需资金应当按照国家有关规定确保落实到位,不得由工程总承包单位或者分包单位垫资建设。政府投资项目建设投资原则上不得超过经核定的投资概算。”《政府投资条例》第 22 条规定:“政府投资项目所需资金应当按照国家有关规定确保落实到位。政府投资项目不得由施工单位垫资建设。”在建设工程领域,虽然垫资施工为法律法规所禁止,但是因为建筑市场竞争激烈,垫资施工现象较为常见。

垫资施工的表现形式有:(1)无预付款或预付款低于合同额的 10%;(2)按形象进度支付进度款(进度款未按月支付);(3)进度款比例低于已完工程价款 60%;(4)履约保证金超过中标合同额 10%;(5)其他。

很多项目在施工合同签订时,就是垫资施工项目。而笔者此处讲的“禁止擅自垫资”是指在施工过程中,发包人应付工程款,而项目部在发包人未按约付款的情况下,未向发包人追款,也未向公司领导汇报,继续进行施工。

笔者不是禁止项目部垫资施工，而是认为项目部不能擅自决定垫资施工，即项目部无垫资权利，是否垫资施工的决定权是在公司领导层。近几年房地产市场低迷，很多房建项目、商业综合体项目、工业项目等销售情况不佳，很多大型房建开发企业都出现了资信风险。当业主方出现支付不能的情况时，垫资越高风险越大。一旦业主方出现资信风险，出现支付不及时的情况，项目部应及时向公司领导层汇报，经过核查、评估后决策是否可以继续垫资施工。如果业主方资信状况持续恶化，承包商可以选择暂停施工甚至是解约退场，防止损失扩大。

三、禁止擅自合同外施工

承发包双方签订的施工合同中，会对承包商的承包范围（工作内容）进行约定。“合同外施工”是指在项目履约过程中，发包人将非合同约定工作内容交承包商施工。发包人要求承包商负责合同外的工作内容时，作为施工单位项目部很难判断增加的工作内容是否存在盈亏、成本、风险等问题。

笔者建议，禁止项目部擅自进行合同外施工，理由如下：

（一）合同外施工可能亏损

承包商应先依据施工合同约定的计价方式，对合同外的工作内容进行核算，看进行施工是否划算。如果按照施工合同约定的计价方式不能保证承包商位的利润，承包商可以重新与发包人协商，重新约定增加工作内容的价格，或者获得发包人书面认价指令后，再进行施工。

（二）合同外施工难以计量

合同外增加的工作内容完成后，对增加部分的计量，往往并不是按进度计量，使新增加工作内容未计入承包商已完成工程的过程计量，导致新增加部分工程虽然已完工，但是款项未及时收回。

（三）合同外施工占用资金

合同外增加工作量，占用承包商资金。针对合同外增加工作内容，笔者建议承包商项目部先行向公司领导层汇报，核算垫资成本后，再决定是否同意进行合同外施工。

四、谨慎向分包转嫁风险

在施工合同中存在计价风险、违约风险、垫资风险等情况下，为减少盈亏风险、缓解现金流压力,很多承包商会通过签署“背靠背”条款将风险转嫁给下游分供商。通过这种方式,看似解决了承包商自身的风险,长远来看并不能取得预想的效果。

在实践中,尽管承包商与分供商之间签订的合同条款看似“完美”,但是分供商实际并无实力承担转嫁过来的风险,当项目实施中分供商一旦发现自身存在亏损时,就会通过停工、农民工闹事、恶意诉讼等方式维护自身利益,如果承包商与分供商发生争议,不但影响项目进度,反而承包商需要因此向发包人承担责任。

笔者建议承包商:

(1)不要与分供商进行融资合作

承包商为缓解自身现金流压力,向分供商收取高额保证金,增加了分供商的现金流风险,当分供商资信状况变差的情况下,所有风险最终还是将由承包商承担。比如,在某项目中,承包商与分供商签订劳务合同并收取高额保证金,但是分供商在履约过程中资不抵债被申请破产,欠付农民工工资,承包商被当地政府部门约谈,最终承包商不但要代其垫付农民工工资,自身也被分供商拖累,甚至影响企业信用。

(2)不要因亏损压低分包价格

建筑市场低价中标已经是常态,承包商为减少亏损压低分包价格。在实践中,分供商如果发现项目亏损,会采用一切手段索要工程款,补充签证资料、农民工闹事、恶意诉讼等,最终承包商“偷鸡不成蚀把米”。

(3)谨慎与分包签订“背靠背”条款

“背靠背”条款是总包方转嫁风险的常见方式。实践中,在合作初期,分供商为拿下项目往往会爽快地同意承包商提出的“不合理”的合同条款。但是,如果分供商出现亏损,分供商会通过各种途径,如组织农民工闹事、拨打市长热线等方式索要工程款,因此承包商还是要承担不利后果。

五、禁止向分供方乱承诺、乱签字

当工期紧张时,项目经理经常会要求劳务分包单位增加人手,而某些劳务分包单位资信不佳,人手不足,有的项目经理会向包工头作出承诺:如果劳务公司拖欠(包工头)工资,承包商将直接从应付劳务分包公司的工程款中扣除相应费用。项目经理的支付承诺,不可避免将承包商牵涉进来,一旦劳务公司付款不能,包工头必然会向承包商追索工程款。有些项目经理误以为口头承诺不能作为证据,事实上如果当时提出口头承诺时有人证在场,或者被他人录音,这些都是可以作为承包商承担责任的证据被法院采信。

笔者建议,承包商项目部人员不得承诺代付工程款、随意签认工程量、随意签认采购量、在分包采购合同签字。

不能随意签认工程量,一般是承包商内部联签制度,不管签字人员的职务级别高低,只要在分供商的文件上签字,签字的后果还是由承包商承担。

分包采购合同是分供商与供应商签字,有时因为分供商资信状况不良,或供应商要求,工期紧张等情况下,会要求总包单位在采购合同上签字。一旦总包在采购合同上签字,如果发生纠纷,供应商为加快回款,就会要求总包单位承担责任,而总包单位人员的签字会导致总包单位承担法律责任。

六、禁止将未完成的签证交付分包

建设工程项目实施过程中,承包商对于签证的审核、批复都会制定一套审批流程,如分供商提出签证—现场工程师审批—商务工程师审批—项目经理审批—公司成本部审批—机关审批—完成存档。在诉讼中经常遇到分供商提供一堆签批不全的签证文件,这些签证文件中有的只有承包商的某一个工作人员的签字,有的只有某一个部门的盖章,并未完成整个签证的审批流程。承包商主张签证审批未完成,否认签证的效力。但是在诉讼中,法官一般会认为签证的内部流转是承包商的内部制度,签证上已有承包商部分工作人员签字,并不能否认签证的效力。

签证内部流程、付款内部流转、结算资料内部流转等都是承包商内部审批流程,这些审批文件在内部流转过程中,承包商应严格遵守流转程序,不能将没有签批完成的文件交给分供商,或者将未完成审批的签证交给分供商让其自己去“跑流程”,应避免未完成的签批流程的文件落到分供商手中,在双方发生争议时,给承包商带来不利后果。

七、劳务管理落实到人

《保障农民工工资支付条例》已于 2020 年 5 月 1 日起施行,支付条例对总包单位管理能力提出了更高要求,总包单位对农民工工资的支付承担直接责任。

总包单位要掌握在项目中有多少工人干活、每个工人干多少、已经付了多少钱、还欠工资多少钱,并且提供详细的资料文件。笔者建议承包商应依法设立劳资专管员,在过程中做好劳务管理工作,不能等出现问题时才予以重视。

八、文件交付要有签收

建设工程施工合同纠纷诉讼取得胜败的关键就是证据资料是否齐全,而资料保存的关键环节之一就是文件交付是否有签收资料。

文件签收包括两个方面:一是发文,承包商向发包人发文。二是收文,承包商接收发包人的发文。针对项目签证索赔相关的经济类文件,承包人向监理、发包人申报时要有监理、发包人的签收,如果对方不予签收的,可以通过 EMS 邮寄的方式发给对方,保留对方签收或邮寄凭证。如果是监理、发包人向承包商发送的文件,要做好文件登记,重要的资料如施工图纸的交付,要各方进行书面交接登记,编写交接清单,写清楚文件的主要内容,接收时间,交接双方经办人员签名、文件的状态(原件还是复印件)、文件页数(图纸是否齐全)、文件是否有缺失、图纸签章是否齐全等。

九、业主意见要有原件

《最高人民法院关于民事诉讼证据的若干规定》第 11 条第 1 款规定:"当事人向人民法院提供证据,应当提供原件或者原物。"第 90 条规定:"下列证据不能单独作为认定案件事实的根据:……(五)无法与原件、原物核对的复制件、复制品。"由此可以看出在诉讼过程中原件的证明效力与相同内容的复印件相比效力更强。

在传统意义上承发包双方的资料是以书证为主,随着科技的进步,现在很多资料是通过 QQ、微信、邮箱等进行传递,虽然电子证据同为法定证据,但是在实践中电子证据的保存还存在很多困难,如邮件丢失,超过一定时间后超大邮件附件无法打开,业主方的 ERP 系统内部流转文件,业主发送给承包商 ERP 系统审批的生成的截图,缺少业主的签字确认。建设工程项目时间跨度长,很多诉讼案件起诉时,发现原项目人员已经离职了、工作调动了,当时项目过程中业主通过邮件、微信等发送的文件、照片等已经无法收集。除此之外,业主通过口头方式下发指令,导致没有书证原件,在诉讼中承包商因此承担不利后果。

笔者建议,在建设工程项目实施过程中,为减少纠纷与争议,承包商应当保留好业主指令、设计变更、业主签证、业主索赔、支付证书等书面资料的原件。

十、分包付款合同独立

分包付款合同独立,是指同一施工项目中,总包单位会与同一分供商签订多份合同,在项目实施过程中,各个合同并未区分计量和支付,在项目结算时导致分不清楚每一份合同对应的应付、已付工作量及工程款数额。每一份合同对应的计量及付款不清楚,导致承包商与分供商之间核算不清,一旦双方关系恶化,双方争议难以调和。

笔者建议，承包商与每一家分供商之间签订的合同都应严格管理，对应每份合同约定进行计量和支付，不能为了省事，在与同一分供商签订多份合同的情况下，打包支付、大节点支付，应当按每份合同约定的工程量单独计算、单独计量、单独收取发票、单独支付工程款、单独结算工程款。

十一、工期索赔时刻牢记

“低价中标，高价索赔”是建设工程领域的常态，但是绝大多数施工单位并没有把索赔放在重要位置，施工单位因为过程管控不力，商务关系考量等原因自动放弃索赔。工期利益是业主方的重要利益，施工合同中都有承包商延期完工的违约金，承包商一旦有工期违约必然要承担工期违约金。工程项目中有价值的变更与索赔，大多是基于发包人原因导致前期工期延误产生的。如果承包商抓住了发包人导致的工期延误，进行工期索赔，就很可能扭亏为盈。

笔者建议承包商要紧紧抓住项目中延期开工的索赔、延期交付场地索赔、前期质量问题索赔、设计图纸问题索赔、指定分包索赔、另行发包索赔、逾期付款索赔、地质条件不符索赔。

十二、项目亏损放慢进度

在项目亏损时施工单位应该放慢施工进度。有些项目做得越多亏得越多，已经完成产值的部分产生的亏损很难弥补，如果承包商放慢施工进度，相应地，承包商亏损的时间延长，在此期间可通过与发包人调整计价方式、变更索赔等方式弥补亏损。

承包商放慢施工节奏，并不是盲目放慢进度，而是有一定技巧、有理由地放慢进度。笔者曾处理过一个项目案例，项目本身是低价中标、亏损项目，承包商每次提出的任何变更申请，发包人都会从合同中找到依据予以驳回。在此情况下，笔者介入建议承包商寻找合理理由放慢施工节奏，笔者通过查看前期项目资料，发现发包人提供的图纸中，存在签章不全的情况，图纸上只有发包人签章，无设计院的签章，根据规定在施工图纸签章不全的情况下，承包商不能据此进行施工，故承发包双方对图纸问题纠缠不清，最终项目工期延长。后发包人迫于工期压力与承包商重新协商计价、变更等问题，项目扭亏为盈。

关于放慢施工进度的理由，笔者建议承包商可以从以下角度进行考虑：没有施工证书、场地不具备条件、图纸不具备条件、设计变更不合法、业主指令不清晰、指定分包提异议、合同外工程没有施工义务、合同外工程需要新签合同等。

十三、及时维权长久之计

在建设工程项目中，承发包双方之间的地位是极不平等的，发包人掌握主动权。为挽回损失，承包商应当学会及时积极维权。在不同的阶段，承发包双方的地位是动态变化的。在招投标时，发包人拥有绝对优势地位。在项目施工过程中，承包商就处于优势地位，如果承包商中途退场，会导致发包人必须重新办理施工许可证，在项目竣工验收时，后进场的施工单位很难取得前一施工单位的施工资料，无法完成竣工备案，因此造成项目无法完成备案，故项目开工后，发包人很少会更换施工单位。在项目价款结算阶段，由于承包商的工作内容已经完成，发包人无求于承包商，在此情况下，承包商是无优势地位的。

在实践中，很多承包商不知道及时维权，不知道施工过程中承包商的地位最高，维权成本较低，维权效果较好。如在项目后期维权只能通过诉讼方式，维权成本高，过程资料证据不易取得，维权难度增加。因此，笔者建议，承包商应该充分利用施工过程中，承包商处于优势地位的时候，及时维权，以免错失良机。

在施工过程中，承包商如发现发包人的违约行为，要及时维权。承包商应将发包人的违约行为与工期责任联系起来。比如，发包人不按时计量、计量不足，或者计量后不按时付款，付款延迟，承包商可以向发包人提出因支付逾期申请工期延长。根据多年实践经验，笔者总结出常见的发包人违约的情形有：发包人未及时付款（预付款、安全文明施工费、进度款）、未及时颁发支付证书、未足额计算工程量、未发出书面变更指令、未对签证及时确认、未按合同及时发函督促等。

十四、阅读合同决胜千里

常见的施工合同文本有：建设工程施工合同示范文本、FIDIC 文本及其他各类施工企业自行拟定的合同文本。合同文本名称虽有不同，合同的内容越来越多，上百、上千页的施工合同已经屡见不鲜。面对动辄上百页的施工合同，很多项目人员“望其生畏”，对合同条款不熟悉，不愿意花时间研究合同。有的项目经理误认为看合同是商务经理的事情，与自己无关，实际上施工合同阅读不仅仅是商务经理的责任，也是所有项目人员的责任。

笔者建议承包商项目人员要重点阅读合同中的逾期失权条款、停工条件、解约条件、业主授权、质量责任、工期责任、设计责任等条款。

十五、工程竣工立即报结

项目竣工完成后应立即报送结算。建设工程项目周期长、时间跨度大，至项目竣工后，项目中原管理人员会发生变动，如项目资料的保管不严，项目信息会遗失。笔者曾代理过一个案件，至案件诉讼时，距项目完工时间已过去两年多了，原项目人员已经四散（或离职或被调走），项目信息很难收集，导致诉讼证据收集极其困难。

建设工程项目竣工结算是项目中的重要节点，在很多时候，即使承包商想及时报送结算，却存在很多客观原因导致结算无法完成，如施工图纸不全导致竣工图无法完成。对此笔者建议在项目过程中承包商应做好如下工作：

（一）图纸整理完毕

在实践中，很多发包人会在施工过程中提交多版施工图纸，不管图纸变更多少次，有多少份，承包商都应将图纸整理清楚，以便于后续竣工结算。

（二）图内算量完毕

图纸内工作量计算清楚，不能等到项目结算时才对图内工作量进行核算。

（三）变更签证完毕

尽量在施工过程中，让业主将变更签证签字完毕。签证完整，是业主同意、业主确认的签证。没有业主签字的签证，如果满足：要有报送签证的行为，签证的根本目的是获得签证价款。签证中应包含计算书。签证应当附证明资料，过程计量文件中报送了相关工作。当承发包双方对签证有争议，需要根据施工同步记录确定。

（四）索赔资料完毕

索赔是指在工程合同履行过程中，合同当事人一方因非己方的原因而遭受损失，按合同约定或法律法规规定应由对方承担责任，从而向对方提出补偿的要求。索赔资料包含两部分内容：一是业主责任，即业主过错资料。二是承包商损失明细。通过索赔资料说明承包商的损失明细。

（五）调差认价完毕

调差工作应当在施工过程中完成，如结算时仍未完成，会导致结算争议，致使结算久拖不决。

（六）监理资料完毕

有时为赶工期，承包商在监理签认资料不全情况下，预先将工作完成。事后，应及时将施工计划、施工方案等让监理确认。

十六、售后维修签字为证

售后维修应当取得业主方的确认。在建设工程施工合同纠纷诉讼中，业主提起反诉的常见理由之一就是承包商未履行维修义务，承包商要拿出进行过维修的证明资料。

笔者建议承包商对已完成工程的售后维修。承包商完成维修工作后，应要求业主、小业主、物业公司人员对维修情况进行签字确认，并明确签字人的身份信息。笔者建议售后维修记录需要记载：维修时间、维修部位、业主（小业主、物业）签字、标明签字人身份。

十七、严格控制分包质量

在正常情况下，业主方与承包商都会严控工程质量。工程质量一般都是达到国家质量标准，但是存在特殊情况，如业主方对建设工程领域不了解，初次介入施工行业，分包单位就会采取偷工减料，以次充好等方式欺骗业主。再如，“奥凯电缆事件”，就是因为电缆是甲供材，总包单位未对电缆质量进行审查，故此事件爆发后总包单位同样遭受处罚并承担责任。

如果在保修期满后，经核查发现过程施工质量低于质量标准的，承包商被诉讼后，承包商不但要承担违约、赔偿责任，还需要承担拆除、重建等责任。

作为项目总包方，对于甲供材、甲指分包、专业分包提供的材料或施工内容，均需严格审查，否则因此出现质量问题，仍应承担责任。

十八、设计深化基本原则

在某些项目中，发包人会将图纸的深化设计工作交给承包商，在实施过程中，业主方多次提出深化设计要求，承包商认为业主新的设计要求属于变更，而发包人会主张属于设计深化。对此，承包商首先要清楚什么是深化设计，什么是设计变更，准确区分深化设计与设计变更。

笔者认为，深化设计是采用最经济方案，满足合同要求业主。业主在合同约定的设计条件和功能目标基础外提出新的要求，则为设计变更。

承包商最应避免的是没有提出自己的方案，直接满足业主要求，形成损失。

十九、掌握业主资产情况

笔者建议承包商要随时掌握业主的资信状况，包括项目的预售时间、销售金额、抵押金额、抵押时间、小业主交房时间、物业使用时间等。

施工单位要密切关注业主资信状况，一旦业主方出现重大风险的，随时准备停工解约甚至起诉查封。笔者曾办理过一个诉讼案件，因为及时了解到业主土地抵押信息，及时查封了业主的用于抵押的土地，业主方迫于融资需求，与承包商达成和解，承包商快速收回了工程款。

二十、善于编制施工方案

施工方案对于承包商来说非常重要，项目的计价、结算都离不开施工方案。笔者认为施工方案的编制水平就代表了一个施工企业的商务能力、施工水平。建设工程施工项目中的全部工作，都需要承发包双方共同配合共同推进完成。承包商编制施工方案的目的，是向业主方说明施工采用的施工方式，需要的施工设备，以及需要业主配合的工作内容。

笔者认为，施工方案的重要性，体现在以下几个方面：

(1)施工方案应按照合同约定得到业主或监理审批，经过审批的方案，就如同是施工合同的补充协议。当业主未完成施工方案中的配合工作，业主需承担违约责任。

(2)用于固定业主责任和施工条件，业主没有履行配合义务或施工条件发生变化，承包商可提出变更或索赔。

(3)用于计算费用，如措施筋、后植筋、抢工费、停工费、机械设备投入等。

(4)用于规避承包方违约责任，如施工合同中约定如果承包商安排的管理人员组成应按照投标文件中内容一致，否则需承担违约责任。笔者认为，在编制施工组织方案的过程中，可以将项目中新的管理人员名单写到施工组织方案中，如果施工组织方案经过监理方、业主方审批确认，承包商就不再承担管理人员更换的违约责任。

第三十八章　新证据规则下的建设工程造价司法鉴定

最高人民法院2019年12月26日发布《关于修改〈关于民事诉讼证据的若干规定〉的决定》。该规定就原《民事证据规定》中司法鉴定的部分进行了补充完善，对建设工程造价司法鉴定有重大影响。本章将以新《民事证据规定》为切入点，结合《最高人民法院关于审理建设工程施工合同纠纷案件适用法律问题的解释（一）》（法释〔2020〕25号）等规定，谈谈建设工程造价司法鉴定。

一、申请鉴定的义务人

（一）一般情况承包人是鉴定义务人

《民事诉讼法》第64条规定："当事人对自己提出的主张，有责任提供证据。"建设工程价款争议诉讼中，多数情况因发包人未确认承包人提出的结算金额，承包人提起诉讼，要求发包人按照承包人主张的结算金额支付欠款工程款。因此，承包人对其主张的结算金额负有举证义务，所以承包人是司法鉴定的申请义务人。

（二）特殊情况发包人是鉴定义务人

多数案件承包商是鉴定义务人，但是如果发包人需要证明结算金额，或者承包商已经就结算金额提供了证据但发包人提出异议的，发包人为鉴定义务人。

1. 发包人向承包人超付工程款

发包人起诉承包人返还超付工程款的案件，发包人应对应付款（工程造价乘以某一付款比例）和已付款举证证明。此时，发包人对工程造价的具体数额负有举证责任，相应的鉴定应由发包人申请。

2. 发包人认为承包人未完成固定总价合同工程量

固定总价合同，是指合同当事人约定以施工图、已标价工程量清单或预算书及有关条件进行合同价格计算、调整和确认的建设工程施工合同，在约定的范围内合同总价不作调整。承包人依据施工合同向发包人主张价款,但发包人认为固定总价合同内的工程量,承包人并未全部施工或存在变更,并针对合同总价对应的工程量提出不同于合同价款的结算意见,则发包人应对其主张承担举证责任,即向法院申请对未施工部分或修改部分减少的工程款金额进行鉴定。

3. 双方共同委托咨询单位就诉争工程造价出具审计意见,发包人不认可审计结果

《最高人民法院关于审理建设工程施工合同纠纷案件适用法律问题的解释(一)》(法释〔2020〕25 号,以下简称《新司法解释》)第 30 条规定:"当事人在诉讼前共同委托有关机构、人员对建设工程造价出具咨询意见,诉讼中一方当事人不认可该咨询意见申请鉴定的,人民法院应予准许,但双方当事人明确表示受该咨询意见约束的除外。"根据该规定,如双方未明确约定受共同委托的咨询单位出具的造价审计意见约束,当事人可以申请工程造价司法鉴定,但应由不认可咨询意见的一方申请。

需要注意的是,《新司法解释》第 30 条与新《民事证据规定》第 41 条之间存在一定冲突。根据《新司法解释》第 30 条的规定,只要委托人双方没有约定咨询意见约束委托人双方的,诉讼中任何一方均有权利申请司法鉴定;但是新《民事证据规定》第 41 条则规定对于一方单独委托出具咨询意见的,只有另一方有充分证据和足够理由才能够申请鉴定。

笔者认为,从证据的证明力上双方委托咨询公司出具的咨询意见应当比单方委托咨询机构出具的咨询报告高,但是新《民事证据规定》对单方委托咨询意见上需要对方提供证据和足够理由才能允许鉴定,这与《新司法解释》中对没有约定受其约束的双方共同委托获得咨询意见可以被当事人任意不予认可、直接申请鉴定,显然是冲突的。

4. 承包人诉前委托咨询公司就诉争工程造价出具审计意见,发包人不认可该审计结果

新《民事证据规定》第 41 条规定:"对于一方当事人就专门性问题自行委托有关机构或者人员出具的意见,另一方当事人有证据或者理由足以反驳并申请鉴定的,人民法院应予准许。"

承包人委托第三方就诉争工程造价出具的审定意见已经完成了对其诉请的举证,发包人对此予以反驳,认为该审定意见不符合合同约定或法律规定,工程造价的实际金额应为其所主张的金额。根据上述规定,发包人应当对其主张举证证明,工程造价的司法鉴定应由发包人申请。

(三)义务人未申请司法鉴定承担举证不能后果

《新司法解释》第32条第1款规定:“当事人对工程造价……专门性问题有争议,人民法院认为需要鉴定的,应当向负有举证责任的当事人释明。当事人经释明未申请鉴定,虽申请鉴定但未支付鉴定费用或者拒不提供相关材料的,应当承担举证不能的法律后果。”新《民事证据规定》第31条规定:“当事人申请鉴定,应当在人民法院指定期间内提出……逾期不提出申请……视为放弃申请。对需要鉴定的待证事实负有举证责任的当事人,在人民法院指定期间内无正当理由不提出鉴定申请……致使待证事实无法查明的,应当承担举证不能的法律后果。”

因此鉴定义务人没有申请司法鉴定,或没有缴纳鉴定费用导致未进行司法鉴定的,鉴定义务人的价款主张不被法院采纳,其结果要么是诉讼请求被驳回,要么是人民法院认可对方当事人主张的价款金额。

(四)人民法院没有直接委托鉴定的职权

新《民事证据规定》第30条规定:“人民法院在审理案件过程中认为待证事实需要通过鉴定意见证明的,应当向当事人释明,并指定提出鉴定申请的期间。符合《最高人民法院关于适用〈中华人民共和国民事诉讼法〉的解释》第九十六条第一款规定情形的,人民法院应当依职权委托鉴定。”(《最高人民法院关于适用〈中华人民共和国民事诉讼法〉的解释》第96条第1款规定:民事诉讼法第六十四条第二款规定的人民法院认为审理案件需要的证据包括:(一)涉及可能损害国家利益、社会公共利益的;(二)涉及身份关系的;(三)涉及民事诉讼法第五十五条规定诉讼的;(四)当事人有恶意串通损害他人合法权益可能的;(五)涉及依职权追加当事人、中止诉讼、终结诉讼、回避等程序性事项的。《民事诉讼法》第55条规定:对污染环境、侵害众多消费者合法权益等损害社会公共利益的行为,法律规定的机关和有关组织可以向人民法院提起诉讼。)

从上述规定来看,司法鉴定有依当事人申请和人民法院依职权委托两种模式。但在建设工程价款纠纷中,需要通过鉴定确定的诉争工程价款不属于《最高人民法院关于适用〈中华人民共和国民事诉讼法〉的解释》第96条第1款规定的情形。因此,工程造价司法鉴定必须由当事人申请,人民法院不能依职权直接委托。

二、不准许鉴定的情形

新《民事证据规定》第32条规定:“人民法院准许鉴定申请的,应当组织双方当事人协商确定具备相应资格的鉴定人。当事人协商不成的,由人民法院指定。”

工程造价司法鉴定启动的前提是,当事人对工程造价有争议,且人民法院对当事人的造价鉴定申请有审查的权力。因此,对于那些人民法院根据现有证据可以确定工程价款的案件,当事人的造价鉴定申请,人民法院不予准许。以下几种情形属于法院不予准许的鉴定申请类型:

(一)原被告双方已经就诉争工程价款达成结算协议

根据诚实信用原则和禁止反言的原则,如双方此前已经就争议事项达成一致,人民法院可以根据结算协议直接确定工程价款,诉争工程造价不属于新《民事证据规定》第30条规定的、需要通过鉴定予以证明的待证事实。对于此种情况下的鉴定申请,人民法院不应准许。对此,《新司法解释》第29条已经明确规定:“当事人在诉讼前已经对建设工程价款结算达成协议,诉讼中一方当事人申请对工程造价进行鉴定的,人民法院不予准许。”

例外情形:

1. 结算协议被人民法院或仲裁机构确认无效或撤销

根据《民法典》的规定,民事法律行为的效力的状态分为有效、无效、可撤销。因此,如结算协议被人民法院确认无效或撤销的,一方当事人可以申请工程造价司法鉴定。《北京市高级人民法院关于审理建设工程施工合同纠纷案件若干疑难问题的解答》第7条就规定:“当事人在诉讼前已就工程价款的结算达成协议,一方在诉讼中要求重新结算的,不予支持,但结算协议被法院或仲裁机构认定为无效或撤销的除外。”

2. 结算协议未涵盖双方全部工程价款争议

目前,对于结算协议是包含工程造价、工程质量违约责任、工期逾期违约责任、索赔、应扣款等事项的“一揽子”协议,还是仅仅指狭义的工程造价?存在争议。

有观点认为,根据《建设工程施工合同(示范文本)》(GF-2017-0201)第14.1条及第19.5条,结算应属于“一揽子”协议。《北京市高级人民法院关于审理建设工程施工合同纠纷案件若干疑难问题的解答》第24条也采纳了这一观点,规定:“结算协议生效后,承包人依据协议要求支付工程款,发包人以因承包人原因导致工程存在质量问题或逾期竣工为由,要求拒付、减付工程款或赔偿损失的,不予支持,但结算协议另有约定的除外……结算协议生效后,承包人以因发包人原因导致工程延期为由,要求赔偿停工、窝工等损失的,不予支持,但结算协议另有约定的除外。”

另有观点认为，因为发包人和承包人的谈判地位存在事实上的不平等，有时为了尽快确定结算价，承包人往往会先搁置部分争议，如费用索赔。因此，人民法院应当结合双方谈判的具体过程，尽可能探求结算书所体现的双方真实意思表示，不宜武断地认定结算书已经包含了全部争议事项。

鉴于司法实践就该问题存在争议，笔者建议，施工单位在签署的结算协议应尽量考虑周全，对已经涵盖的结算内容及未加处理争议项进行明示，避免结算完成后再发生其他纠纷。

（二）原被告双方已经共同委托第三方进行造价鉴定，并明确约定以该鉴定结果作为结算金额

根据《新司法解释》第 30 条的规定，除非双方当事人明确表示受该等咨询意见约束，否则当事人在诉讼前共同委托第三方出具的工程造价咨询意见不能作为认定诉争工程造价的依据。一方当事人申请鉴定的，人民法院应予准许。

笔者认为，即使双方共同委托咨询机构出具咨询意见，并且约定咨询意见约束当事人，法院仍需要对该证据的真实性、合法性、证明力等综合判断。如果该共同委托的咨询机构存在新《民事证据规定》第 40 条规定的应当重新鉴定的情形，应当允许当事人申请司法鉴定。

（三）当事人明确约定工程价款的结算以第三方结论如行政审计、财政评审等作为依据的，不宜进行司法鉴定

《最高人民法院关于人民法院在审理建设工程施工合同纠纷案件中如何认定财政评审中心出具的审核结论问题的答复》规定："财政部门对财政投资的评定审核是国家对建设单位基本建设资金的监督管理，不影响建设单位与承建单位的合同效力及履行。但是，建设合同中明确约定以财政投资的审核结论作为结算依据的，审核结论应当作为结算的依据。"

《江苏省高级人民法院建设工程施工合同纠纷案件委托鉴定工作指南》第 3 条规定："当事人申请鉴定存在下列情形之一，且没有相反证据予以反驳或者推翻的，不予准许：……（三）当事人约定工程价款的结算以第三方结论如行政审计、财政评审等作为依据的。"

根据上述规定，当事人明确约定工程价款的结算以第三方结论如行政审计、财政评审等作为依据的，人民法院可以直接将该等审计结论作为结算依据，双方不存在需要鉴定的造价争议。因此，此种情况不宜进行司法鉴定。

例外情形:行政部门或财政部门无正当理由长期未出具审计结论。

在实践中,经常出现行政部门或财政部门一直拖延审计的情况,对此,如仍然坚持以行政审计、财政评审的审计结果为依据,则对施工单位不公平。《江苏省高级人民法院关于审理建设工程施工合同纠纷案件若干问题的解答》第10条规定:“当事人约定以行政审计、财政评审作为工程款结算依据的,按照约定处理。但行政审计、财政评审部门明确表示无法进行审计或者无正当理由长期未出具审计结论,当事人申请进行司法鉴定的,可以准许。”笔者认为,该规定属于《江苏省高级人民法院建设工程施工合同纠纷案件委托鉴定工作指南》第3条所规定的、有相反证据予以反驳或者推翻故准许鉴定的例外情形。

《广东省高级人民法院关于审理建设工程合同纠纷案件疑难问题的解答(2017年)》第11条也有相同规定。(11.当事人约定以审核、审计结果作为工程款结算的条件无法成就时如何处理?当事人约定以财政、审计等部门的审核、审计结果作为工程款结算依据的,按照约定处理。如果财政、审计等部门明确表示无法进行审核、审计或者无正当理由长期未出具审核、审计结论,经当事人申请,且符合具备进行司法鉴定条件的,人民法院可以通过司法鉴定方式确定工程价款。)

(四)当事人约定发包人无正当理由未在约定期限内对竣工结算文件作出答复视为认可承包人上报的竣工结算文件的

《新司法解释》第21条规定:“当事人约定,发包人收到竣工结算文件后,在约定期限内不予答复,视为认可竣工结算文件的,按照约定处理。承包人请求按照竣工结算文件结算工程价款的,人民法院应予支持。”根据该规定及当事人意思自治原则,此种情况下,诉争工程价款应当以承包人上报的结算金额为准,原被告双方之间不存在新《民事证据规定》第30条规定的、需要鉴定予以证明的争议事项。因此,此种情形下一方当事人申请工程造价司法鉴定的,人民法院应不予准许。

《江苏省高级人民法院建设工程施工合同纠纷案件委托鉴定工作指南(2019年)》第3条也有相同规定:“当事人申请鉴定存在下列情形之一,且没有相反证据予以反驳或者推翻的,不予准许:……(五)当事人约定发包人无正当理由未在约定期限内对竣工结算文件作出答复视为认可竣工结算文件的。”

例外情形:

1. 只约定了答复期,未约定逾期不答复视为认可送审价

根据《新司法解释》第21条,只有双方明确约定了“视为认可送审价”才对业主有约束力。因此,只约定了答复期未约定“逾期不答复视为认可送审价”不属于《新

司法解释》第28条规定的人民法院可以直接按照送审价确定结算价款的情形。

2. 承包人提交的竣工结算资料不完整

施工合同通常约定的结算审核期是自承包人提交完整的结算资料后开始计算，如果发包人在结算审核期届满前要求承包人补充结算资料，如何处理？笔者认为，如发包人要求补充的结算资料不属于合同约定范围，或者合同未约定结算资料范围且发包人要求补充的资料不会直接影响到结算审核的，则发包人的答复不属于足以反驳或推翻“以送审价为准”约定的实质性答复。否则，应视为发包人在约定期限内已经作出了答复，承包人关于“以送审价为准”的诉讼主张应予以驳回。上海市高级人民法院曾在(2012)沪高民一(民)终字第6号及(2010)沪高民一(民)终字第15号两个案例中对上述情况作出了驳回承包人主张的判决。

(2012)沪高民一(民)终字第6号：审理法院认为“虽然被上诉人在审价工作中存在一定的拖延情形，但上诉人提交审价资料不全的情况也必然会影响审价工作的及时完成，故双方对审价工作未能在约定的期限内完成均负有一定责任”。故法院不支持上诉人“以送审价为结算依据”的诉请。

(2010)沪高民一(民)终字第15号：审理法院认为，“至本案起诉时，上诉人亦尚未将室外总体工程的结算资料交付被上诉人……更何况上诉人提交的资料中也未包括竣工图这一必备的结算资料，谈不上提交了完整的结算资料”。故不予支持上诉人以“以送审价为准”的诉请。

3. 承包人以自己的行为放弃“逾期答复以送审价为准”的权利

实践中经常发生合同约定的结算审核期届满后，承包人向发包人发送催促结算审核的函件，或者发函要求发包人尽快补办签证手续并尽快结算。笔者认为，此种情况下，承包人要求发包人继续进行结算审核的行为已经构成对合同约定的“以送审价为准”这一权利的放弃，特别是承包人要求发包人补办签证恰恰说明其送审的结算资料并不完整，且会影响结算审核。

(五)当事人约定按照固定总价结算工程价款且未超出双方约定的承包人承担的风险范围的

固定总价合同本就是在约定的范围内合同总价不作调整，如果允许通过司法鉴定变更合同约定则违背了当事人意思自治原则。

但如果合同约定的工程量有变更，或价格变化超出了合同约定的承包人承担的风险范围，对于变更的工程量以及超出风险范围的价格变化，属于合同约定的总价范围外的部分，应当允许当事人申请司法鉴定。

（六）当事人没有证据或者理由足以反驳另一方当事人就专门性问题自行委托有关机构或者人员出具的意见的

1. 对于一方委托专业第三方出具审计意见的，只需有充足的理由反驳即可申请司法鉴定

原《民事证据规定》第28条规定："一方当事人自行委托有关部门作出的鉴定结论，另一方当事人有证据足以反驳并申请重新鉴定的，人民法院应予准许。"新《民事证据规定》第41条规定："对于一方当事人就专门性问题自行委托有关机构或者人员出具的意见，另一方当事人有证据或者理由足以反驳并申请鉴定的，人民法院应予准许。"

对于一方当事人委托专业第三方出具鉴定结论，另一方不认可该鉴定结论申请司法鉴定的，新《民事证据规定》较原《民事证据规定》的准许门槛更低。即便另一方当事人没有充足的证据，只要有充足的理由反驳对方提交的第三方咨询意见，人民法院也可以准许其鉴定申请。

笔者认为，新《民事证据规定》的该项变化更加符合司法实际。在实践中，当事人一方可能是对另一方委托的咨询单位审计意见所依据的计价依据和计价方法有异议，认为合同没有进行约定，或认为其审计意见中存在明显的计算错误，又或是认为审计意见的依据不充足。这些都是反驳的理由，不好通过证据证明。如果硬要施工单位举证证明，那么施工单位只能自行委托其他咨询机构出具不同的审计意见。但人民法院给出的举证期限有限，施工单位难以在短时间内委托其他咨询机构出具咨询意见。况且，要求施工单位委托其他咨询机构出具咨询意见，再进行司法鉴定，无疑是在浪费时间和社会资源。因此，新《民事证据规定》的规定更符合司法实际。

2. 鉴定申请人仍应准备充足的证据证明工程价款确系其主张的金额

新《民事证据规定》降低鉴定申请的准许门槛并不代表当事人的举证责任就此减轻，因为司法鉴定结果能否推翻一方当事人委托咨询机构所出具的咨询意见，还要看鉴定申请人所举证据是否充分。

笔者在实务中发现，入库的司法鉴定单位的水平参差不齐，有时真正负责具体工作的人员也不是鉴定报告最终署名的人。笔者代理的一个案件中，法院摇号确定的鉴定单位是第一次做司法鉴定，而负责具体进行工程造价计算的人是一个刚刚参加工作的小姑娘。可能是因为经验不足，对于个别争议事项在吃不准的情况下她更倾向于采纳业主提交的专业机构出具的咨询意见。好在我方的证据比较充

足,相应的计算依据也比较充分,经过沟通,鉴定人员最终采纳了我方的意见。因此,准备充足的证据、与鉴定人保持良好的沟通是施工单位不能放松警惕的事情。

(七)经人民法院释明,对需要鉴定的事项负有举证责任的当事人明确放弃鉴定申请后又提出鉴定申请,或在再审审查期间提出鉴定申请的

《重庆市高级人民法院关于建设工程造价鉴定若干问题的解答》第 9 条规定:"经一审法院释明后当事人拒不申请鉴定,或者当事人拒不选择鉴定机构、拒不交纳鉴定费用、拒不提交完整的鉴定资料等,导致一审法院未能进行建设工程造价鉴定,当事人在二审中又申请鉴定,二审法院认为应当进行建设工程造价鉴定的,原则上应当在二审中进行鉴定,但应当参照《最高人民法院关于适用〈中华人民共和国民事诉讼法〉的解释》第一百零一条、第一百零二条规定的逾期举证的相关规则予以处理。"

《河北省高级人民法院建设工程施工合同案件审理指南》第 28 条第 2 款规定:"一审诉讼中负有举证责任的当事人未对工程价款申请鉴定,二审诉讼中申请鉴定的,人民法院可予准许。人民法院准许后,可以将案件发回一审法院委托鉴定,但不得违反民事诉讼法的相关规定。对经一审法院释明未申请鉴定的当事人,可参照民事诉讼法对逾期举证的规定,对当事人进行训诫、罚款。"

由上述规定可以看出,重庆市高级人民法院和河北省高级人民法院均认为工程造价司法鉴定是查明工程价款争议的关键。故从实体正义角度出发,两法院原则上还是准许当事人二审中的鉴定申请。区别在于重庆市高级人民法院认为应在二审中鉴定,河北省高级人民法院认为应发回重审在一审中鉴定。

江苏省高级人民法院的规定与上述两法院的规定不同,《江苏省高级人民法院建设工程施工合同纠纷案件委托鉴定工作指南》第 1 条第 3 款规定:"经人民法院释明,对需要鉴定的事项负有举证责任的当事人,在人民法院指定的期限内明确表示放弃鉴定申请后又提出鉴定申请的,不予准许。"江苏省高级人民法院的规定更偏向于程序正义,即申请鉴定既是负有举证责任当事人的举证权利,也是举证义务,在法院释明后,仍拒不申请鉴定的,视为放弃举证权利,应当承担举证不利的法律后果。

笔者认为,江苏省高级人民法院的规定较符合新《民事证据规定》第 31 条的规定。新《民事证据规定》第 31 条规定:"当事人申请鉴定,应当在人民法院指定期间内提出,并预交鉴定费用。逾期不提出申请或者不预交鉴定费用的,视为放弃申请。对需要鉴定的待证事实负有举证责任的当事人,在人民法院指定期间内无正当理

由不提出鉴定申请或者不预交鉴定费用，或者拒不提供相关材料，致使待证事实无法查明的，应当承担举证不能的法律后果。而且，如果允许一审中放弃鉴定申请的当事人在二审中再次申请鉴定，并可能据此改判，对另一方当事人无疑是不公平的。这也将严重浪费司法资源，给法治环境的稳定性带来危害。”

同理，对于再审审查期间提出鉴定申请的，因判决已经生效，如再允许鉴定申请，不仅有违逾期举证承担举证不利后果的法律规定，更是对两审终审制及民事诉讼法关于再审规定的违背。因此，人民法院不应予以准许。

三、鉴定单位与人民法院关于司法鉴定的职责划分

建设工程合同纠纷中，人民法院通常会委托鉴定单位对诉争工程的工程造价、工程量、停窝工损失进行鉴定。因为这些并非人民法院可以运用法律知识，根据法律规定及现有证据可以确定的事项。笔者认为，下列事项不属于需要鉴定单位鉴定，而应由人民法院确定：

（一）鉴定委托书的具体内容

新《民事证据规定》第32条规定：“人民法院在确定鉴定人后应当出具委托书，委托书中应当载明鉴定事项、鉴定范围、鉴定目的和鉴定期限。”根据该规定，鉴定事项、鉴定范围、鉴定目的和鉴定期限均属于人民法院确定的事项。

（二）合同效力

合同是否有效是法律问题，现行法律规定已经就无效的建设工程合同进行了明确的规定，人民法院应依据现行法律规定认定合同效力。根据《建设工程造价鉴定规范》第5.3.1条和第5.3.2条，合同有效的，鉴定单位应当依据合同约定进行鉴定；合同无效的，鉴定人应按照人民法院的决定进行鉴定。

（三）计价方法和计价依据

《建设工程造价鉴定规范》第5.3.3条和第5.3.4条规定，鉴定项目合同对计价依据、计价方法约定不明的，鉴定人应厘清合同履行的事实，如是按合同履行的，应向委托人提出按其进行鉴定；如没有履行或合同没有约定的，鉴定人可向委托人提出“参照鉴定项目所在地同时期适用的计价依据、计价方法和签约时的市场价格信息进行鉴定”的建议，鉴定人应按照委托人的决定进行鉴定。《建设工程造价鉴定规范》第5.3.5条及第5.3.6条规定，鉴定项目合同对计价依据、计价方法约定条款

前后矛盾的或当事人分别提出不同的合同签约文本的，鉴定人应提请委托人决定适用条款及适用的合同文本，委托人暂不明确的，鉴定人应按不同的约定条款或不同的合同文本分别作出鉴定意见，供委托人判断使用。

根据上述规定，计价依据和计价方式是需要由人民法院根据现有证据确定的事项，不属于需要鉴定单位通过鉴定才能确定的事项。

（四）开工时间和竣工时间

《最高人民法院关于审理建设工程施工合同纠纷案件适用法律问题的解释（一）》（法释〔2020〕25 号）对竣工时间及开工时间的确定均作了明确规定，因此，开工时间和竣工时间属于应由人民法院确定的时间。在计算工期时，对于开工时间或竣工时间不明确的，鉴定人应当提请人民法院决定开工时间的具体日期。但工期是否延误、延误的天数、顺延的天数由鉴定单位负责鉴定。

（五）工期延误责任的归属

根据《建设工程造价鉴定规范》第 5.7.6 条的规定，工期延误责任应由人民法院根据双方举证情况进行判断，但是鉴定单位可以向人民法院提出自己的意见。

（六）索赔事件的成因、索赔损失、索赔时效

根据《建设工程造价鉴定规范》第 5.8.1 条的规定，对于费用索赔争议，人民法院负责对索赔成因和损失是否成立，索赔是否超过时效进行判断和确定。具体损失的金额由鉴定单位负责鉴定。

（七）可以作为鉴定依据的证据

新《民事证据规定》第 34 条规定："人民法院应当组织当事人对鉴定材料进行质证。未经质证的材料，不得作为鉴定的根据。"双方当事人均无异议的证据当然可以作为鉴定依据，但经质证一方当事人不认可其真实性、合法性或关联性的证据，或证据本身彼此矛盾，如何处理呢？

根据《建设工程造价鉴定规范》第 4.7.3 条的规定，当事人对证据真实性提出异议，或证据彼此矛盾，鉴定人应及时提请人民法院认定并按照人民法院认定的证据作为鉴定依据。如委托人未及时认定，或认为需要鉴定人按照争议的证据出具多种鉴定意见的，鉴定人应分别鉴定。根据《建设工程造价鉴定规范》第 4.7.5 条的规定，当事人对证据关联性有异议，鉴定人应提请人民法院决定。人民法院认为

是专业性问题请鉴定人鉴别的,鉴定人提出意见供人民法院判断使用。根据《建设工程造价鉴定规范》第4.7.4条的规定,当事人对证据的异议,鉴定人认为可以通过现场勘验解决的,应提请人民法院组织现场勘验。

四、鉴定程序

根据新《民事证据规定》及目前的司法实践操作,建设工程造价鉴定的程序如下:

1. 负有举证责任的当事人申请鉴定。

2. 人民法院审查当事人申请的鉴定事项是否属于法律规定的准许鉴定的范畴。

3. 人民法院确定需要鉴定的范围和事项后,应通过当事人协商一致或摇号的方式确定鉴定人。

4. 鉴定人确定后,人民法院应向鉴定人出具鉴定委托书并移送已经完成质证的初步鉴定资料,同时要求鉴定人签署确保客观、公证、诚实鉴定,保证出庭作证的承诺书。

5. 鉴定机构经审查认为鉴定材料不全需要补充的,可以委托法院补充。人民法院将鉴定机构列明的需补充的鉴定资料清单转递给双方当事人,并组织双方对补充提交的鉴定资料进行质证。经质证的补充鉴定资料由法院再转递给鉴定人。

6. 鉴定人在委托鉴定书规定的期限内出具鉴定意见初稿并递交法院。

7. 人民法院将鉴定意见初稿转递双方当事人,并指定异议期。

8. 双方当事人在人民法院指定的异议期内以书面方式对鉴定意见初稿提出异议。

9. 人民法院收到当事人的书面异议后转递鉴定人,鉴定人对当事人的异议作出解释、说明或者补充。

新《民事证据规定》第33条规定:"鉴定开始之前,人民法院应当要求鉴定人签署承诺书。承诺书中应当载明鉴定人保证客观、公正、诚实地进行鉴定,保证出庭作证,如作虚假鉴定应当承担法律责任等内容。鉴定人故意作虚假鉴定的,人民法院应当责令其退还鉴定费用,并根据情节,依照民事诉讼法第一百一十一条的规定进行处罚。"

与原《民事证据规定》相比,新《民事证据规定》第33条增加了要求鉴定人出具承诺书的环节。笔者认为,让鉴定人签署承诺书以及对鉴定人故意作虚假鉴定行为规定处罚措施可以加强对鉴定人的内心约束,保障司法公正,促进民事诉讼诚实信用原则的落实。

五、鉴定意见不予采信、重新鉴定及补充鉴定的情形

新《民事证据规定》第40条规定:“当事人申请重新鉴定,存在下列情形之一的,人民法院应当准许:(一)鉴定人不具备相应资格的;(二)鉴定程序严重违法的;(三)鉴定意见明显依据不足的;(四)鉴定意见不能作为证据使用的其他情形。存在前款第一项至第三项情形的,鉴定人已经收取的鉴定费用应当退还。拒不退还的,依照本规定第八十一条第二款的规定处理。对鉴定意见的瑕疵,可以通过补正、补充鉴定或者补充质证、重新质证等方法解决的,人民法院不予准许重新鉴定的申请。重新鉴定的,原鉴定意见不得作为认定案件事实的根据。”

对比新旧民事证据规定,准予重新鉴定的情形没有实质性变化,但新《民事证据规定》增加了“如发生重新鉴定的情形鉴定人应退还已收取的鉴定费用,拒不退还人民法院可以强制执行”的规定。这一变化从一定程度上加强了对鉴定人鉴定行为的约束,有效预防鉴定人违规鉴定、虚假鉴定的情况。

图书在版编目(CIP)数据

施工企业项目风险防范与合规管理指南 / 孙玉军著
. -- 北京 : 法律出版社, 2021(2022.7 重印)
ISBN 978-7-5197-5307-8

Ⅰ. ①施… Ⅱ. ①孙… Ⅲ. ①施工企业-企业法-中国-指南 Ⅳ. ①D922.291.91-62

中国版本图书馆 CIP 数据核字(2021)第017554号

施工企业项目风险防范与合规管理指南
SHIGONG QIYE XIANGMU FENGXIAN FANGFAN YU HEGUI GUANLI ZHINAN

孙玉军 著

责任编辑 慕雪丹 章 雯
装帧设计 鲍龙卉

出版发行 法律出版社
编辑统筹 法商出版分社
责任校对 赵明霞
责任印制 胡晓雅
经　　销 新华书店

开本 710毫米×1000毫米 1/16
印张 20 **字数** 366千
版本 2021年4月第1版
印次 2022年7月第2次印刷
印刷 固安华明印业有限公司

地址:北京市丰台区莲花池西里7号(100073)
网址:www.lawpress.com.cn
投稿邮箱:info@lawpress.com.cn
举报盗版邮箱:jbwq@lawpress.com.cn
销售电话:010-83938349
客服电话:010-83938350
咨询电话:010-63939796

书号:ISBN 978-7-5197-5307-8
定价:79.00元
凡购买本社图书,如有印装错误,我社负责退换。电话:010-83938349